KB102603

신화로 읽는 심리학

Mythic Journey
: The Meaning of Myth as a Guide for Life

by Liz Greene (Author), Juliet Sharman-Burke (Contributor)

Copyright ⓒ 2000 by Liz Greene, Juliet Sharman-Burke
Original English language edition published by Eddison Books Ltd. of st. Chad's House, 148 King's
Cross Road, London, WC1X 9DH, England
All rights reserved. This translation published under license.
Korean translation copyright ⓒ 2016 by UI Books

신화로 읽는 심리학

리스 그린,
Liz Greene

줄리엣 샤만버크
Juliet Sharman-Burke

지음

유아이북스
For The Ultimate Information

신화로 읽는 심리학

1판 1쇄 발행 2016년 11월 10일
1판 2쇄 발행 2017년 5월 25일

지은이 리스 그린, 줄리엣 샤만버크
옮긴이 서경의
펴낸이 이윤규

펴낸곳 유아이북스
출판등록 2012년 4월 2일
주소 서울시 용산구 효창원로 64길 6
전화 (02) 704-2521
팩스 (02) 715-3536
이메일 uibooks@uibooks.co.kr

ISBN 978-89-98156-64-0 03180
값 15,000원

신화와 동화를 가장 먼저 들려주신 아버지와 어머니께
사랑의 마음을 담아 이 책을 바칩니다.

– 줄리엣 샤만버크 –

친구 찰스와 수지에게 사랑의 마음을 담아 이 책을 바칩니다.

– 리스 그린 –

신화는 인생의 거울이다

스스로 터득하여 적용할 수 있는 심리학으로 신화가 처음이 아닐까 싶다. 인류는 유사 이래로 신화와 동화 그리고 설화를 통해 세상의 불가사의를 이해하고, 삶의 무게를 덜어 보고자 노력했다. 왜 계절이 바뀌고, 인간관계가 틀어지며, 죽음이 찾아오는가? 예수는 삶의 난제들을 비유를 통해 쉽게 설명했다. 플라톤은 간략한 신화와 우화를 통해 난해한 철학 개념을 설명했다. 또, 고대 힌두교도들은 정서적 또는 정신적 문제가 있는 환자에게 어떠한 이야기를 들려주고, 환자가 그 이야기를 되새김으로써 스스로 해결책을 찾게끔 했다. 직선적, 인과적, 이성적 사고는 오히려 세상의 깊은 의미와 문제 해결책을 찾는 데 방해가 될 수도 있다. 한편, 신화에는 세상의 이해하기 힘든 패러독스가 녹아 있으며, 이러한 문제들을 살펴봄으로써 삶의 본질을 꿰뚫어 보는 데 도움을 얻을 수 있다.

이 책에서는 그리스·로마, 히브리, 이집트, 힌두교, 북미 원주민,

마오리족, 켈트족, 그리고 북유럽의 주요 신화들을 살펴볼 것이다. 이들 신화에는 누구나 살아가면서 겪을 만한 어려운 문제들이 담겨 있다. 필자는 고대 신들과 영웅들을 나열해서 단편적으로 서술하는 사전식 서술 대신에, 가족 관계에서부터 마지막 여정인 죽음에 이르기까지 삶을 다양하게 담아내려 했다. 각 부는 따로 읽어도 좋도록 구성되었으며, 책의 전체 구성은 삶의 주요한 통과의례를 두루 아우르도록 했다.

각 부에서는 살면서 경험하게 될 갈등이나 기쁨을 다루고 있다. 특정 주제를 심도 있게 다루기 위해 이와 관련 깊은 신화를 소개하였다. 먼저 신화를 간략하게 서술하고, 이어서 심리학 측면에서 이를 정리하였다. 이를 통해 신화의 의미를 좀 더 잘 이해하고, 또한 그 의미를 삶에 적용하는 데 도움을 얻을 것이다.

신화를 통해 삶의 고통을 덜고, 인생의 의미를 깨달았으면 하는 바람이다. 신화를 읽으면 고통과 두려움, 갈등과 번민이 나 혼자만의 것이 아님을 깨닫게 된다. 형제간의 갈등은 인류 역사만큼이나 오래된 것이다. 오이디푸스는 여전히 우리 곁에 살아 있으며, 정신분석 상담실에만 갇혀 있지 않다. 또한 삼각관계 역시 인류의 기록 문화만큼이나 오랜 역사를 자랑한다. 아름다움과 재능, 권력과 부에는 그만큼 고통이 따르며, 고독과 실패와 상실의 어둠 속에서도 우리는 언제나 빛과 희망을 찾는다.

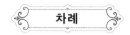

차례

1

—

모든 것의
시작은 가족이다

—

가족은 삶의 근본이다. 타고난 배경이 어떠하든, 우리 모두에겐 부모가 있다. 비록 부모의 사랑을 받지 못하고 자랐더라도, 부모 없이 존재하는 인간은 없다. 신화는 이 세상과 인류의 기원을 어머니인 땅과 아버지인 하늘이라는 상징으로 설명한다. 우리 모두는 과거를 거쳐 현재의 모습이 되었으며, 아무리 미래를 개척해 나간다 한들 과거를 지워 버릴 수는 없다. 우리는 가족이라는 배경을 통해 유전자뿐 아니라, 심리도 물려받는다. 따라서 우리가 하나의 독립된 인격체로 성장하는 데에는 개인의 노력뿐 아니라, 과거라는 유산이 큰 영향을 미친다. 물론, 신화가 가족 문제에 대해 직접적인 해결책을 주지 않는다. 단지 신화에는 가족 내에서 일어나는 다양한 사건들이 담담하게 그려져 있으며, 그로 인한 기쁨과 슬픔 등 복잡한 감정들이 진솔하게 묘사되어 있다. 이러한 이야기 속에는 인생을 바꾸는 불가사의한 힘이 담겨져 있다. 가족의 원형은 쉽사리 변하지 않겠지만, 치유와 회복의 가능성은 열려 있다. 외부 환경을 바꿀 수 없다면, 적어도 우리의 내면을 바꿀 수는 있다.

1장

부모와 자녀 사이

신화에는 부모와 자녀에 관한 이야기가 많다. 우스꽝스러운 올림포스 신들의 다툼이나 왕가의 비극 같은 여러 가족 이야기를 통해 우리는 때때로 위로와 감명을 받는다. 가족은 실로 떼어 낼 수 없는, 끈끈한 정으로 묶인 불가사의한 공동체다. 신화 속에는 부모와 자녀 사이에서 발생할 수 있는 모든 문제가 들어 있으며, 또한 그러한 갈등이 어떻게 해소되는지 잘 드러나 있다.

테티스와 아킬레우스

부모의 기대가 부른 비극

첫 번째 신화는 자녀에게 너무나 많은 것을 기대한 부모의 이야기다. 이 그리스 신화의 핵심은 자녀가 신이 되길 원했던 테티스의 야망이다. 이 이야기는 결국 비극으로 끝나지만, 우리에게 깊은 여운을 남긴다. 우리 역시 나도 모르는 사이에 자녀에게 자신의 소망을 강요하고 있지는 않은지 생각해 보게끔 한다.

테티스는 바다와 그 안의 모든 생명을 다스리는 바다의 여신이었다. 그녀가 혼기에 이를 무렵, 신들의 왕인 제우스는 한 가지 예언을 듣게 된다. 만약 테티스가 신들 중 한 사람과 결혼하게 되면, 그녀의 아들이 제우스보다 더 위대한 인물이 되리라는 예언이었다. 자신의 지위를 잃을까 염려한 제우스는 테티스를 펠레우스라는 한 인간과 결혼시킨다. 결혼 생활은 생각보다 순탄하였다. 다만 펠레우스는 가끔 아내의 능력을 시샘하였고, 테티스 역시 때때로 인간이라는 남편의 지위를 의식하곤 했다.

때가 되어 테티스는 아들을 낳아 아킬레우스라고 이름 지었다. 아킬레우스는 아버지가 인간이었기에 그 역시 인간의 지위를 상속받아, 운명이라는 굴레에 묶여 살 수밖에 없었다. 테티스는 이러한 아들의 운명을 달가워하지 않았다. 자신은 신으로서 영원히 늙지 않을 테지만, 아들이 늙어 결국 죽는 모습을 지켜보고 싶지 않았다. 그리하여 테티스는 갓 낳은 아들을 몰래 스틱스 강[1]으로 데려간다. 이 강에는 불사의 불가사의가 담겨 있었다. 그녀는 아킬레우스의 한 발꿈치를 잡아 들고 그를 강물 속에 담갔다 꺼냈다. 그리고 이제 아들이 불사의 몸이 되었다고 믿었다. 그러나 그녀가 잡았던 아킬레우스의 발꿈치는 스틱스 강물에 닿지 않은 탓에, 그 부분만 불사의 몸이 되지 못했다.

어른이 된 아킬레우스는 트로이 전쟁에 참전했다가 결국 발꿈치에 화살을 맞은 후 그 부상으로 죽고 말았다. 비록 아킬레우스는 위대한 영웅으로 역사에 길이 그 이름을 남겼지만, 그의 어머니 테티스는 아들의 운명을 바꾸지 못했다. 결국 인간을 신으로 만들지는 못한 것이다.

· · ·

테티스처럼 극단적인 경우는 드물겠지만, 많은 부모들이 자신의 자녀가 특별했으면 한다. 자녀의 영생을 바라지는 않겠지만, 다른 아이들보다 더 나은 삶을 누리기를 바란다. 누구나 겪는 인

---

1 Styx, 그리스 신화에서 지하 세계를 일곱 바퀴 돌며 흐르는 강을 말한다. 혹은 그 강의 여신을 이르기도 한다.-옮긴이주

생의 굴레를 벗어나, 재능을 맘껏 발휘하며 꿈을 이뤄 나갔으면 한다. 그러나 그 어떤 자녀도 부모의 그런 기대를 충족시키지는 못한다. 부모가 자녀의 평범함을 인정하지 못하고, 과도하게 자녀를 몰아갈 때 자녀들은 고통을 받는다. 자신이 이루지 못한 꿈을 자녀가 대신 이뤄 주길 바라는 부모도 적지 않다. 자신이 누리지 못한 삶을 자녀만큼은 누리길 원한다. 또한 자녀가 스스로 삶의 의미를 찾도록 도와주기보다는 자녀의 성취를 통해 자신의 삶의 의미를 추구하는 부모도 많다. 그리하여 자녀가 부모의 기대에 부응하지 못하고 실패하거나 부모의 이러한 노력을 충분히 인정하지 않을 때, 실망과 분노를 터뜨리게 된다. 테티스와 아킬레우스의 이야기에서 이러한 부모와 자녀의 모습을 엿볼 수 있다.

여신인 테티스는 아들 아킬레우스가 인간인 아버지보다는 신인 자기를 닮기 원한다. 이 또한 어그러진 어머니상을 반영한다. 어머니가 자녀를 독점하려고 할 때, 많은 문제가 일어날 수 있다. 테티스와 펠레우스의 결혼 생활은 균형이 무너져 있었다. 테티스는 스스로를 남편보다 우월하다고 느끼며, 아들이 자기를 닮기 바랐다. 부모가 함께 자녀를 낳고 기른다는 사실을 망각한 채, 한쪽이 자녀를 독점하려는 경우는 테티스 외에도 적지 않다. 특히 결혼 생활이 불행하여 그 속에서 만족을 느끼지 못할 때 그런 경우가 많다. 테티스가 아들에게 그랬던 것처럼, 아버지가 딸에게 집착할 수도 있다. 딸과의 특별한 유대 관계를 독점하기 위해 딸과 어머니의 사이를 갈라놓는 것이다(뒤의 오리온과 오이노피온 이야기에서 이어서 설명하겠다).

　이러한 문제는 병리적이라기보다 인간이라면 누구나 겪음직한 문제이다. 비록 신화 속 주인공은 신들인 경우가 많지만, 신화는 인간의 모습을 잘 반영한다. 부모로서 자녀에 대한 과도한 기대와 집착을 어떻게 해결할 수 있을까? 부모는 자녀와 건강한 정서적 유대감을 형성해야 할 의무가 있다. 그러기 위해서는 먼저 자기 안의 숨겨진 감정을 깨달아야 한다. 자녀에게 지나친 기대를 하고 있다는 사실을 인정할 때, 자녀가 기대에 미치지 못할 때에도 변함없는 사랑으로 자녀를 대할 수 있다. 또한 우리가 바라는 길을 강요하기보다는 자녀가 원하는 길을 가도록 격려해 줄 수 있다. 밖으로 드러난 감정은 큰 해를 끼치지 않는다. 오히려 무의식적인 감정이 초래하는 무의식적 행동이 자녀에게 큰 상처를 남긴다. 이 세상에 완벽한 부모가 없듯, 우리는 모두 자녀에게 비현실적인 기대를 품고 있다. 인간이기에 너무나 자연스러운 일이다. 자녀는 결코 신이 되지 못하며, 또한 우리가 이루지 못한 꿈을 보상해 주는 존재가 될 수 없다. 제우스의 책략으로 이뤄진 테티스와 펠레우스의 결혼 관계를 통해 우리는 인간관계에 담긴 복합성을 엿보았다. 자녀는 양쪽 부모의 합작품이다. 우리가 이 사실을 명심하고 우리 아이들을 있는 그대로 받아들일 때, 조금 더 지혜롭고 너그러운 부모가 될 수 있다.

헤라와 헤파이스토스

미운 오리 새끼

헤라와 헤파이스토스의 이야기 역시 부모의 자녀에 대한 기대를 그리고 있다. 이번에는 영생의 능력이 아니라, 올림포스 신에 어울리는 훌륭한 신체에 관한 이야기다. 여느 신들의 이야기와 달리, 이 이야기는 해피엔딩으로 끝난다. 헤파이스토스는 결국 엄청난 재능을 발휘하고, 가문을 빛낸다. 그러나 그 과정에서 부당한 고통을 감수해야만 했다.

신들의 왕과 여왕인 제우스와 헤라는 결혼하기도 전에 아들 헤파이스토스를 낳았다. 슬프게도 이 아이는 흉한 모습을 타고났다. 뒤틀린 발로 뒤뚱뒤뚱 걸음을 떼는 헤파이스토스를 보고 신들은 웃음을 터뜨렸다. 미모로 명성이 높던 헤라는 자기가 이런 아들을 낳았다는 자괴감에 아이를 없애 버리려 했다. 그렇게 올림포스 산 꼭대기에서 바닷속으로 아이를 던져 버렸지만, 바다의 지배자 테티스가 아이를 받아냈다.

이후 9년 동안 아이는 물속에서 숨어 살았다. 추한 모습에도 불구하고 그는 뛰어난 재능을 타고났다. 친구가 된 바다 정령에게 여러 가지 정교한 장치들을 만들어 주기도 했다. 어머니로부터의 부당한 대우에 분개하던 헤파이스토스는 점차 몸이 건장해지면서 복수를 꿈꾼다. 어느 날 헤라는 버린 아들로부터 선물을 받았는데, 금으로 정교하게 장식된 멋진 왕좌였다. 그녀는 기쁜 마음으로 왕좌에 앉지만, 다시 일어서려고 하자 보이지 않는 족쇄에 다리가 묶이고 만다. 다른 신들이 아무리 그녀를 일으켜 세우려 해도 허사였다. 오직 헤파이스토스만이 그녀를 풀어줄 수 있었지만, 그는 바닷속 심연에서 나오기를 거부했다. 성격이 불같은 그의 형제, 전쟁의 신 아레스가 그를 무력으로 끌어내려 하지만, 헤파이스토스는 한껏 달아오른 낙인을 아레스에게 던져 버린다. 결국 헤파이스토스의 배다른 형제, 술의 신 디오니소스가 꾀를 냈다. 헤파이스토스를 술에 취하게 한 뒤, 나귀 등에 태워 올림포스로 데려온 것이다.

그러나 헤파이스토스는 여전히 협조를 거부하며, 자신의 요구를 먼저 내세운다. 여신 중에서 가장 아름답다는 아프로디테를 아내로 요구한 것이다. 이후 헤라와 헤파이스토스는 화해한다. 과거의 원한은 뒤로한 채, 헤파이스토스는 아버지 제우스에게 맞는 어머니 헤라를 보호하기 위해 목숨을 무릅쓰기도 했다. 화가 난 제우스는 그의 발을 붙잡아서 신전에서 내친다. 나중에 다시 신전으로 불려간 헤파이스토스는 아버지와도 화해하고, 이후 신들 사이에서 평화 조정자의 역할을 수행하게 되었다.

신화로 읽는 심리학

．．．

　이 이야기를 통해 우리는 부모가 얼마나 아이들을 자신의 생각대로 키우기 원하는지를 엿볼 수 있다. 빼어난 외모를 자랑하는 부모들은 자녀들 역시 그에 못지않은 수려한 외모를 갖기 원한다. 또한, 부모가 미처 꽃피우지 못한 재능을 자녀가 대신 성취하거나 가업을 이어 주기를 바란다. 자녀를 마치 자신의 분신처럼 여기면, 자녀의 가치를 잊고 자녀에게 큰 상처를 남길 수 있다.

　이 이야기에는 복잡하면서도 미묘한 주제들이 숨겨져 있다. 사랑받지 못하는 헤파이스토스는 바다의 신들과 우정을 나눈다. 바다의 신들은 그를 받아들이고 도와준다. 부모에게 인정을 받지 못한 아이가 조부모나 삼촌 또는 선생님에게서 그것을 채울 수 있다면 대단히 다행스러운 일이다. 아이들을 사랑으로 대하지 못했을 때, 아이들이 적개심을 품는 것은 당연하다. 헤파이스토스는 기발한 방식으로 복수한다. 어머니를 망가뜨리는 대신에 어머니의 사랑을 얻으려 한다. 그러기 위해서 교묘한 방법으로 어머니가 꼼짝하지 못하게 만든다.

　왜 그 어떤 신도 헤라를 묶은 족쇄를 풀지 못했을까? 비록 자녀를 매몰차게 버린 헤라였지만, 그녀 역시 자녀에 대한 의무감으로부터 자유롭지는 못했다. 그녀는 악한 여자가 아니었다. 단지 여느 인간처럼 허영심에 찬 이기적인 존재였을 뿐이다. 헤파이스토스는 헤라에게 어머니로서의 빚, 즉 죄책감을 일깨워 준다. 우리 역시 아이의 정체성과 가치를 망각한 채, 우리의 생각만 앞세우다 죄책감을 느끼곤 한다. 더 이상 자신의 기대를 강요하지 않고, 아이들을 있는 그대로 받아들일 때, 비로소 우리는 죄책감에서 해방될 것이다.

용서하는 헤파이스토스를 통해 우리는 가족 간의 갈등과 상처를 뛰어넘는 사랑의 힘을 배운다. 부모의 잘못이 의도되지 않았음을 깨닫거나 부모가 잘못을 인정하고 용서를 구할 때, 그제야 자녀들은 부모를 용서할 수 있다. 진정한 사과는 진정한 치유를 이끌어 낸다. 어린 시절의 상처는 치유될 수 있다. 비록 자신이 바라는 대로 아이가 자라주지 않는다 해도, 우리는 아이라는 그 자체로도 얼마나 소중한지를 깨달아야 한다.

신화로 읽는 심리학

오리온과 오이노피온

딸을 떠나보내지 못하는 아버지

이번에는 딸을 소유하려 했던 어느 아버지의 비극적인 이야기다. 딸에게 구혼자가 생기자, 사랑하는 딸을 빼앗길까 두려웠던 아버지는 엄청난 비극을 자초한다. 이 이야기는 부모와 자식 간의 끈끈한 유대감 이면에 어두운 그늘이 존재할 수 있음을 잘 보여 준다. 물론 평범한 가정에서 이처럼 격렬한 감정의 소용돌이와 극단적인 상황이 발생하는 경우는 흔치 않을 것이다. 그러나 의식적이든 무의식적이든 자녀를 소유하려 한다면, 그 누구라도 혼란스러운 감정 속에서 충동이라는 늪에 빠질 수 있음을 경계하기에는 손색없는 이야기다.

최고의 미남으로 유명한 오리온이라는 사냥꾼이 있었다. 어느날 그는 메로페라는 처녀와 사랑에 빠지게 되는데, 그녀는 오이노피온의 딸이었다. 오이노피온은 술과 희열의 신 디오니소스의 아들이었다. 그의 핏속에는 아버지 디오니소스의 뜨거운 정열이 흐르고 있었다.

오이노피온은 오리온에게 메로페를 주겠노라고 약속하면서, 대신 마을 사람들을 위협하는 사나운 들짐승들을 제거해 달라는 조건을 내걸었다. 능숙한 사냥꾼인 오리온은 이 제안을 흔쾌히 받아들이고 임수를 완수해 오이노피온을 찾아간다. 그러나 오이노피온은 약속과 달리 핑계를 대면서 결혼을 허락하지 않는다. 아직도 저 들판에는 호시탐탐 먹잇감을 노리는 사나운 곰과 늑대와 사자들이 많다고 말하면서 말이다. 사실 오이노피온은 딸을 결혼시킬 생각이 전혀 없었고, 은밀히 그녀를 마음에 두고 있었다.

오리온은 예기치 않은 상황에 점차 지쳐 갔다. 아무리 사나운 짐승들을 잡아 죽여도 오이노피온은 또 다른 핑계거리를 찾아냈다. 어느 날 밤, 오이노피온이 준 술에 만취한 오리온은 완전히 이성을 잃고 메로페의 방에 침입해 그녀를 강제로 욕보인다(디오니소스의 아들이 만든 술답게 최상품의 독한 술이었다). 그 후, 오이노피온은 주저 없이 오리온의 악행을 단죄한다.

그는 오리온에게 술을 더 많이 마시게 해서 정신을 완전히 잃게 만든 후, 두 눈을 뽑아버리고 바닷가로 쫓아낸다. 이후 오리온은 우여곡절 끝에 신들의 도움으로 시력을 되찾고, 파란만장한 삶을 이어 간다. 가련한 메로페의 여생에 대해선 전해진 바가 없다. 그녀는 강제로 더럽혀졌고, 버림받았으며, 아버지에 의해 자유를 박탈당했다. 그녀의 아버지는 딸을 놓아줄 생각이 전혀 없었으니, 아마도 그녀는 여인으로서 독립된 삶을 살지 못했을 것이다.

. . .

가족 사이에도 비정상적인 감정의 폭풍이 휘몰아칠 수 있다. 또한, 아버지와 딸 사이의 관계가 원만하더라도 알게 모르게 문제가 발생할 수 있다. 세상의 모든 아버지는 딸의 첫사랑이다. 아버지는 어린 딸의 모습에서 자신이 꿈꿔 왔던 최고의 아름다움과 젊음을 본다. 이는 결코 추한 일이 아니며, 자연스럽고도 즐거운 일이다. 그러나 결혼 생활이 불행하여 그 속에서 아무런 기쁨을 누리지 못하고, 여전히 운명적인 만남을 갈구하는 아버지가 있다면 그 운명을 딸에게서 찾으려 할 수도 있다. 그런 경우, 아버지는 딸을 하나의 독립된 인격체로 인정하지 못한다. 오직 가슴이 넓고 따뜻한 아버지만이 딸을 떠나보낼 수 있다. 오리온처럼 잘생긴 청년에게 딸을 떠나보내는 아버지의 심정은 더욱 절절하다. 훤칠하고 젊은 오리온에게서 오이노피온은 더 이상 젊지도 활기차지도 않는 자신을 확인했을 것이다. 어느새 어린 딸은 성숙한 여인으로 자랐고, 자신과 어울리는 짝을 찾으려 한다. 신화 속에는 메로페의 어머니에 대한 이야기가 없다. 아버지와 딸은 그들만의 세상 속에 살고 있다. 이는 아내보다 딸에게서 정서적 유대감을 가깝게 느끼는 아버지가 적지 않음을 반영하는 것이다.

딸에게서 운명적 사랑을 찾으려는 아버지는 결국 딸에게 씻을 수 없는 상처를 주고 만다. 딸이 아무리 훌륭한 신랑감을 데려와도 결코 아버지의 눈에는 차지 않을 것이다. 결국 딸에게 도저히 이룰 수 없는 불가능한 목표를 지우고, 딸은 아버지의 품을 떠나 자신의 짝과 행복한 삶을 누릴 기회를 영영 찾지 못한다. 사랑이 크면 클수록, 사랑이 가져온 상처도 깊어질 수밖에 없다. 아버지를 사랑하고 존경하는 딸은 당연히 아버지의 말씀에 귀를 기울일 것이며, 그 어떤 신랑감도 부족하다고 여길 것이다.

물론, 오이노피온은 딸이 결혼하길 원한다. 다만 딸이 최상의 남자를 만나기 원한다. 누가 이런 아버지의 소망을 비난할 수 있을까? 그러나 이런 아버지의 선량한 소망 이면에는 딸에 대한 은밀한 소유욕이 감춰져 있다. 그 어떤 남자도 딸의 배필로서는 부족하다. 따라서 딸의 행복을 위해서라도 딸에게 접근하는 그 어떤 남자도 용납할 수 없다. 오리온은 자꾸만 말을 바꾸는 오이노피온에게 분노하고, 결국 메로페를 범한다. 오이노피온은 범죄자로 전락한 오리온을 처단할 최상의 명분을 얻었다. 그는 처음부터 딸을 떠나보낼 생각이 아예 없었다. 오히려 딸을 소유하려 했다.

시인 칼릴 지브란Khalil Gibran은 비록 자녀가 우리를 통해 태어날지언정 우리의 소유가 될 수는 없다고 노래했다. 외로움에 지친 아버지는 딸을 영원히 품속에 두려 할지도 모른다. 기성세대가 길을 열어 주지 않는 한, 젊은이들은 스스로 앞길을 개척해 나갈 수 없다. 만약 딸이 아버지와 연인 중에서 한 명을 선택해야만 한다면, 누구를 선택하든 딸은 결코 행복해질 수 없다. 자녀들은 절대로 이런 선택을 강요받아서는 안 된다. 질투심은 결국 모두의 가슴에 상처를 남긴다. 딸이 아버지와 남편 모두로부터 사랑받으며 행복하게 살 수 있는 열쇠는 아버지에게 달려 있다. 여느 아버지에게도 쉬운 일은 아니겠지만, 그만큼 큰 보람을 얻을 수 있다. 우리는 자신 안에 감춰진 질투심과 시기심을 깨닫고 인정해야 한다. 이러한 감정은 고대 신화만큼이나 유래가 깊을 뿐 아니라, 인간이라면 누구나 경험하는 보편적인 감정이다. 그러나 소유욕은 결국 지배욕일 뿐이며, 사랑과 지배욕은 양립될 수 없다.

테세우스와 히폴리투스

아버지와 아들의 어긋난 운명

다음은 젊고 잘생긴 아들에게 경쟁심을 느낀 아버지의 이야기다. 설화에는 젊은 새 신부를 들인 늙은 아버지가 전처소생인 젊은 아들을 경계한다는 소재가 흔히 등장한다. 이 불행한 영웅의 이야기에서 눈에 띄는 점은 테세우스가 질투심에 눈이 멀어 진실을 보지 못했다는 사실이다. 진실을 직시할 수 있었다면, 새 결혼으로 부자 관계가 어긋나는 일은 없었을 것이다.

테세우스는 포세이돈의 아들이자, 괴물 미노타우로스를 정벌한 후 아티카 왕이 된 위대한 영웅이었다. 그는 공명정대하고 지혜로운 통치자였다. 그러나 사랑에는 실패하였으니, 아들에 대한 질투심으로 일을 크게 그르치고 만다. 크레타의 공주 아리아드네와 불같은 사랑을 나눴던 그는 아리아드네의 도움으로 미노타우로스를 물리칠 수 있었지만, 결국 그녀를 버리고 만다. 아마존의 여왕 히폴리타와도 격정적인 관계였고, 사이에 히폴리투스라는 아들까지 얻었지만, 그녀의 죽음으로 비극을 맞는다. 나중에 테세우스는 아리아드네의 누이 파이드라와 결혼한다. 이때는 이미 그의 아들 히폴리투스가 아버지보다 더 왕의 위엄을 갖춘, 건장하고 멋진 젊은이로 장성한 후였다. 말 타기에 정진하던 이 젊은이는 처녀성의 여신 아르테미스를 숭배하고 있었다.

　테세우스의 새 아내 파이드라는 의붓아들에 대한 욕정에 사로잡혀, 늙은 유모를 통해 자신의 속내를 전달한다. 그러나 히폴리투스는 그녀의 뜻을 거절하고, 충격을 받은 파이드라는 의붓아들이 자기를 욕보이려 했다는 편지를 남기고 목을 맨다. 테세우스는 새 아내가 죽은 후, 모든 면에서 자신보다 뛰어난 아들에 대한 질투심으로 아들을 왕국 밖으로 쫓아낸다. 그러고는 아버지 포세이돈의 저주를 퍼붓는다. 히폴리투스가 아테네의 험난한 해안가를 따라 마차를 몰자, 바다에서 거대한 파도를 타고 황소가 나타나 말들을 짓밟아 버린다. 테세우스가 진실을 알게 된 때는 이미 짓이겨진 젊은이의 시체가 돌아온 후였다.

　이후 테세우스의 삶은 파국으로 치닫는다. 왕위를 물려줄 아들을 잃고 상심한 그는 지하 세계의 여왕을 납치하려다가 실패하고, 죽은 자들의 세계에서 4년간 고문을 받는다. 가까스로 풀려나지만 이미 아테네는 무법천지가 된 후였다. 결국 왕국을 저버리고 스키로스 섬으로 은둔한 그는 배신자에 의해 높은 바위산에서 바닷속으로 떠밀려 죽음을 맞는다.

· · ·

　이 이야기에는 여느 평범한 가족 사이에서도 발생할 수 있는 심리적 갈등이 잘 그려져 있다. 권력욕과 인정욕에 길들여진 남자들은 과시하듯 남자다움을 드러내려는 경향이 있다. 그래서 늙어가는 것을 수치스럽게 여기며, 정력의 쇠퇴를 곧 존재 가치의 상실로 여기기도 한다. 그리하여 이제 막 인생이라는 대항해를 시작한 아들이 자기를 뛰어넘을 수 있다는 사실에 대견함을 느끼면서도 한편으론 질투심을 느낄 수도 있다. 자기도 모르게 질투심에 휩싸인 아버지는 의도치 않게 아들에게 '저주'의 멍에를 안기게 된다. 아들을 냉랭하게 대하거나 지나치게 야단치면서 모자간의 유대감에 분노를 표출하는 것이다. 또한 아들의 꿈과 포부를 짓밟고, 자신감을 흔들어 놓음으로써 자기의 우월감을 고집한다.

아이에 대한 부모의 무의식적 질투심은 아이에게 너무나 큰 상처를 남긴다. 눈에 보이지 않는 아버지의 적개심을 감내해야 하는 아들은 스스로를 실패자로 여긴다. 학교에서도 직장에서도 가정에서도 그는 아무것도 제대로 해낼 수 없다. 내면 깊숙이 아버지의 권위는 절대적이며 아버지가 원하는 대로 살아야만 한다는 강박감을 느끼기 때문이다. 비록 겉으로는 아버지가 아들의 성공을 응원하는 듯 보여도, 아버지의 무의식적 바람대로 아들은 실패자가 될 수밖에 없다. 이런 아이는 나중에 인간관계에서도 문제를 일으킬 가능성이 많다. 아버지가 자신의 늙음을 자연스럽게 받아들이지 못하고 무의식적으로 아들에게 쏟아붓는 부정적인 생각들이 아들의 대인 관계에서 표출되고 마는 것이다.

이러한 모습은 우리가 인간이기에 누구에게든 일어날 수 있다. 아들이 자기보다 뛰어나기를 진심으로 응원하고, 세월의 무상함과 젊음만을 추구하는 세태를 담담하게 받아들이는 것은 생각보다 어려운 일일 수도 있다. 또한, 너무도 친한 아내와 아들 사이를 시샘하지 않고 오히려 격려와 지지를 보내는 것도 쉽지 않다. 그러기 위해서는 아들을 신뢰하고 독립된 인격체로 인정해야 한다. 아버지의 신뢰와 인정은 아들에게 가장 큰 격려와 도움이 된다. 이를 통해 아버지 역시 내면의 평화와 안정을 되찾을 수 있다. 비록 모든 것을 성취하지 못했다 할지라도 젊음을 다 바쳐 후회 없이 살았다면, 여생을 더욱 활기차게 꾸려 나갈 수 있다.

오시리스와 이시스 그리고 호루스

영원한 희망

다음의 고대 이집트 신화에는 희망과 재생의 상징인 한 아이가 등장한다. 이 이야기를 통해 우리는 어떠한 역경도 이겨 내고 평화와 자족을 이룰 수 있는 용기를 배울 수 있다. 오시리스와 이시스 그리고 호루스는 기독교의 삼위일체에 비유되기도 하는데, 신의 아들을 통해 고통으로부터 구원받고, 악을 무찌른다는 점에서 공통점이 있다. 심리학적 관점에서 보면, 이 이야기에는 우리가 아이를 통해서 얻게 되는 희망과 삶의 의미가 담겨 있다.

오시리스는 아버지인 땅과 어머니인 하늘의 첫아이였다. 외모가 준수했고, 그 어떤 인간보다 키가 훌쩍 컸다. 그는 누이이자 달의 여신인 이시스를 아내로 맞았다. 두 사람은 이집트인에게 농사짓는 법, 빵 굽는 법, 술을 빚는 법 등을 전했다. 이시스는 여인들에게 곡식을 빻고, 실을 뽑아 천을 짜는 법을 가르쳤다. 오시리스는 신전을 짓고 신상을 만들어 사람들에게 신에 대해서 가르쳤다. 사람들에게 오시리스는 '선한 자'로 불렸는데, 폭력을 혐오했고, 인자하다고 명성이 높았기 때문이다. 그러나 그는 곧 질투심에 눈이 먼 동생 세트가 꾸민 음모에 당하고 만다. 세트는 거칠고 야만적이었다. 때가 차기도 전에 어머니 배 속을 스스로 터

트러서 나왔으며, 오시리스를 대신해서 세상을 지배하려 했다. 그는 오시리스를 만찬에 초대해서 살해한 후, 궤짝에 시체를 담아 나일 강에 버린다.

남편이 죽었다는 소식을 접한 이시스는 비통에 빠진다. 머리를 자르고 옷을 찢은 후, 곧 궤짝을 찾아 나선다. 그러나 궤짝은 이미 바다로 빠져나가 비블로스[2]까지 떠내려 간 후였다. 궤짝은 한 능수버들 아래 놓였는데, 능수버들이 순식간에 자라 둥치로 궤짝을 완전히 감쌌다. 이후 비블로스 왕은 이 나무를 베어 왕궁의 지붕을 만들게 한다. 그 과정에서 나무는 형언할 수 없는 향기를 발산하였고, 그 소문은 이시스의 귀에까지 들어간다. 그녀는 곧 그 의미를 알아차리고, 지체 없이 비블로스에 가서 나무둥치 속 궤짝을 빼내 이집트로 돌아온다. 이 사실을 알아챈 세트는 이시스가 늪 속에 감춘 궤짝을 찾아낸 후, 형의 시체를 열네 조각으로 나누어 사방으로 흩어 버린다.

이에 굴하지 않고, 이시스는 남편의 향취를 좇아 조각난 시체를 모두 수습한다. 다만 남근은 나일 강의 게들이 이미 먹어 치운 후였다. 이시스는 조각난 시체를 모두 꿰맞추고 진흙으로 새 남근을 만들어 오시리스의 몸을 복원한다. 그리고 부패를 막는 의식을 거행하여 살해당한 남편에게 새 삶을 주려 한다. 남편의 재

---

2 Byblos, 현재 레바논의 수도 베이루트(Beirut) 부근에 있는 고대 페니키아 때의 항구 도시를 말한다.-편집자주

생을 기다리며 그의 옆에 누운 이시스는 그때 호루스를 갖게 된다. 호루스는 보통 햇빛과 달빛이 어린 눈을 가진 매로 그려진다.

다시 살아난 오시리스는 이전의 통치권을 되찾을 수도 있었다. 그러나 생전에 악의 세력에 의해 고통 받았던 기억 때문인지 지하 세계로 은거하여 죽은 자들을 다스리게 되었다.

아버지를 죽음으로 내몰고 그 시체를 도륙한 악행에 대한 복수는 아들 호루스의 몫이 되었다. 이시스는 세트의 간계를 염려하여 호루스를 몰래 숨겨서 키웠다. 호루스는 날 때부터 몸이 약했고 죽을 고비가 많았지만, 어머니의 마법으로 목숨을 부지할 수 있었다. 세트의 간계로 인해 사나운 짐승에 물리거나 전갈에 쏘이기도 했으며, 화상을 입거나 내장이 끊어지는 듯한 고통을 겪기도 했다. 이러한 고난에도 불구하고 호루스는 점점 건강하게 자라났으며, 오시리스는 자주 아들을 찾아와 병장기 다루는 법 등을 가르쳐 주었다. 호루스는 아버지의 원수를 갚고 유업을 되찾을 힘을 꾸준히 길렀다.

성인이 된 호루스는 수많은 적들과 전쟁을 치르고 승리를 거두었다. 그러나 세트는 너무나 간교하여 무력만으로는 제압할 수 없었다. 끝없는 살생을 멈추기 위해 여러 신들은 호루스와 세트를 불러 중재를 시도했다. 세트는 오시리스가 죽은 후에 태어난 호루스는 후계자의 자격이 없다고 주장했지만, 호루스는 당당히 자기가 정당한 후계자임을 밝혀냈다. 신들은 왕위를 찬탈한 세트를 징계하고, 호루스를 이집트의 통치자로 선포한다.

이후 호루스는 부모와 함께 선정을 베풀어 태평성대를 이루고, 백성으로부터 칭송을 받았다. 또, 부지런히 지하 세계의 아버지를 찾아뵈었으며, 죽은 자들을 '선한 자'에게로 이끌고, 영혼의 무게를 재는 일을 주관했다.

• • •

자녀가 부모의 삶을 구원할 수 없다. 그러나 미래에 대한 희망을 버리지 않고, 인간의 선과 아이들의 순수에 대한 믿음을 잃지 않는다면, 고단하고 힘든 삶을 이겨 내고, 과거의 아픔을 의미 있는 경험으로 승화시킬 수도 있다. 오시리스, 이시스 그리고 호루스 신화는 가정의 근본이 무엇인지를 다시 한 번 생각해 보게 한다. 우리는 가정을 통해서 후손을 남길 뿐 아니라, 새 생명의 탄생을 통해서 과거의 상처를 극복하고 새로운 삶을 개척해 나간다. 아이들을 통해서 우리의 육체뿐 아니라 정신까지 후대에 전해진다.

오시리스 가족은 현대 모든 가족의 원형이라 볼 수 있다. 이시스의 헌신적인 사랑 역시 주요한 주제다. 세트의 갖은 방해에도 불구하고, 그녀는 기필코 훼손된 남편의 사체를 찾아내어 복구한다. 이러한 절대적 헌신이야말로 이 이야기의 주요 교훈이라 볼 수 있으며, 실패 가운데서도 배우자에게 끝까지 헌신하는 많은 이들의 귀감이 된다. 실직이나 건강 문제 등으로 힘겹게 살아가는 배우자를 끝까지 격려하고 사랑하는 것 말이다.

최악의 순간에 호루스를 수태한 것 역시 중요한 의미를 갖는다. 오시리스가 깊은 잠에 빠져 재생을 기다리는 사이에 이시스는 아이를 수태한다. 이것을 우리 삶에 대입해 보면 어떨까? 우리가 정말 아이를 갖고 싶어 한다는 것을 보여 주는 것일까? 최악의 상황에서 아이가 희망의 끈이 될 수도 있다. 눈에 보이는 성공이나 만족을 위해서만 가정을 이루는 것이 아니다. 삶의 모진 굴곡 속에서 우리는 때때로 미래의 희망과 살아야 할 이유를 절실히 찾는다.

호루스의 어린 시절은 역경으로 가득하다. 건장한 성년으로 자라기까지 그는 숱한 어려움을 겪는다. 이 또한 우리 삶의 한 단면을 보여 준다. 연약하고 부족한 시기를 거치면서 우리는 새로운 도전을 감행하고 더욱 단단하게 성장한다. 이시스가 세트로부터 아들을 보호해 낸 것처럼, 우리 역시 연약하기 짝이 없는 우리의 분신이 잘 자라도록 지켜 주어야 한다. 호루스는 아버지의 아픔을 자신이 감내해야 한다는 사실을 잘 알았다. 오시리스는 더 이상 지상에서의 아귀다툼에 휘말리기를 거부했다. 우리 역시 때가 되면 우리 아이들에게 미래를 맡겨야 한다. 삶이라는 괴물을 늙고 지친 몸으로 맞서 싸우는 것은 너무 버겁다. 테세우스의 이

신화로 읽는 심리학

야기를 다시 떠올려 보자. 그는 아들 히폴리투스에게 무의식적으로 질투심을 느꼈고, 아들이 자기 인생을 마음껏 펼치게끔 믿어주지 못했다. 반면 오시리스는 이러한 과업을 성공적으로 해냈다.

갈등은 한 개인의 노력을 통해 해소되지 않았다. 신들이 합심하여 호루스가 왕위를 잇도록 도왔다. 우리 역시 끝내 이루지 못한 평생의 과업을 신에게 맡겨야 할지도 모른다. 호루스처럼 우리의 길이 공명정대하다면, 비록 악을 완전히 끝장내지는 못할지라도 악이 선을 해치지 못하도록 힘쓸 수는 있다. 때가 되면 선이 이기고 평화가 찾아올 것을 믿고 기다린다면, 스스로 어찌할 수 없는 상황조차 받아들이고, 자신에게 상처를 준 사람도 용서할 수 있다. 또, 미래가 밝으리라고 굳건히 믿을 수 있다.

'상처 난 얼굴' 포이아

과거의 아픔을 치유하다

이 장의 마지막은 북아메리카 평원의 원주민 중 하나인 블랙풋Blackfoot 부족에서 전해져 내려오는 이야기다. 가족의 아픔을 치유하는 사랑의 힘은 때론 대를 뛰어넘어 조부모에게서 손주에게로 이어진다. 이러한 사랑을 통해 부모와 자녀 간의 상처가 치유되며, 선대의 지혜가 후대에 전해진다.

아주 오래 전, 새벽별이 하늘에서 땅을 내려다보다가 아주 예쁜 블랙풋 소녀 소아차키Soatsaki를 발견했다. 사랑에 빠진 새벽별은 소아차키와 결혼한 후, 아버지인 해와 어머니인 달이 있는 하늘로 그녀를 데려갔다. 소아차키는 하늘에서 아들을 낳았고, '작은 별'이라고 이름 지었다.

시어머니인 달은 소아차키를 극진히 사랑했으며, 집 근처에서 자라는 순무는 절대 뽑지 말라고 당부했다. 그러나 소아차키는 호기심을 참지 못했다. 결국 순무를 뽑아낸 그녀는 순무가 뽑힌 구멍으로 지상 세계를 내려다볼 수 있게 되었다. 지상 세계의 고향이 눈에 들어오자, 그녀는 극심한 향수병에 걸렸고 병세는 점점 심해졌다. 시아버지는 말을 듣지 않은 벌로 그녀와 손자인 '작은 별'을 사슴 가죽에 담아 지상 세계로 쫓아낸다. 사랑하는 남편과 헤어진 그녀는 곧 숨을 거두었고, 아들 '작은 별'은 가련하게 홀로 남겨졌다.

'작은 별'은 얼굴에 상처가 있다는 이유로 '포이아Poia', 즉 '상처난 얼굴'이라는 별명을 얻었다. 어느덧 장성한 포이아는 족장의 딸을 사랑하게 됐지만, 얼굴에 상처가 있다는 이유로 거절당한다. 상심한 그는 할아버지인 해를 찾아가 얼굴을 고치겠다고 결심한다. 이윽고 포이아는 해를 찾아 서쪽으로 떠난다. 태평양 연안에 다다른 그는 사흘간 금식하며 기도한다. 마침내 나흘째 되던 날 아침, 바다 위로 신비로운 길이 열리고 포이아는 과감히 그곳에 발을 내딛는다. 마침내 하늘에 올라 해가 머무는 곳으로 찾아간 그는 일곱 마리의 흉악한 새들과 사투를 벌이는 아버지 새벽별을 발견한다. 포이아는 한걸음에 달려가 괴물새들을 베어 버리고 아버지를 구출한다. 이에 대한 보상으로 할아버지인 해는 그의 상처를 없애 주고, 태양춤의 의식을 가르쳐 주었다. 또, 해의 자손이라는 증표로 까마귀 깃털과 선물로 사랑하는 사람의 마음을 얻을 수 있는 마술피리를 준다. 포이아는 은하수라는 길을 따라 지상 세계로 돌아왔다. 그리고 블랙풋 부족에게 태양춤의 비밀을 전하고, 족장의 딸과 결혼하였다. 이후 그녀와 함께 하늘로 올라가서 조부모 해와 달 그리고 아버지 새벽별과 다 같이 행복하게 살았다고 한다.

．．．

   이 아름다운 이야기의 주인공은 상처 난 얼굴을 하고 있다. 실제로 많은 아이들이 부모의 이혼이나 별거로 마음에 깊은 상처를 받는다. 이야기에서 포이아의 어머니 소아차키는 시댁의 법도를 지키지 못했고, 이로 인해 사달이 벌어진다. 결국 법도를 어긴 대가로 그녀는 남편과 생이별을 당하고, 아들 포이아 역시 아버지와 떨어진다.

   실제로 우리 주변에는 가풍이 엄격한 가문으로 시집갔다가 적응하지 못하고 정서적으로 소외되거나 실제로 쫓겨나는 경우를 종종 볼 수 있다. 또한, 다문화가정에서 종교적, 인종적, 경제적 약자인 배우자가 제대로 적응하지 못하는 경우도 많다. 그런 경우에 가장 큰 상처를 받는 사람은 바로 아이들이다.

   그러나 해와 달의 손자인 포이아는 이러한 운명을 거부한다. 상처를 고치기 위해 할아버지의 나라로 당당히 찾아간다. 조부모와의 유대 관계를 통해 부모와의 관계에서 입은 상처를 치유할 수 있음을 알 수 있다. 포이아는 사악한 새들을 제거함으로써 아버지 새벽별을 구하고 자신의 진심을 전한다. 우리 역시 용기를 내서 관계가 단절된 가족을 먼저 찾아가 손을 내밀어야 한다. 포이아는 모든 자존심을 버리고 먼저 찾아갔기에, 그에 걸맞은 보상을 얻을 수 있었다. 자기의 상처를 치유받았을 뿐 아니라, 태양의 지혜를 아내의 부족에게 전함으로써 조상의 은덕을 세상 사람들에게 널리 베풀 수 있었다.

자존심을 내려놓고 단절된 관계를 회복하는 것이야말로, 이 신화의 가장 중요한 주제다. 부모 사이의 불화 또는 부모와 조부모 사이의 불화 때문에 조부모와 떨어져 살아가는 아이들이 적지 않다. 할아버지의 나라를 찾아 나선 포이아처럼, 먼저 손을 내미는 아이들의 노력으로 깨어진 가족 관계가 회복될 수도, 선대의 지혜가 미래의 세대에 전해질 수도 있다.

2장

형제자매 사이의 갈등

형제자매 사이의 유대감은 부모와 자식의 관계 못지않게 끈끈하고, 복
잡하고, 강력하다. 형제자매를 통해서 우리는 숨겨진 나의 또 다른 모
습을 보게 된다. 또, 형제자매에 대한 사랑과 미움을 통해서 이제껏 알
지 못했던 나의 실체가 분명히 드러나기도 한다. 형제자매 사이의 갈등
에 대해서 심리학도 깊은 관심을 보이지만, 신화에서 먼저 이야기가 나
왔다. 신화에는 형제자매 관계에 관한 이야기뿐 아니라, 그 속의 갈등
을 치유하는 과정이 담겨 있다.

카인과 아벨

부모의 사랑은 과연 공평한가?

구약성서에 나오는 카인과 아벨의 이야기를 모르는 사람은 많지 않겠지만, 부모 때문에 자녀들이 서로 다툴 수 있음을 모르는 경우는 의외로 적지 않다. 카인과 아벨의 이야기는 '형제간 경쟁sibling rivalry'에 관한 이야기로 알려져 있다. '형제간 경쟁'이란 형제자매 사이에서 발생하는 질투와 경쟁 심리를 뜻한다. 이것은 해가 뜨는 것만큼이나 자연스럽고도 오래된 현상이다. 하지만 '형제간 경쟁'을 거친 후 아이가 건강하게 성장하는 경우는 매우 드물며, 대부분의 경우 가족에게 큰 아픔과 상처를 남긴다.

아담과 하와에겐 두 아들이 있었다. 작은 아들 아벨은 목동이었고, 큰 아들 카인은 농사를 지었다. 때가 되어 두 아들 모두 하느님께 제사를 드렸다. 카인은 농사를 지어 거둔 수확의 일부를 바쳤고, 아벨은 가축 중에서 살찌고 좋은 짐승을 제물로 바쳤다. 그런데 하느님은 아벨의 제물은 기쁘게 받았지만, 카인의 제물은 거부했다. 카인은 하느님의 이러한 처사를 받아들이지 못했고, 크게 화를 내며 하느님과 동생 아벨에게 앙심을 품었다.

카인의 분노를 알아챈 하느님이 카인에게 물었다.

"너는 어찌 분하여 안색이 바뀌었느냐? 네가 선을 행하면 어찌

낯을 들지 못하겠느냐. 선을 행하지 않으니 죄가 문 앞에 엎드린 것이나 마찬가지다."

그러나 하느님의 말을 들은 카인은 분노를 풀기는커녕, 오히려 더욱 키웠다. 그는 하느님에 대한 분노를 동생 아벨에게 쏟아냈다. 그러고는 들판으로 아벨을 유인한 뒤, 돌로 쳐서 동생을 죽이고 만다.

"네 아우 아벨은 어디 있느냐?"

하느님이 카인에게 물었다.

"알지 못합니다. 제가 아우를 지키는 자입니까?"

카인이 대답했다.

물론 하느님은 이미 사건의 진상을 파악하고 있었다. 그래서 카인에게 이렇게 말한다.

"네가 무엇을 하였느냐? 땅에서 네 아우가 내게 절규하며 호소하느니라. 땅이 그 입을 벌려 네 손에서부터 네 아우의 피를 받았다. 너는 땅에서 저주를 받으리니, 네가 밭을 갈아도 땅이 너에게 수확물을 주지 않을 것이다. 너는 땅을 피해 다니며 떠도는 자가 되리라."

그러자 카인이 하느님에게 이렇게 말했다.

"저의 죄가 너무 중하여 견딜 수 없나이다. 하느님께서 오늘 이 땅에서 저를 쫓아내시니, 제가 어찌 하느님의 얼굴을 뵙겠습니까. 제가 땅을 피하며 떠도는 자가 된다면, 저를 만나는 자들이 저를 죽일 것입니다."

하느님이 카인에게 대답했다.

"그렇지 않다. 카인을 죽이는 자는 그 벌을 일곱 배나 받으리라."

그리하여 하느님은 카인을 만나는 자들이 그를 죽이지 못하도록 카인의 이마에 표식을 준다. 이후 카인은 하느님 앞을 떠나 에덴 동편의 '놋'이라는 땅에 정착한다. 놋은 '유랑하다'라는 뜻이다.

· · ·

종교적 입장에서 보면, 이 이야기에 담긴 교훈에 대해 별 문제점을 느끼지 못할 것이다. 하지만 다른 각도에서 보면, 왜 하느님이 카인의 제사는 거부하고 아벨만 편애했는지 의문을 가질 수도 있다. 하느님의 심판은 공정하지 않았다. 두 형제 모두 최상의 제물을 바쳤다. 다만, 카인은 농부였기에 양을 제물로 바칠 수 없었다. 이것은 여느 가정에서 흔히 일어나는 현상과 같다. 즉, 부모가 한 자녀를 편애할 때, 형제간의 갈등이 폭발한다는 것이다. 카인은 하느님의 거부를 이해할 수 없었고, 그의 분노는 언뜻 정당해 보인다. 그러나 카인은 분노를 하느님에게 쏟아내지 못하는데, 이는 연약한 아이가 강력한 부모에게 분노를 표출하지 못하는 것과 같다. 하느님에게 분노를 쏟아 놓았다가는 되레 죽을 수도 있다. 보통 아이들은 부모에게 깊은 경외심을 품는다. 이는 부모가 그렇게 유도해서가 아니라, 아이들의 눈에는 부모가 생사를 주관하는 하느님과 같은 존재로 비치기 때문이다.

그래서 카인은 분노를 동생에게 표출한다. 사람들은 흔히 자신이 사랑하거나 두려워하는 대상에게 분노를 드러낸다. 아이들은 부모의 사랑을 독차지하는 형제에게 분노를 쏟는다. 물론 카인처럼 실제로 죽이기보다는 차갑고 냉정하게 대하는 정도로 그친다. 때때로 정상적인 가정에서도 분노가 신체적 폭력을 초래하기도 한다. 이 이야기의 핵심은 결국 '형제간 경쟁'이 아니라, 편애하는 하느님이다. 하느님은 곡식보다 양을 선호한다. 따라서 카인의 제사를 거부한 것이다. 채식주의자의 눈에는 부당한 처사가 아닐 수 없다. 주변을 돌아보면, 부모의 편애는 부모 개인의 심리에서 기인하는 경우가 많다. 예술보다 운동을 좋아하는 부모는 운동을 잘하는 아이를 편애할 가능성이 있다. 외모를 가꾸는 데 푹 빠진 부모라면 평범하게 생긴 아이보다 얼굴이 예쁜 아이를 편애할 수 있다. 어떻게 보면 가족뿐 아니라, 우리의 삶 자체가 불공평하다.

이 이야기에서는 갈등이 해결되지 않았다. 카인은 쫓겨나서 방황한다. 그러나 하느님은 그의 목숨을 지켜 준다. 어쩌면 하느님은 일말의 가책을 느꼈는지도 모른다. 결국 형제간 반목의 원인을 제공했기 때문이다. 반면, 우리네 가족 내에서는 갈등을 해소할 수 있다. 형제자매가 서로 솔직하게 속내를 털어놓고, 상처받은 자녀가 상처를 준 부모에게 자신이 화가 났다는 것을 표현한다면 가능하다. 이야기 속의 하느님처럼 자신을 돌아보지 않고, 비이성적으로 부당하게 행동하는 부모에게 '형제간 경쟁'의 가장 큰 책임이 있다. 하느님은 그렇게 할 자격이 있을지 몰라도, 부모에겐 그럴 자격이 없다. 카인과 아벨의 반목은 서로 미워하는 마음을 타고나서가 아니다. 가족 내의 복잡한 인간관계 속에서 발생한 것이다. 만약 우리가 자기의 감정에 솔직하고 서로에게 친절해진다면, 우리와 우리 자녀의 이마에 각인된 카인의 표식을 지울 수 있을 것이다.

아레스와 헤파이스토스

한 여자와 두 형제

이번에는 한 여자를 차지하려는 두 형제의 갈등과 그 원인을 제공한 부모의 이야기를 그린 그리스 신화이다. 아레스와 헤파이스토스가 서로를 미워하게 된 까닭은 그렇게 타고나서가 아니라, 부모가 그렇게 만들었기 때문이다. 심리학에서는 이를 '조건적 사랑'이라고 말한다. 아이가 부모의 말을 잘 들으면, 그 대가로 부모의 사랑을 얻는 것처럼 말이다.

아레스와 헤파이스토스는 둘 다 제우스와 헤라의 아들이다. 헤파이스토스가 어릴 적 고난을 겪고 이후 부모와 화해한 이야기는 앞서 살펴보았다. 여기에서 나오는 이야기는 그와 조금 다르지만, 주제는 비슷하다.

아레스는 형인 헤파이스토스와 사뭇 다른 어린 시절을 보냈다. 그는 날 때부터 올림포스의 화제였다. 또, 헤파이스토스와는 달리 흠 없는 신체를 타고났다. 부모의 용모를 물려받아 수려하면서도 기골이 장대했다.

헤라는 이 잘난 아들에게 어울리는 선물을 주어야 한다고 제우스를 다그쳤다. 그러나 제우스는 이미 하늘과 땅, 바다와 지하 세계를 선물로 준 후였다. 그래서 헤라의 총애를 받는 아들에게 줄 만한 선물이 없었다. 결국 헤라의 요구에 지친 제우스는 헤르메스를 보내서 마땅한 선물을 찾게 한다. 한편, 제우스의 또 다른 아들인 헤르메스는 배다른 형제 아레스를 좋아하지 않았다. 아레스는 비록 잘생기긴 했지만, 퉁명하고 무례해 보였다. 또, 그저 큰 소리를 지르고 힘을 쓰는 데만 재능이 있어 보였다. 그래서 아버지의 명령을 따르면서도 반발하고픈 마음에 사랑과 욕망의 여신인 아프로디테를 올림포스로 데려온다. 그녀는 방금 바다에서 올라온 상태였다. 그녀의 미모는 아레스에게 어울릴 만큼 수려했지만, 그녀가 가는 곳엔 항상 혼란과 소동이 뒤따랐다. 아직까지는 헤르메스만이 그 사실을 알고 있었다.

아레스의 생일잔치에서 헤르메스는 아프로디테를 아레스에게 소개한다. 비록 어렸지만, 아레스는 그녀의 미모에 반하고 만다. 같은 시각, 헤라는 첫아들 헤파이스토스가 살아 있다는 사실을 알게 된다. 헤파이스토스는 당시 바다의 여신인 테티스의 왕국에서 살고 있었다. 마침 아레스의 생일잔치에 온 테티스가 눈에 띄는 브로치를 하고 있었는데, 탐이 난 헤라는 브로치를 만든 사람이 누군지 캐물었다. 마지못해 테티스는 헤파이스토스를 올림포스로 소환하고, 헤라는 아들을 하늘에서 내던진 이후 처음으로 아들과 대면한다. 오직 헤파이스토스만이 자신이 원하는 물건을 만들 수 있었기에, 헤라는 그에게 올림포스에서 머물라고 권유했다. 그리고 화해의 표시로 어떤 선물을 원하느냐고 물었다.

헤파이스토스는 뭐든지 스스로 만들 수 있었기에, 어떤 선물도 생각해 낼 수가 없었다. 마침 헤르메스가 바다에서 아프로디테를 데리고 오자, 헤파이스토스는 아프로디테를 자기의 신부로 요구했다. 제우스는 이 요청을 거부하지만, 결국 헤라의 강권으로 들어주고 만다. 헤라의 관심이 잘생긴 전쟁의 신 아레스에게서 다리를 저는 장인의 신 헤파이스토스에게로 넘어간 것이다. 그리하여 형 헤파이스토스는 아프로디테를 선물로 받았고, 동생 아레스는 배신감에 치를 떨었다.

제우스는 상처로 일그러진 아레스의 마음을 알고 난 후, 이렇게 외쳤다.

"증오! 불화! 폭력! 이보다 너에게 더 잘 어울리는 것이 무엇이랴. 이것이 네 선물이다!"

그러고는 자리를 박차고 나가 버렸다. 헤르메스가 다가와 분노에 찬 아레스를 달래자, 그는 대신 땅을 선물로 내놓으라고 부르짖었다. 그러자 헤르메스는 땅은 누구의 소유도 될 수 없다고 대답한다. 그러나 아레스는 그의 말을 듣지 않았다. 혈기에 찬 전쟁의 신은 누구라도 땅을 차지한다면 갈가리 찢어 놓을 거라고 맹세한다. 그 말을 들은 헤르메스는 과연 누가 땅을 차지할지 궁금해했다. 그때는 신이 세상을 지배하던 시절이었고, 인간은 아직 등장하기 전이었다.

• • •

　헤라는 자기가 낳은 아들이 잘생겼다는 이유로 그를 위한 선물을 요구한다. 물론 아이의 뜻과는 전혀 상관없는 일이었다. 이는 아이에 대한 사랑이라기보다는 그녀의 허영심 때문이었다. 제우스는 스스로 선물을 찾는 수고를 포기해 버린다. 얼마나 많은 부모들이 바쁘다는 핑계로 아이의 선물을 남에게 부탁하거나 아이의 학교 행사에 다른 사람을 대신 보내는가? 헤파이스토스에게 남다른 재능이 있음이 밝혀지자, 비로소 그는 주목받는 자녀가 되었다. 그리고 원래 총애받던 아레스는 뒤로 밀려난다. 이 두 형제가 서로 대립하고, 부모의 사랑으로부터 밀려난 자녀가 세상을 증오하게 된 것도 이해가 간다.

　이 신화에서 특히 놀라운 점은 자녀에 대한 제우스와 헤라의 무관심이다. 아레스는 비록 성급하고 자기중심적이지만, 힘과 용기라는 장점이 있었다. 만약 그에게 적절한 선물과 사랑이 주어졌다면, 사뭇 다른 결말이 나왔을지도 모른다. 올림포스의 부모들은 자녀를 하나의 독립된 인격체로 대하지 않는다. 자녀는 부모를 위한 존재일 뿐이다. 비록 이 이야기에서처럼 극단적이지는 않겠지만, 오늘날 많은 부모들이 자녀에게 무관심하다. 또한 자녀가 부모를 어떻게 기쁘게 하는가에 따라 부모의 사랑이 결정된다. 더욱이 자신이 이루지 못한 것을 자녀가 대신 해내기를 바라는 부모가 적지 않다. 결국 이런 부모가 자녀에게 암시하는 메시지는 다음과 같다.

'네가 내가 원하는 사람이 되어 준다면, 나는 너를 사랑할 것이다.'

이러한 '조건적 사랑'은 아이에게 견디기 힘든 마음의 짐을 지운다. 부모의 기대를 만족시키는 영리한 아이들도 있지만, 대부분의 아이들은 아레스처럼 부모의 기대에 미치지 못한다. 이러한 아이들은 결국 스스로를 쓸모없는 존재라 여기며 자괴감에 빠지고, 급기야 사람들에게 분노를 표출한다. 부모의 사랑을 쟁취하는 영리한 아이들도 고통 받기는 마찬가지다. 이런 아이들은 사람들의 평가를 자기 가치의 척도로 생각하기에, 남의 눈치만 보면서 일생을 낭비한다. 헤파이스토스는 자기 의사와 상관없이 평생 동안 현란한 물건을 만들어 내야 한다. 그렇지 않으면 어머니의 사랑을 잃을지도 모른다.

아프로디테는 사랑의 여인으로서 사랑의 상징이다. 어머니인 헤라의 마음대로 아레스에게 먼저 주어졌다가 다시 헤파이스토스에게 주어진 것은 다름 아닌 사랑이다. 현명한 부모는 아무런 조건 없이 아이에게 사랑을 베푼다. 훈육 없는 사랑을 하라는 것이 아니다. 다만 사랑을 자기 욕심을 채우는 수단으로 사용하지 말라는 의미다. 정직하게 아이를 혼내는 것보다 잘못 이용되는 사랑이 아이에게 더 큰 상처를 남긴다. 내가 어떻게 살아왔든 간

　　　　　　　　　　　　　　　　신화로 읽는 심리학

에 아이들이 나를 위해 대신 살아 줄 수 없다. 제우스와 헤라가 이런 단순한 사실을 알았더라면, 이 땅에 전쟁은 일어나지 않았을지도 모른다.

로물루스와 레무스

누가 더 잘났나?

쌍둥이의 다툼에 관한 신화는 무척 많은 편인데, 대부분 비극으로 끝난다. 이 고대 로마 신화에 등장하는 쌍둥이 형제는 부모 때문이 아니라, 서로 상대방보다 앞서기 위해 다툰다. 로물루스와 레무스 형제의 질투심과 그로 인한 살인 이야기를 통해 '형제간 경쟁'의 뿌리 깊은 역사와 그 원형을 확인해 보자.

어느 화창한 오후, 전쟁의 신 마르스(그리스 신화의 아레스에 해당한다)가 일곱 개의 언덕 사이로 난 숲길을 걷고 있었다. 이 언덕에는 나중에 '로마'라는 도시가 들어선다. 마침 숲 속 빈터에서 아름다운 아가씨가 잠을 자고 있었다. 그녀는 알바 롱가의 왕녀인 레아 실비아로 베스타[3] 여신을 섬기는 신녀였다. 그런데 마르스가 그녀를 강제로 범하여, 그녀는 쌍둥이를 출산하게 된다. 그녀의 아버지는 딸의 명예를 지키기 위해 아이들을 바구니에 담아 티베르 강에 떠내려 보낸다. 왕은 이 아이들이 신의 자손이라는 사실을 알지 못했다.

그러나 티베르 강의 신은 그 사실을 알았기에, 강물을 흘러넘

---

3 불의 여신으로, 그리스 신화의 헤스티아에 해당한다.-편집자주

신화로 읽는 심리학

치게 하여 쌍둥이가 무사히 무화과나무 밑 동굴에 다다르게 한
다. 두려움과 배고픔에 지친 아이들은 울고 또 울었지만, 아무도
아이들의 울음소리를 듣지 못했다. 대신 근처의 암늑대가 울음소
리를 듣고 다가와 주린 아이들에게 젖을 물렸다.

이후 아이들은 양치기 부부에게 발견되어, 원래 신분은 전혀
알지 못한 채 양치기의 양자로 자라게 된다. 양치기는 아이들에
게 '로물루스'와 '레무스'라는 이름을 붙였다.

아이들은 어느덧 장성하였는데, 특히 작은아이는 아버지를 닮
아 기골이 장대하고 성격이 급했다. 형제는 도시를 건설하기로 결
심하고, 새가 날아다니는 것을 살피면서 점쟁이들에게 점괘를 맡
겼다.[4] 로물루스 쪽 하늘에는 독수리 열두 마리가 모습을 드러냈
지만, 레무스 쪽 하늘에는 여섯 마리밖에 보이지 않았다. 그리하
여 점쟁이는 로물루스가 새 도시의 적합한 건설자라고 선포한다.
이에 로물루스는 흰 암소와 황소에 쟁기를 매어 긴 도랑을 파고,
그것을 새 도시의 경계로 삼는다. 질투심에 휩싸인 레무스는 형
의 기를 꺾기 위해 조롱하듯 도랑을 뛰어넘었다. 결국 격렬한 다
툼이 뒤따랐고, 레무스는 형 로물루스를 죽이려 했다. 방어에 나
선 로물루스는 전쟁의 신인 아버지에게서 물려받은 광분에 몸을
내맡기고, 결국 동생을 죽이고 만다.

로물루스는 혼자 힘으로 도시를 건설하고, 이 도시는 그의 이

---

4 고대 로마에는 새들의 비행을 보고 점을 치는 관직이 있었다고 한다.-옮긴이주

름을 따서 로마로 불린다. 로물루스는 새로 건설한 도시에 사람
들을 정착시키기 위해 성벽 사이에 범법자, 부랑자들을 위한 피
난소를 건설했다. 인근 부족의 여인들은 이 불량배들과의 결혼을
거부했기에, 로물루스와 그의 추종자들은 근처의 여인들을 납치
해 와서 강제로 결혼시킨다. 도시 건설이 끝나고 사람들도 어느
정도 정착하자, 마르스는 아들을 자신의 곁으로 불러들였다. 천
둥 번개가 몰아치던 어느 날, 로물루스는 홀연히 종적을 감췄다.
이후 로마인들은 그를 신으로 추앙하였다.

· · ·

'형제간 경쟁'이 살인으로 이어지는 경우는 드물겠지만, 어린
시절의 갈등이 성인기까지 이어지는 경우는 드물지 않다. 형제간
에 사랑과 협조심보다 질투와 경쟁심이 더 강한 것처럼 보인다.
대부분 돈이나 재산과 같은 물질적 보상 때문에 다투며, 특히 부
모의 유산을 둘러싼 갈등이 적지 않다. 로물루스와 레무스도 부
모의 사랑을 얻기 위해서가 아니라, 세속적 권력을 위해 서로 다
투었다.

자녀들이 서로 다툴 때, 부모가 할 수 있는 일에는 무엇이 있을
까? 형제끼리 또는 자매끼리 다투는 경우가 가장 흔하다. 그중에
서로 이해하고 존중하여 질투심을 극복하는 가정이 있는가 하

신화로 읽는 심리학

면, 적개심으로 지울 수 없는 상처를 남기는 가정도 있다. 이 이야기에는 이러한 문제에 대한 중요한 단서가 담겨 있다. 레무스가 질투심에 휩싸이게 된 계기는 점쟁이가 형에게 더 좋은 점괘를 내렸기 때문이다. 다시 말하면, 형이 자신보다 사람들에게 더 인정을 받았기 때문이다. 이렇듯 형제간의 갈등은 비교에서 비롯되는 경우가 많다. 부모들은 아이들을 비교하는 것이 얼마나 위험하고 상처를 주는 일인지를 깨달아야 한다. "왜 너는 형처럼 공부를 잘하지 못하니?" "왜 너는 언니처럼 옷을 단정하게 입지 않니?" "왜 너는 다른 애들처럼 밖에 나가서 놀지 않니?" 아무런 생각이 없는 부모나 교사는 이런 말들을 서슴없이 내뱉는다. 로물루스와 레무스 이야기에서는 점쟁이가 이런 역할을 한다. 두 형제를 비교함으로써 분란의 씨앗을 심었다. 아버지인 마르스 역시 레아 실비아를 임신시킨 사실 외에는 아버지로서 아무런 역할도 감당하지 않았다. 아버지로서 아이들 하나하나에게 관심을 갖는 역할에서 완전히 실패했다.

로물루스와 레무스가 서로 비교당할 일이 없게끔 멀찍이 떨어져서 각각 다른 도시를 세웠더라면 어땠을까? 그러나 두 형제는 전쟁의 신의 아들답게 타협과 양보와는 거리가 멀었다. 두 형제의 성격에 문제가 있다는 것이 아니라, 인생사가 원래 그러하기도 하다. 경쟁심이 심한 아이들에게는 비교당하지 않고 자신의 재능을 발휘할 수 있는 자기만의 공간이 필요할 수도 있다. 모든 아이는 자기만의 공간을 확보하고, 개성을 세우고, 자기계발을 위한 모든 지원을 받을 권리가 있다. 그러할 때, 비로소 사랑과 존중과 우정의 꽃을 피울 수 있다. 형제자매 사이에서 어느 정도 경쟁심은 불가피하다. 하지만 우리가 좀 더 침착하고 섬세하며 지혜롭게 행동한다면, 가족 간의 불가피한 다툼을 피할 수 있을지도 모른다.

신화로 읽는 심리학

안티고네

목숨보다 중한 신의

이번 그리스 신화는 형제간의 깊은 정과 신의에 관한 이야기다. 형제자매 사이에는 많은 문제가 일어날 수도 있지만, 한편으로 기쁨과 행복이 넘칠 수도 있다. 안티고네의 이야기는 우리에게 심오한 도덕적 딜레마를 던진다. '가족 간의 신의를 선택할 것인가, 아니면 사회적 평판을 우선할 것인가?'라는 딜레마 말이다.

안티고네는 테베 왕 오이디푸스의 두 딸 중 하나다. 오이디푸스는 본의 아니게 비극적으로 어머니 이오카스테 사이에서 두 딸을 낳았다. 그러나 이러한 출생의 비운에도 불구하고, 안티고네는 성품이 강직하고 다정했으며, 행실이 반듯했다. 오이디푸스는 자신의 잘못된 결혼을 알아차리고, 스스로 눈을 찔러 테베를 떠나 방황하다가 복수의 여신에게 쫓기고 만다. 이때 안티고네가 스스로 아버지의 길잡이를 자처하여, 수년 동안 방방곡곡을 함께 떠돌며 아버지를 도왔다.

오이디푸스가 테베를 떠난 후, 그의 쌍둥이 아들 폴리네이케스와 에테오클레스는 공동 왕으로 추대된다. 형제는 1년씩 돌아가며 도시를 다스리기로 합의한다. 그러나 먼저 왕위에 오른 에테오클레스가 임기 마지막쯤 퇴위를 거부하고 오히려 폴리네이케스를 추방한다. 그리하여 왕위를 놓고 두 형제의 치열한 전쟁이 일어났다. 더 이상의 피를 보고 싶지 않았던 폴리네이케스는 단 한 번의 전투로 왕위 계승자를 결정하자고 제안하고, 에테오클레스는 그 제안을 받아들인다. 그리고 치열한 결투 끝에 둘 다 치명상을 입어 죽고 만다. 그러자 숙부인 크레온이 군권을 장악하고 테베 왕을 자처한 후에, 죽은 조카들의 시체를 장사 지내지 말고 내버려 두라는 칙령을 내린다. 제대로 장례를 치르지 못해 형제의 영혼은 스틱스 강가를 떠돌게 되었다. 왕의 칙령을 어기는 자는 그 누구든 산 채로 땅에 묻힐 거라는 엄명이 내려졌다.

그러나 오라버니 폴리네이케스에 대한 정이 돈독했던 안티고네는 다툼의 원흉이 에테오클레스임을 잘 알았다. 그녀는 밤에 몰래 나가 장작더미를 쌓은 후, 그 위에 폴리네이케스의 시체를 올려놓고 흙을 흩뿌려서 그의 영혼이 지하 세계로 떠날 수 있게 했다.

한편, 왕궁 밖을 내다보던 크레온은 멀리서 불타고 있는 장작더미를 발견하곤 진상을 조사케 한다. 안티고네는 현장에서 잡히고 만다. 크레온은 아들 하이몬에게 그녀를 산 채로 땅에 묻으라고 명령한다. 그러나 하이몬은 아버지의 명령을 어기고, 이미 결혼을 약속했던 안티고네와 몰래 결혼을 감행한다. 그리고 그녀를 자기의 양치기들이 사는 먼 곳으로 떠나보낸다. 그녀는 거기서

신화로 읽는 심리학

그의 아들을 낳았다. 그리하여 충심으로 기꺼이 죽음을 각오했던 안티고네는 죽음 대신 생명을 잉태하였다.

· · ·

안티고네는 죽음 앞에서도 결연했던 높은 충심을 상징한다. 그녀는 오라버니에게 질투심을 느끼지 않았으며, 오히려 자기의 목숨을 돌보지 않고 오라버니에게 닥친 부당한 운명을 거부하였다. 그러고는 마땅찮은 운명을 물리치고, 불의한 권력에 맞서 싸운다. 그녀의 올곧은 행동은 선한 영향력을 불러왔다. 그녀에게 감복한 약혼자 하이몬은 아버지의 명령을 어기고 그녀를 구출한다.

이 이야기에는 오라버니를 위한 안티고네의 숭고한 신의 외에도, 생각해 볼 만한 주제들이 있다. 테베 왕을 자처한 크레온은 당시의 사회규범을 대변한다. 엄격한 사회규범을 통해 그 규범을 세운 구성원들의 가치관을 알고, 과연 그러한 가치관이 얼마나 절대적인가 하는 의문을 가지게 된다. 사회규범을 맹목적으로 따르는 이들은 외부의 힘에 의존하는 나약한 존재다. 한 시대의 사회규범은 새로운 시대에서 버려질 수 있다. 오직 안티고네처럼 스스로 분명한 의식과 주관을 갖춘 자만이 외부의 규범이 아니라, 내부의 목소리를 통해 진정한 바른 길을 찾아갈 수 있다.

위기에 처한 형제자매를 구하기 위해 아이들이 나서야 하는 상황은 흔치 않을 것이다. 비록 아이들이라 할지라도 안티고네처럼 굳은 결심과 결연한 의지로 나선다면 놀라운 힘을 발휘할 수 있다. 안티고네의 결단은 오라버니 폴리네이케스의 영혼을 자유롭게 했고, 크레온의 아들 하이몬의 마음을 움직였으며, 죄 많은 아버지를 구원했다. 이러한 형제자매의 깊은 사랑은 가족이 우리에게 주는 기쁨이자 선물이다. 일부 구성원에 의해 깨어진 가정 속에서도 이러한 사랑은 가능하다. 테베 가문의 어두운 역사는 오이디푸스가 등장하기 전부터 이미 시작되었다. 죄는 또 다른 죄를 낳고, 분노한 신들의 저주가 가계에 흘렀다. 테베 가문은 '문제 가정'의 결정체라 할 만하다. 그러나 그런 혼란 가운데서도 안티고네와 폴리네이케스의 경우처럼, 뜨거운 사랑과 의리가 피어날 수 있다. 가족의 사랑은 그 어떤 무력감도 이겨 내고, 과거를 치유하며, 새로운 미래를 만들어 낼 수 있다.

3장

가문의 유산

신화에는 한 세대에서 다음 세대로 유산을 물려받는 과정이 자세히 기록되어 있다. 오늘날에는 가문의 유산을 경제적 또는 유전적 관점으로 국한해서 보는 경향이 있지만, 신화에는 심리적 유산에 관해 생생하게 그려져 있다. 한 세대에서 미처 해결되지 못한 갈등과 고민이 다음 세대로 이어지는 것인데, 문제를 해결하고 갈등이 해소되는 과정이 잘 그려져 있다. 신화에서 가문의 유산은 긍정적이거나 부정적 또는 복합적이다. 신들의 선물이 중요한 역할을 하는데, 다음 세대는 이를 건설적으로 활용하기도, 또는 오만과 무지로 악용하기도 한다.

바람의 자손들

훌륭한 재능, 오만한 인간

　다음은 세대를 거쳐 물려받는 재능에 관한 그리스 신화이다. 우리의 재능은 어디에서 비롯되는 것일까? 여기서는 신에서 인간 후손에게 전해진 재능에 관한 이야기를 담았다. 이 이야기에 따르면 우리의 재능이란 본디 우리의 것이 아니며 신에게 속한 것이다. 우리에겐 신이 부여한 능력을 잘 관리하고 사용할 책임이 있다. 물려받은 재능은 잘못 쓰면 재앙을 낳게 되니, 사사로운 욕심보단 남을 위해서 써야 할 것이다.

　아이올로스는 바람을 다스리는 신이었다. 그는 총명하고 재주가 많았으며, 돛을 이용한 항해술을 처음으로 고안해 냈다. 또한 신앙이 깊고 심성이 올곧았으며 신들을 경외했다. 그래서 아버지인 바다의 신 포세이돈이 그에게 바람을 다스리는 일을 맡긴 것이다. 그러나 아이올로스의 아들 시시포스는 아버지의 재능을 물려받았지만, 불행히도 신앙심은 물려받지 못했다. 시시포스는 교활한 악당이자 욕심쟁이로, 반역으로 왕국을 탈취했다. 권력을 잡은 후에는 잔인한 폭군이 되었다. 또한 경솔한 행동을 보이기도 했다. 영토에 들어온 돈 많은 여행객들은 물론 정적들을 처형했는데, 땅속에 몸을 묻어 놓고 돌로 쳐 죽였다고 한다.

시시포스는 급기야 하늘의 제왕 제우스까지 속이려 했다. 한 번은 제우스가 한 인간 소녀를 납치해서 숨겨 둔 일이 있었는데, 지상에서 이 사실을 아는 자는 시시포스밖에 없었다. 시시포스는 제우스에게 비밀을 지키겠노라고 맹세했다. 그러나 재물에 욕심이 난 그는 소녀의 아버지에게 소녀가 숨겨진 장소를 알려 준다. 하지만 그 대가는 제우스가 선사하는 죽음뿐이었다. 그러나 꾀 많은 시시포스는 죽음의 신 하데스마저 속이고, 그를 결박하여 지하 감옥에 가둔다. 지하 세계의 군주가 결박당하자, 지상 세계의 인간들은 죽을 수조차 없게 된다. 전쟁의 신 아레스는 특히 화가 났는데, 전쟁터에서 죽임을 당한 자들이 다시 살아나 싸움을 끝없이 계속했기 때문이다. 결국 아레스는 하데스를 풀어 주고, 둘은 힘을 합쳐 시시포스를 지하 세계로 끌고 간다.

그러나 시시포스는 패배를 인정하지 않고, 상황을 모면할 또 다른 꾀를 생각해 낸다. 지하 세계로 끌려간 그는 곧바로 페르세포네 여왕을 찾아가 자신이 장사도 치르지 못한 채 산 채로 끌려왔다고 하소연한다. 그러면서 지상에서 장례를 치를 수 있도록 사흘만 말미를 달라고 호소한다. 페르세포네는 아무런 의심 없이 시시포스의 간청을 허락하고, 지상 세계로 돌아온 그는 이전과 다름없이 살아간다. 다급해진 제우스는 시시포스보다 더 영리한 헤르메스를 보내 그를 다시 잡아 오게 한다. 죽음의 판관들은 돌로 사람을 쳐 죽이던 시시포스의 잔인함에 걸맞은 형벌을 내린다. 바로 시시포스를 가파른 언덕에 세우고, 그의 어깨에 커다란 바위를 지우는 것이었다. 바위에 깔려 죽지 않으려면 바위를 언덕 너머로 굴려 버려야만 했다. 하데스는 시시포스에게 바위를 언덕 위로 밀어 올려 언덕 너머로 굴려 버리면 더 이상의 죄를 묻지 않겠다고 약속한다. 그러나 시시포스가 죽을힘을 다해 바위를 언덕 위까지 밀어 올리면, 바위는 늘 그의 손에서 미끄러져서 다시 언덕 아래로 굴러가 버렸다. 그는 이 형벌에서 영원히 벗어날 수 없었다.

한편, 지상 세계에는 시시포스의 아들과 손자들이 있었는데, 모두 아이올로스의 눈부신 지력을 물려받았다. 그러나 그들은 그 재능을 지혜롭게 쓰지 않았다. 시시포스의 아들 중 글라우코스는 유능한 마부였지만 사랑의 여신 아프로디테를 비웃기라도 하듯 자기의 암말들이 새끼를 배지 못하게 했다. 그는 이러한 방법으로 말을 다그치면 전차 경주에서 다른 말들을 압도할 수 있으리라고 생각했다. 아프로디테는 자연의 섭리를 거스르는 그의 오만한 행동에 분노했고, 밤에 몰래 암말들에게 특별한 풀을 뜯게 했다. 다음 날, 이 사실을 모르는 글라우코스가 암말들을 전차에 끌어 묶자, 말들이 갑자기 미쳐 날뛰더니 전차를 엎어 버렸다. 그러고는 고삐에 뒤엉킨 글라우코스를 그대로 끌고 내달리다가 종국에는 그를 산 채로 먹어 버렸다.

글라우코스의 아들은 벨레로폰이었다. 이 잘생긴 청년은 증조부 아이올로스의 창의력, 조부 시시포스의 격정, 그리고 아버지 글라우코스의 오만을 물려받았다. 어느 날, 형제와 심한 말다툼을 벌인 벨레로폰은 그만 그를 죽이고 만다. 자기가 저지른 죄에 충격을 받은 그는 다시는 어떠한 감정도 드러내지 않겠다는 맹세와 함께 고향을 뜬다.

여러 나라를 떠돌던 벨레로폰은 티린스의 성채에 다다르고, 그곳의 여왕은 그에게 반해 버린다. 그러나 감정의 동요를 염려한 그는 그녀의 마음을 거절한다. 한 번도 거절당한 적이 없던 티린스의 여왕은 수치심과 분노에 치를 떨면서 벨레로폰이 자기를 욕보이려 했다고 남편에게 거짓을 고한다. 그러나 왕은 용의자를 직접 처단했다가 복수의 여신의 분노를 살까 두려워 그에 대한 처벌을 꺼린다. 대신 아내의 아버지인 리키아 왕에게 편지와 함께 벨레로폰을 보내 버린다. 봉인된 편지의 내용은 다음과 같았다.

'편지를 들고 가는 자를 제거해 버리십시오. 그자가 장인의 딸, 곧 제 아내를 욕보인 자입니다.'

그리하여 리키아 왕은 이 어린 영웅에게 죽음에 이를 수 있는 위험한 임무를 맡긴다. 벨레로폰의 첫 번째 임무는 불을 내뿜어 땅을 불태우는 바람에 사람들을 공포에 떨게 하는 괴물 키마이라를 죽이는 것이었다. 영리한 벨레로폰은 즉시 도움이 필요하다는 사실을 깨닫고 선견자를 찾아간다. 선견자는 그에게 활과 화살이 담긴 화살통, 그리고 끝부분에 뾰족한 촉 대신 납덩이가 달린 창을 건네준다. 선견자의 말에 따라 신비한 연못으로 간 벨레로폰은 마침 그곳에서 물을 마시던 날개 달린 말 페가수스를 발견한다. 키마이라를 처치하기 위해서는 페가수스를 길들여서 굴레를 씌운 후 그 등에 올라타야만 했다.

페가수스를 길들인 벨레로폰은 페가수스를 타고 납덩이가 달린 창을 괴물의 목구멍 속으로 던진다. 괴물의 몸속에서 녹아내린 납은 그의 허파를 막았고, 괴물은 숨이 막혀 죽고 만다. 리키아로 돌아온 그는 이후 왕이 보낸 자객들을 맞아 모두 물리친다. 결국 리키아 왕은 벨레로폰의 용맹함을 인정하고, 자기의 딸과 왕국의 절반을 그에게 준다.

여기까지 벨레로폰은 오만과 충동을 자제하고 물려받은 지성을 지혜롭게 썼다. 그러나 이 모든 사달의 배후에 티린스의 여왕이 있었음을 알게 된 그는 끓어오르는 분노를 참지 못해, 결국 페가수스를 타고 티린스로 날아간다. 그러고는 여왕을 공중 위로 끌고 올라가서 수천 길 아래로 던져 버린다. 끓어오르는 격정과 바람을 타고 날아다닌다는 흥분에 도취한 벨레로폰은 더욱더 높이 날아 올라가 신들을 대면하겠다는 욕심을 품는다. 그러나 인간은 신의 부름 없이 제멋대로 올림포스에 오를 수 없었다. 제우스는 파리를 보내 페가수스를 쏘게 했고, 깜짝 놀란 말이 앞다리를 쳐들자 말 등에서 떨어진 벨레로폰은 천 길 나락으로 떨어져 죽음을 맞는다.

과연 지능이 유전되는 것인가에 대한 논란은 끊이지 않는다. 똑똑한 자손이 많은 가문에 대해서는 환경적 요인, 교육 여건, 문화적 배경 등을 두고 여러 추측이 난무한다. 지능 자체가 유전적인지 아닌지는 확실치 않더라도, 지능을 지혜롭게 쓸 수 있게 하는 도덕성과 성숙함은 물려받는 것이 아니라, 스스로 이뤄야 하는 것임은 분명하다. 또한, 부모들은 자녀가 인생에서 정말 가치 있는 것이 무엇인지를 깨닫도록 가르쳐야 한다.

고대 그리스인들은 재능을 물려받는 것이라고 생각했다. 가문 뒤에는 신이 있어서 인간 후손은 신의 것을 물려받는다는 것이다. 비록 세대를 거치면서 재능이 약화될지언정, 그것을 물려받지 않는 후손은 없다고 생각했다. 그리스 신화에서 지성은 음악성이나 전술 또는 예언 등과 마찬가지로 중요한 재능으로 간주된다. 신에게서 이러한 재능을 물려받은 인간이 자기의 한계를 잊고 신에게 도전하면, 그에 대한 응분의 대가를 치러야 했다.

바람을 다스렸던 아이올로스는 경건했고, 존경을 받았다. 그러나 그의 아들 시시포스는 양심과 겸손이 없어, 영원히 끔찍한 형벌에 처해졌다. 어떻게 하면 우리 아이들이 교만과 자기도취에 빠지지 않고 재능을 잘 활용하도록 바른 가치관을 심어 줄 수 있을까? 지나치게 엄격한 가치관은 재능을 억누를 수 있다. 그러나

신화로 읽는 심리학

가치관이 세워지지 않는다면 잠재적 재능을 썩히거나 함부로 쓸 수 있다. 아이올로스 후손들의 이야기에서 주목할 만한 사실 중 하나는 아버지의 부재다. 이 가문의 아버지들은 자녀들이 올바른 가치관을 형성하는 데 전혀 도움을 주지 못한다. 비록 재능은 물려받지만, 인간의 한계를 깨닫도록 도와주는 가치관은 형성하지 못한다. 아이올로스는 바람을 다스리느라 너무 바쁜 나머지 시시포스 곁에 있어 주지 못한다. 시시포스는 여행객들을 속이는 일에 치여서 글라우코스와 함께하지 못한다. 전차 경주에 빠진 글라우코스는 벨레로폰에게 신경을 쓰지 못한다. 후손 중에서 선조 아이올로스를 가장 많이 닮은 벨레로폰 또한 자기 자신을 다스리지 못하는데, 이는 아무도 그에게 그 방법을 가르쳐 주지 않았기 때문이다. 그는 분노에 빠져 형제를 죽이고 나서야 비로소 자기의 결점을 깨닫는다. 그러나 성인이 된 후에 자기를 다스리는 것은 극히 어렵다. 어떻게 해야 할지를 이성적으로는 알고 있지만, 막상 격정에 사로잡히면 끓어오르는 감정을 절제하지 못하기 때문이다.

똑똑하면서도 오만한 이 가문의 이야기를 통해 선택과 책임에 대한 교훈을 얻을 수 있다. 신화 속의 영웅들은 우리 각자에 감춰진 특별한 가치를 상징한다. 우리는 이러한 가치를 통해 '나'라는 존재의 의미와 운명을 깨닫는다. 모든 사람에겐 그만의 고유한 재능이 있기에, 우리는 모두 그리스 신화에 따르면 신의 후손인 셈이다. 우리는 이 재능을 잘 쓰거나 잘못 쓸 수도 있다. 또, 우리의 재능은 환경적 요인의 산물일 수도, 눈과 머리의 색깔처럼 유전되는 것일 수도 있다. 혹은 둘 다일 수도 있다. 사람에 대한 존중과 올바른 가치관이 결여된 지성은 양날의 검처럼 위험하다. 그리스인이 신에게 가졌던 외경심을 우리는 어떻게 이해할 수 있을까? 특정 종교를 가져야만 하는 것은 아니다. 고대 그리스인의 신앙심은 삶의 조화와 모든 살아 있는 것들에 대한 가치를 강조한다. 결국 신들은 우리 삶의 여러 모습을 상징한다. 우리는 벨레로폰의 이야기를 통해서 자신이 아무리 뛰어나더라도 올림포스에 오르지는 못한다는 사실을 깨닫는다. 우리는 결국 인간이기에 겸손한 마음으로 우리의 재능을 써야 한다.

테베 가문의 비극

신을 노하게 한 사나이

이 이야기에는 고대 그리스인들이 생각하는 '가문의 저주'가 담겨 있다. 바로 신을 노하게 한 대가로 대대손손이 형벌을 치르는 것이다. 현대의 심리학에서 보면 이는 가족 간의 갈등이 해소되지 못한 채, 대를 이어 전해지는 것으로 이해할 수 있다. 우리 부모가 해결하지 못한 문제는 우리가 떠안고, 이러한 '조상의 죄'를 우리 역시 해결하지 못하면 또 다시 우리 후손이 물려받게 된다. 테베 가문의 후손들은 오판과 오만, 무관심과 어리석음으로 계속해서 신의 노여움을 산다. 결국 가문이 멸망하고, 이 가문의 폭정에 시달리던 백성이 해방된 후에야 비로소 저주가 끝을 맺는다. 이 가문이 구원받지 못한 이유는 과거로부터 교훈을 얻지 못하고, 신의 뜻을 겸손하게 받아들이지 않았기 때문이다.

테베 왕인 라이오스는 오랫동안 자식이 없자 몰래 델포이의 아폴론 신전에서 신탁을 받는다. 신탁에 따르면 자식이 없는 것은 오히려 그에게 복이었는데, 왜냐하면 아내 이오카스테에게서 태어날 아이가 훗날 자기를 죽일 운명이었기 때문이다. 그리하여 왕은 이유는 말하지 않은 채, 이오카스테를 멀리 떠나보내려 한다. 그러자 분노한 그녀는 그날 밤, 남편을 술에 취하게 한 뒤 품에 안았다. 아홉 달 후, 이오카스테는 아들을 낳았고, 라이오스는 유모에게서 아이를 빼앗아 산에 데려간다. 그러고는 아이의 발등에 못을 박고 죽게 내버려 둔다. 이것이 신에게 저지른 테베 가문의 첫 번째 죄였다. 아폴론과 그의 누이 아르테미스는 아이들의 수호자였기에 이런 악행을 예의 주시하고 있었다.

아폴론과 아르테미스의 도움으로 아이는 죽음에서 벗어난다. 한 코린트인 목동이 그를 발견해서 오이디푸스, 즉 '부어오른 발'이라 이름 짓고 코린트로 데려간다. 아이의 발은 못질로 인한 상처가 깊었는데, 마침 코린트의 왕과 왕비는 오랫동안 아이가 없어 오이디푸스를 양자로 삼았다. 오이디푸스는 장차 코린트의 왕위를 물려받을 상속자로 무럭무럭 자랐다.

그러던 어느 날, 한 청년으로부터 자신이 부모와 전혀 닮지 않았다는 말을 듣고 충격을 받은 오이디푸스는 델포이로 가서 자기의 미래에 대한 신탁을 구한다. 아폴론은 오이디푸스에게 장차 네가 아버지를 살해하고 어머니와 결혼하리라고 경고한다.

예언에 충격을 받은 오이디푸스는 코린트로 돌아가지 않기로 결심한다. 신의 예언이 틀렸음을 증명하려 한 것이다. 이것이 신에게 저지른 테베 가문의 두 번째 죄였다. 아폴론의 뜻이 아무리 잔인해 보이거나 이해하기 힘들다 해서 이를 거스르는 것은 결코 용납될 수 없었다. 걸어서 델포이로 가던 오이디푸스는 좁은 길에서 라이오스 왕의 마차와 마주친다. 그는 당연히 왕을 알아보지 못한다. 라이오스 역시 그를 알아보지 못한 채, 길을 열라고 명령한다. 화가 난 오이디푸스는 자기의 부모와 신 외에는 결코 길을 양보할 수 없다고 맞선다. 그러자 라이오스는 오이디푸스의 발 위로 마차를 몰았고, 그 결과 오이디푸스의 오랜 상처가 다시 아파 왔다. 격노한 오이디푸스는 라이오스를 길바닥으로 내팽개치고 그 위로 말을 몰아 죽게 한 후, 그 시체를 길바닥에 버려두었다.

한편, 테베는 이미 저주에 시달리고 있었다. 사실 라이오스는 도시를 위협하는 스핑크스를 제거할 방법을 알아내기 위해 델포이로 가던 길이었다. 이 괴물은 여신 헤라가 테베를 벌하기 위해 보낸 것인데, 라이오스가 어린 소년을 납치해서 겁탈했기 때문이다(이는 테베 가문이 신에게 저지른 세 번째 죄였고, 헤라는 모든 가족의 수호신이었다). 괴물은 도시로 들어가는 입구에 앉아서 여행객들에게 수수께끼를 던졌다.

"목소리는 하나이되, 다리는 때론 두 개, 혹은 세 개, 혹은 네 개이며, 다리 숫자가 가장 많을 때 가장 취약한 생물은 과연 무엇인가?"

수수께끼를 풀지 못한 자들은 바로 그 자리에서 목이 졸려 죽임을 당했고, 길에는 그렇게 죽은 시체들로 넘쳐 났다.

라이오스를 살해하고 테베로 돌아온 오이디푸스는 정답을 말한다.

"정답은 바로 사람이오. 사람은 아기 때 네 발로 기고, 젊어서는 두 발로 서며, 늙어서는 지팡이에 몸을 의지해 세 발이기 때문이오."

라이오스가 정답을 말하자, 스핑크스는 도시 성벽 위에서 골짜기로 떨어져 죽고 만다. 테베 사람들은 감사의 표시로 오이디푸스를 테베 왕으로 추대하고, 오이디푸스는 왕비였던 이오카스테가 자기의 생모라는 사실을 알지 못한 채 그녀를 취한다.

그러자 신이 내린 재앙이 테베를 덮치고, 델포이의 신탁은 다음과 같이 명령한다.

"라이오스를 살해한 자를 추방하라!"

오이디푸스는 자기가 길에서 죽인 사람이 누구인지 몰랐기에, 라이오스의 살해범에게 저주를 퍼붓고 그의 추방을 선포한다. 그리하여 그는 자기도 모르는 사이에 스스로를 저주한 꼴이 되었다.

곧 눈먼 선견자가 테베의 궁정을 찾아와 오이디푸스 왕이 바로 라이오스의 살해범임을 밝힌다. 처음에는 아무도 그 말을 믿지 않았지만, 코린트의 여왕에게서 오이디푸스의 신분에 관한 진술이 당도하자 모두 알게 되었다. 이오카스테는 비통함과 수치심에 스스로 목을 매고, 오이디푸스는 입고 있던 옷에서 핀을 떼어 내어 자기 눈을 찔렀다. 곧 오이디푸스는 복수의 여신으로부터 쫓기는 신세가 되었고, 이오카스테의 오빠인 크레온에 의해 테베에서 추방되었다. 그는 쫓겨나기 직전 자기의 아들이자 형제인 에테오클레스와 폴리네이케스를 저주한다. 그리하여 테베 가문에는 또 다른 저주가 더해졌다. 수년 동안 이리저리 방황하던 오이디푸스는 딸이자 누이인 안티고네의 도움으로 아티카에 당도한다. 복수의 여신이 마침내 그를 놓아주자, 그는 편안하게 눈을 감았다.

그러나 테베 가문에게 평화가 찾아온 것은 아니었다. 앞서 살펴보았듯이, 오이디푸스의 딸 안티고네는 숙부 크레온의 명령을 어기고 죽은 오라버니의 혼령을 해방시킴으로써 사형 선고를 받는다. 오이디푸스의 아들들은 테베의 왕위를 두고 전쟁을 벌이다가 둘 다 죽임을 당했다. 그러나 이들과 크레온 왕의 죽음으로도 갈등은 해소되지 못했다. 오이디푸스의 손자이자 폴리네이케스의 아들은 왕위를 되찾으려 했지만, 이어진 전쟁에서 동맹군과 함께 죽임을 당했다. 테베가 약탈당하자, 마침내 라이오스와 그 후손에게 내려진 신의 저주가 끝을 맺었다.

$\cdot$ $\cdot$ $\cdot$

심리학에서 본다면 이 신화에 담긴 의미는 무엇일까? 어느 가족에게나 세대로 이어지는 해묵은 갈등이 있다. 당대에서 그 문제를 적극적으로 해결하지 않고 외면해 버리면, 그 문제는 다음 세대까지 이어진다. 우리는 모두 독립된 삶을 꾸려 가지만, 부모 세대의 가치관과 태도 등을 유산으로 물려받는다. 우리가 부모 세대로부터 물려받은 심리적 유산을 제대로 인식하지 못하면, 우리 자녀 세대에게 적지 않은 부정적 영향을 미칠 수도 있다.

신화에서 문제의 시작은 라이오스다. 그는 아폴론의 경고를 듣고 아내를 쫓아 버린다. 이 자체로만 신들이 노여워한 것은 아니었다. 다만 그는 아내인 이오카스테에게 진실을 털어놓지 않음으로써 그녀를 분노케 만들었고 스스로 화를 불러왔다. 부부간 소통의 부재는 현대만의 문제가 아니라, 고대로부터 이어져 온 해묵은 과제다. 아무런 설명도 없이 아내를 쫓아 버린 라이오스는 스스로 인생을 망치고 만다. 그의 두려움은 충분히 이해할 만하지만, 아들을 냉혹하게 살해하려 하고, 무고한 소년을 학대한 일은 신들의 큰 노여움을 샀다. 라이오스가 초래한 파멸은 그의 죽음으로 끝나지 않았다. 아들 오이디푸스는 자기 출생의 비밀을 알지 못했는데, 이것이 엄청난 비극의 씨앗이 되었다.

오이디푸스에게도 두 가지 치명적 결점이 있었다. 그는 자기 분노를 다스리지 못했고, 아버지 라이오스 못지않게 신탁을 잘 받아들이지 않았다. 또, 아버지가 그랬던 것처럼 신의 뜻에 복종하지 않았고, 자기의 안전과 욕심만 앞세웠다. 이러한 권력에 대한 집착은 라이오스와 오이디푸스뿐 아니라, 이오카스테의 오빠인 크레온과 오이디푸스의 아들과 손자들에게까지 악영향을 미쳤다. 이 가족에겐 사랑과 연민 그리고 겸손이 함께할 자리가 없었다.

　이 이야기에는 너무도 잔인하고 끔찍한 내용이 많이 나온다. 그렇다면 우리는 이러한 잘못과 상관이 없을까? 실제로 그런 행동을 하지 않는다 해도 심리적으로 타격을 주는 경우는 많다. 아무런 이유도 설명하지 않은 채, 내키는 대로 결정하고 행동하는 부부들이 얼마나 많은가? 왜 거부당하는지 영문도 알지 못한 채, 극도의 분노에 빠지는 부부들은 또 얼마나 많은가? 또, 아이들 앞에서 체면을 차리고 권위를 세우기 위해서 진실을 숨기는 부모들은 얼마나 많은가? 분노가 폭발하여 파탄에 이른 가정은 얼마나 많은가? 형제자매가 시기 질투로 서로 다투고, 가족의 연을 끊는 사례는 또 얼마나 많은가?

　다행히 우리는 테베 가문처럼 극악한 일을 저지르지는 않는다. 또한 남에게 상처를 주었을 때, 솔직하고 겸손하게 잘못을 구하기도 하고, 삶이 내 마음대로 되지 않는다는 사실을 받아들이기도 한다. 만약 테베 가문에서도 그 누군가가 친절과 연민과 인내의 결단을 내릴 수 있었다면, 가문의 저주를 그칠 수 있었을지도 모른다. 테베 가문의 몰락은 분노한 신의 탓이 아니다. 인간의 무심함과 악행이 대를 이어 반복되면서 걷잡을 수 없을 만큼 커져 버렸기 때문이다. 결국 가족은 산산이 흩어지고 완전히 깨져 버렸다.

아트레우스 가문의 과제
가문의 저주를 벗다

　이번 그리스 신화의 인물들처럼 서로를 죽이거나 자식을 잡아먹는 가족은 드물겠지만, 부정적 행동이 대를 거쳐 이어지는 경우는 드물지 않다. 대다수 심리학자나 사회복지사의 말에 따르면, 부모의 폭력적 행동이 대를 잇는 경우가 많으며, 아이를 학대하는 사람들 중에는 어릴 때 학대받은 경우가 적지 않다고 한다. 우리는 모두 가족의 일원으로서 원하지 않아도 져야 할 마음의 과제가 있다. 오레스테스와 아트레우스 가문의 이야기를 통해 우리는 가문의 저주를 벗어나려면 겸손하고 정직하게 고통을 감내하고, 신과 삶에 대한 믿음을 잃지 말아야 함을 배울 수 있다.

　리디아 왕 탄탈로스는 신들과 사이가 좋았는데, 특히 제우스의 총애를 받아 올림피아의 만찬에 초대받았다. 신들에게 잘 보이고 싶었던 그는 그 답례로 올림피아의 신들을 자기 왕궁의 만찬에 초대했다. 그런데 만찬 중에 준비한 음식이 떨어지고 말았다. 음식이 부족하다고 신들이 노여워할까 걱정한 그는 자식에 대한 사랑보다 자기의 체면을 앞세우는 끔찍한 일을 저지른다. 아들 펠롭스를 토막 내어 신들에게 대접할 국에 고기로 썰어 넣은 것이다. 그러나 신들은 그릇에 담긴 고기의 정체를 파악하고 극도로 분노한다. 탄탈로스는 죄의 대가로 끝없는 고통을 받고, 그의 후손까지 저주를 받았다.

한편, 신들의 도움으로 되살아난 펠롭스는 이후 장성하여 세 아들을 두었다. 그런데 세 아들 중 첫째 아트레우스와 둘째 티에스테스가 아버지의 총애를 받는 동생을 질투한 나머지 살해하고 만다. 이 사실을 알게 된 펠롭스는 두 아들과 그들의 후손을 저주한다. 이로써 탄탈로스의 후손에 두 번째 저주가 내려졌다.

이후 아트레우스는 결혼을 했는데, 아내가 자기 형제인 티에스테스와 간통한 사실을 알게 된다. 그는 아무 내색도 않은 채, 속으로 분노를 삭였다. 한편, 두 형제 중 한 명을 미케네의 왕으로 세운다는 포고령이 내려진다. 당연히 두 형제는 왕위를 두고 다투었고, 여전히 아내의 부정에 분노하고 있던 아트레우스는 티에스테스를 몰아내고 왕위를 차지한다. 왕위에 오른 그는 화해를 하자며 티에스테스를 만찬에 초대했다. 아트레우스가 준비한 음식은 조부 탄탈로스의 요리를 연상케 했다. 그가 티에스테스의 아들들을 살해한 후, 그 고기로 음식을 만들어서 내놨기 때문이다. 나중에 이 사실을 알게 된 티에스테스는 아트레우스와 그 후손을 저주한다. 이로써 탄탈로스의 후손에 세 번째 저주가 내려졌다.

티에스테스는 아폴론 신으로부터 살해당한 아들들의 복수를 하라는 전갈을 받는다. 이제 그에게 남은 자녀라곤 펠로페이아라는 딸밖에 없었다. 그는 어둠을 틈타 그녀를 겁탈하고 숨어 버린다. 펠로페이아는 자기를 욕보인 자가 누군지 알지 못한 채, 그가 흘리고 간 검을 줍는다. 겁간으로 인해 임신을 하게 된 펠로페이아는 아트레우스와 결혼하는데, 아트레우스는 이미 부정한 아내와 헤어진 상태였다. 아트레우스는 펠로페이아가 아들 아이기스토스를 낳자, 자기 아들이라고 믿고 크게 기뻐한다. 그러나 기쁜 소식에도 불구하고 신의 저주는 여전히 사라지지 않았다. 왕국에 큰 가뭄이 들어 기근이 극심해졌고, 티에스테스를 다시 잡아들여야만 기근이 멈추리라는 신탁이 내려졌다.

결국 티에스테스는 잡혀 와 감금되고, 아트레우스는 펠로페이아의 아들 아이기스토스에게 어머니가 가지고 있는 검으로 죄수 티에스테스를 죽이라고 명령한다. 아이가 검을 들고 티에스테스가 갇혀 있는 감방에 들어가자, 티에스테스는 그 검이 자기의 검이라는 사실을 금방 알아채고 딸 펠로페이아를 부른다. 사실을 전해 들은 펠로페이아는 그 검으로 스스로 목숨을 끊는다. 마침내 출생의 비밀을 알게 된 어린 아이기스토스는 아트레우스에게 복수하기 위해 피 묻은 검을 들고 돌아온다. 그는 결국 아트레우스를 죽이고, 티에스테스가 대신 미케네 왕이 된다.

한편, 아트레우스의 아들 아가멤논은 유모에 의해 죽음을 피하고 미케네에서 먼 타지에서 자란다. 성인이 된 그는 스파르타 왕의 딸 클리타임네스트라와 결혼하고, 그녀의 도움으로 미케네의 왕위를 되찾는다. 티에스테스와 그의 아들 아이기스토스는 추방당하고, 티에스테스는 곧 숨을 거둔다.

아가멤논과 클리타임네스트라 사이에는 아들 하나와 딸 셋이 있었다. 아가멤논은 트로이 전쟁에 참여한 세 왕 중 하나였는데, 자기 함대를 위해 좋은 날씨를 알아야 했다. 때문에 그는 여신 아르테미스에게 딸 중 하나를 제물로 바치기로 한다. 그러고는 아내에겐 딸을 먼 곳으로 시집보낸다고 거짓말을 한 후, 비밀리에 딸을 죽여 버린다. 나중에 이 사실을 알게 된 클리타임네스트라는 이후 정부情夫를 받아들인다. 정부는 다름 아닌 티에스타스의 아들 아이기스토스였는데, 그는 아가멤논이 전쟁으로 왕궁을 비운 사이에 변장을 하고 그녀에게 접근했다. 두 사람은 함께 아가멤논의 살해를 모의하고, 트로이 전쟁에서 돌아온 아가멤논은 결국 욕실에서 죽임을 당한다.

아가멤논의 아들인 오레스테스는 클리타임네스트라와 그녀의 정부가 왕을 모살할 때 급히 몸을 피해 화를 모면했는데, 그에게 아폴론이 찾아와 아버지의 복수를 하라고 다그친다. 오레스테스는 부모의 다툼에 관심이 없으며, 더 이상의 살인에 동참하기 싫다고 강력하게 항변한다. 그러나 아폴론은 오레스테스에게 네가 아가멤논의 아들이기에 좋든 싫든 아버지의 죽음에 대해 복수해야 한다고 선언한다. 그리고 만약 자신의 명령을 거부하면, 몹시 불행하게 해주겠다고 협박한다. 오레스테스는 만약 어머니를 살해하면 어머니의 권리를 수호하는 지하 세계의 여신이 자신을 미치광이로 만들 것을 알았다. 진퇴양난에 빠진 오레스테스는 마지못해 아버지의 복수를 결심하고, 어머니와 그 정부를 살해한다.

예상대로 복수의 여신이 오레스테스를 찾아와 괴롭혔고, 결국 그는 미쳐 갔다. 1년 동안 갖은 고통을 겪은 그는 아테네의 여신 아테나의 신전에서 안식을 찾는다. 아테나는 인간 배심원들과 함께 오레스테스의 무죄를 선고하고 마침내 그를 가문의 저주에서 해방시킨다. 이후 그는 혼인을 하고 스파르타의 왕위에 올라, 저주에서 해방된 새 가문을 일으켰다.

• • •

이 음울하고 끔찍한 이야기는 신을 속여 자신의 영욕을 채우기 위해 아무 거리낌 없이 아들을 죽인 잔인한 탄탈로스에서부터 시작된다. 아이의 안녕과 행복보다 자기의 야망을 앞세우는 부모를 떠올리게 되는 부분이다. 탄탈로스 밑에서 자란 펠롭스 역시 자녀에게 무관심하다. 앞서 부모의 편애가 아이들 간의 질투와 분노를 야기한다는 사실을 살펴보았다. 이 이야기에서 아트레우스와 티에스테스는 아버지에 의해 저주를 받았다. 형제자매가 서로 질투하고 다툴 때, 그 내막을 잘 아는 부모가 당연히 그들을 도와야 한다. 그러나 펠롭스는 오히려 화를 키운다. 우리 주

신화로 읽는 심리학

위에서 아이에게 이렇게 말하는 부모를 종종 볼 수 있다.

'네가 그 따위로 행동하니까 너를 사랑하지 않는 거야. 네가 꼭 비참해지기를 바란다.'

이 이야기에서 반복되는 주제는 부모가 자신의 감정에 휘둘리거나 욕심을 부려 자녀를 파멸시키는 것이다. 현대 가족에서도 이러한 일들이 재현된다. 가정 폭력이나 성적 학대는 비단 고대 그리스 신화 속의 이야기가 아니다. 또한 이런 눈에 띄는 폭력보다 미묘하고, 때론 사랑과 관심으로 위장된 학대가 훨씬 더 만연하다. 아이들의 독립성과 감정을 인정하지 않고 우리의 감정과 기대만 강요한다면, 우리의 가족은 아트레우스의 가문에 가까워질지도 모른다.

비록 끔찍하긴 해도 이 이야기는 테베 가문의 이야기처럼 비극으로 끝나지는 않는다. 오레스테스를 통해서 갈등 해소의 실마리를 엿볼 수 있다. 오레스테스는 가문의 죄에 휩쓸리기를 거부한다. 그러나 그에겐 선택의 여지가 없었다. 신들이 서로 상반된 명령을 내렸기에, 어떤 선택을 하더라도 고통을 피할 수는 없었다. 이는 오늘 우리에게 무엇을 시사할까? 부모가 서로 미워해서 갈라서거나 앙금을 풀지 않고 미워하며 살아갈 때 아이는 어느 어느 편을 들어야 하는 상황에 놓인다. 부모 중 한쪽이 아이를 자기편으로 만들어서 상대방에게 상처를 주려고 할 때, 흔히 이런 갈등이 발생한다. 남편에게 상처 받은 아내가 아이에게 아빠를 나쁜 사람으로 각인시키는 경우가 얼마나 많은가? 또, 아내와의 불화를 푸는 대신에 딸을 정서적 도피처로 삼는 남편들은 얼마나 많은가?

어릴 때는 서로 다투는 부모 중에서 한쪽을 선택하는 것이 불가피할 수도 있다. 하지만 이럴 때 어느 부모를 선택해야 할까? 또한 거부한 부모에 대한 죄책감은 어떻게 해야 할까? 여러 갈등 속에서 마음이 편해지려고 한쪽 편을 들었다 해도, 거기에는 그로 인한 고통이 따른다. 우리는 성숙해진 후에야 비로소 우리의 부모 역시 대대로 물려받은 악행이라는 악순환에서 벗어나지 못한 나약한 인간일 뿐임을 깨닫는다.

이 이야기에서 아이들은 고통을 당한다. 이는 진정한 사랑과 관심은 실종되고 지배욕만 남은 가족의 모습을 반영한다. 오레스테스는 양쪽 부모를 모두 사랑하였기에, 한쪽 부모를 살해해야만 하는 상황에서 극심한 마음의 고통을 느꼈다. 우리 역시 오레스테스처럼 복잡한 집안 문제에 휘말리지 않고, 부모의 실수와 어두운 과거로부터 벗어나길 원한다. 또, 오레스테스처럼 양쪽 부모의 힘겨루기에 끼여서 고통을 당하다가 결국 마음이 이끄는 대로 결단을 내릴지도 모른다.

아트레우스 가문의 신화에는 또 다른 교훈이 담겨 있다. 오레스테스는 인내로써 고통을 감수하고 신의 뜻을 받아들임으로써 구원을 받았다. 그러나 그의 구원에는 신의 도움, 특히 여신 아테나의 도움이 컸다. 그녀는 인간 배심원단을 구성하고 아폴론과 복수의 여신 사이에서 중재 역할을 한다. 이는 어떤 의미일까? 아테나는 지혜의 여신이며, 그녀와 인간 배심원단은 양쪽의 입장을 파악하고 이해할 수 있는 인간의 지능을 의미한다. 또, 아테나는 문제점을 볼 수 있게 해줄 뿐 아니라, 그 문제에 대해 각자가 자기 의견을 피력하게끔 도와준다. 요컨대, 그녀는 인간의 자각과 의사소통, 그리고 서로 다른 의견에 귀 기울이는 능력을 상징한다. 만약 우리가 충동적 감정을 억누르고, 자기 생각과 감정을 솔직하게 드러낸다면, 아트레우스 가문 같은 가족조차도 가문의 저주에서 벗어날 수 있을 것이다.

문제를 스스로 깨닫기 위해서는 고통이 따른다. 저절로 되는 일은 없다. 가문의 업보를 씻기 위해서는 참회와 속죄가 불가피하며, 선조가 저지른 잘못의 대가를 후대가 치러야 할 수도 있다. 삶이란 반드시 공평한 것은 아니다. 적어도 오레스테스에겐 불공평했다. 그러나 그가 역경을 헤치고 결국 문제를 해결해 낸 것처럼 우리 역시 과거의 업보를 씻고 가족 간의 순수한 사랑을 회복할 수 있다.

2

—

홀로 선다는 것

—

인간이라면 누구나 독립된 인격체로서 홀로 서려는 욕구가 있다. 자신이 속한 가족이나 공동체의 일원이 되는 게 아니라, 나만의 고유한 개성을 찾으려는 것이다. 그러나 여러 신화에서 볼 수 있듯, 홀로 서는 과정은 힘들고 때론 고통스럽다. 자신의 내면 및 외부 환경에서의 어려움을 극복하려는 의지뿐 아니라, 주의의 시샘과 적대감을 견뎌 낼 역량이 필요해서다. 여러 신화들을 통해서 우리는 집을 떠나는 것이 얼마나 힘든지, 또 독립하기 위해서는 어떤 '용'들과 맞서 싸워야 하는지를 엿볼 수 있다. 또한 신화는 삶의 목적과 의미를 찾는 것이 얼마나 중요한 일인지를 일깨워 준다. 이것이 곧 진정한 나의 모습을 찾는 것이다. 우리는 때때로 자신이 속한 공동체를 위해 내가 진정으로 소중하게 여기는 것을 포기하거나 양보할 때가 있다. 하지만 신화를 통해서 나 자신을 찾는 것이 결코 이기적이지 않음을 배우게 된다. 우리가 사람들에게 나누어 줄 수 있는 것은 내가 스스로 깨닫고 이뤄 낸 것, 오직 그뿐이다.

4장

모험을 떠나다

때가 되어 집을 떠나는 일은 훗날 가정을 꾸리는 일처럼 자연스러운 일이다. 우리가 하나의 독립된 인격체로 서기 위해서는 우리 존재의 기반인 부모로부터 심리적으로 독립해야 한다. 그러기 위해선 부모와 집으로부터 신체적으로도 독립할 필요가 있다. 집을 떠남으로써 나만의 생각, 감정, 신념, 가치관, 재능, 욕구 등을 발견하게 된다. 가족과 함께하는 삶이 나쁘다는 뜻은 결코 아니다. 집을 떠나는 데 두려움을 느끼는 사람은 자신감 있게 집을 떠나는 사람에 비해서 가족 문제로 고통을 당한 경우가 많다. 사랑하는 사람을 두고 떠나는 일은 가슴 아픈 일이다. 특히 그들이 우리의 발목을 붙잡을 때는 더더욱 그러하다. 그러나 우리가 스스로 자신의 인생을 책임질 수 있을 때, 이에 따르는 기쁨은 절대로 적지 않다.

아담과 하와

낙원에서 쫓겨나다

성경에 나오는 아담과 하와의 이야기는 이별과 상실을 주제로 한다. 옳고 그름의 기준에 대해서도 이야기한다. 또한, 출생 후에 일어나는 어머니와의 분리를 비유적으로 표현했다고 볼 수도 있다. 이 이야기에 담긴 중요한 교훈 중 하나는 우리가 더 이상 낙원에 머물 수 없게 되었다는 사실이다. 이제 우리는 이 땅에서 삶의 짐을 지고 살아야 한다. 아담과 하와가 에덴동산에서 추방된 것처럼 우리도 집을 떠나야 할 때가 온다.

하느님은 동방의 에덴에 동산을 만들고 그곳에 많은 생물이 번성케 했다. 동산 중앙에는 나무 두 그루가 있었는데, 바로 생명나무와 선악과나무였다. 하느님은 아담을 만든 후 그를 동산에 두고 원하는 과일은 무엇이든 마음대로 먹게 했다. 다만 선악과나무의 열매는 결코 먹지 말라고 했다. 또한, 하느님은 모든 짐승을 아담에게로 이끌었고, 아담은 그들에게 이름을 지어 주었다. 그 후 하느님은 아담을 깊이 재운 후, 그의 갈빗대 하나를 취해 하와를 만들었다. 아담이 홀로 지내는 것이 좋지 않았기 때문이다. 아담과 하와는 벌거벗었지만 부끄럽지 않았고, 하느님과 사이좋게 동산에서 살았다.

그런데 짐승 중에서 가장 간교했던 뱀이 하와에게 아무런 열매도 먹을 수 없냐고 물었다. 하와는 이렇게 대답했다.

"동산에 있는 나무의 열매는 먹을 수 있어. 하지만 죽지 않으려거든 동산 중앙에 있는 나무의 열매는 먹지도 만지지도 말라고 하셨단다."

그러자 뱀이 이렇게 말했다.

"너희는 결코 죽지 않을 거야. 그걸 먹는 날에는 눈이 밝아져 하느님 같이 선악을 알까 봐 하느님이 먹지 말라고 한 거야."

뱀의 말을 들은 하와가 그 나무를 바라보자, 정말 그 열매만 먹으면 지혜롭게 될 수 있을 것 같았다. 결국 그녀는 참지 못하고 열매를 따서 먹었다. 남편인 아담에게도 열매를 건네주었고, 그도 열매를 먹고 말았다. 그러자 둘은 자신이 벌거벗었음을 깨닫고 부끄러움을 느꼈다. 그러고는 서로 황급히 무화과 나뭇잎을 엮어서 몸을 가렸다.

날이 서늘해지자, 두 사람은 동산을 거니는 하느님의 목소리를 듣고 그를 피하여 숨었다. 하느님은 아담을 부르며 어디 있는지, 왜 숨었는지를 물었다. 아담은 자신이 벗었으므로 두려워 숨었다고 대답했다. 그러자 하느님이 이렇게 말했다.

"누가 너에게 벗었다고 말해 주었느냐? 먹지 말라고 했던 그 나무 열매를 먹은 것이냐?"

그러자 아담은 이렇게 대답했다.

"하느님께서 나와 짝지어 준 여자가 나에게 그 나무 열매를 주었기에 먹었습니다."

하느님은 다시 여자에게 묻자, 하와는 이렇게 답했다.

"뱀이 나를 꾀어서 먹게 되었습니다."

이후 하느님은 뱀을 저주하고, 아담과 하와를 동산에서 쫓아내며 이렇게 말했다.

"선악을 알게 되었으니, 생명나무의 열매를 따먹고 끝없이 살까 싶구나."

때문에 하느님은 아담에게는 얼굴에 땀이 흐를 정도로 일을 해야만 땅의 산물을 먹을 수 있게 했고, 여자, 즉 하와에게는 아기를 낳을 때의 고통을 크게 더했다. 그리고 에덴동산 동편에 천사와 두루 도는 화염검을 두어 생명나무로 가는 길을 지키게 했다.

• • •

아담이란 '땅'을 뜻하고, 하와는 '생명'을 뜻한다. 둘의 이름을 통해 이 이야기의 주제가 무엇인지를 짐작할 수 있다. 우리는 어떻게 이 땅에 태어나 유한한 삶을 살아가는가. 불순종에 대한 벌로 아담과 하와는 두 가지 짐을 지게 되는데, 이는 이 땅의 모든 성인이라면 겪는 과제다. 살기 위해 일하는 것과 부모가 되는 것이 그것이다.

우리의 첫 번째 상실은 어머니의 자궁에서 분리되는 것이다. 자궁에서의 삶은 편안하며 근심 걱정이 없다. 추위나 더위를 걱정하지 않아도 되니 옷도 필요 없고, 굶주림이나 목마름도 없다. 삶은 평온하고, 고독, 갈등, 고통도 없다. 이후에 출생의 충격이 닥친다. 아담과 하와가 에덴에서 쫓겨난 것처럼, 아기는 생애 최초의 고독과 육체적 고통을 맛본다.

태어난다는 것은 태아가 자궁으로부터 나오는 것만을 뜻하지는 않는다. 우리가 부모와 다른, 나만의 생각, 감정, 꿈, 목표를 가진 독립된 존재임을 자각하는 순간 우리는 '태어난다.' 가족은 에덴과 같으며, 아이들은 부모의 보호와 사랑 속에서 성인의 고독, 갈등, 그리고 세상의 무거운 짐으로부터 자유로이 산다. 듣는 대로 생각하고, 듣는 대로 느끼며, 주어진 규칙과 가치관대로 행동하는 것이다. 아이가 점점 자라 자기만의 생각을 확립하기 전까지는 모든 것이 평화롭다. 금지된 과일을 따먹는 순간 우리는 하느님처럼 된다. 즉, 경험이 늘어나고, 나만의 신체적, 정서적, 지적 능력을 발견하면서 스스로 결정하고 책임을 지는, 즉 부모와 대등한 존재로 바뀌어 간다. 자신만의 길을 개척해 가다 보면 때론 놀라거나 부끄러울 일도 있다. 많은 부모들이 이러한 변화를 자기의 권위에 도전하는 것으로 인식한다. 결국 아이는 성장하면 가족이라는 울타리에서 쫓겨나 냉혹한 세상에 내몰리게 된다. 그리고 다시는 예전의 아늑하고 편안했던 시절로 되돌아갈 수 없다.

'성性'은 우리가 금지된 과일을 맛보며 개인의 정체성을 발견할 때의 중요한 단초 중 하나다. 이 이야기에는 주제 이상의 내용이 담겨 있다. 선악을 알게 된다는 것은 우리가 무언가에 대해 개인의 가치관으로 결정을 내리게 된다는 것을 뜻한다. 성을 포함한 모든 개인의 선택은 결국 우리가 독립된 인격체로서 세상에 서게 되었음을 의미한다. 그러나 그 과정에서 분리의 아픔과 가장 사랑하는 이들과의 갈등을 피할 수 없다.

우리는 언젠가 부모의 생각으로부터 벗어나 나만의 결정을 내리고 그것에 책임을 지게 된다. 이러한 선택을 통해 직업이나 진학을 결정하고, 부모의 뜻을 거스르고 이성과 사귀기도 하며, 때론 서로 다른 가치관이나 감정으로 갈등을 빚기도 한다.

이러한 과정에서 상실감, 고독감, 수치심, 죄책감 등이 따를 수 있다. 이는 많은 대학생들이 우울증과 자살 충동에 시달리는 원인 중 하나이다. 아무 걱정 없던 아동기를 벗어나 세상 속으로 홀로 나갈 때의 중압감은 생각보다 심각할 수 있다. 이런 시기에는 무엇보다 부모의 반응이 중요하다. 아이에게 과일을 맛보게끔 하려는 뱀에 대하여 부모는 어떤 반응을 보여야 할까? 아이들이 스스로 인생을 맛보려는 욕구를 부모의 권위와 가치관에 대한 도전으로 받아들이면, 아이들에게 죄책감과 상실감의 짐을 지우는 꼴이다. 부모의 가치관이 얼마나 확고하든 아이가 스스로 자기 가치관을 확립할 수 있도록 도와야 한다. 부모가 할 수 있는 일은 아이에게 좋은 귀감이 되고, 변함없는 지지와 사랑을 보내는 것이다. 어쨌거나 뱀의 유혹으로 아이들은 자기만의 잠재력과 삶의 목표를 가지게 되었다. 비록 에덴 밖이라 할지라도, 아이들이 마음의 평안을 갖도록 돕는 것이 우리가 할 일이다.

부처의 출가

인생의 숙명은 피할 수 없다

부처의 일대기는 서양 문화권에서도 쓸모 있는 이야깃거리다. 부처의 삶을 역사적 사실로 받아들이는가는 논외로 치더라도, 그의 일생이 신화 같은 것은 분명하다. 부처의 출생과 어린 시절, 그리고 출가 이야기는 감동적일 뿐 아니라, 적지 않은 교훈을 준다. 또한, 이 이야기는 내면의 목소리를 따라 드넓은 세상 속으로 나아간 한 열정적인 사람의 이야기이기도 하다.

부처의 출생은 기적과 같았다. 그가 수태되자 온 세상이 신비하게도 기쁨을 드러냈다. 각종 악기들은 스스로 음악을 연주했고, 강물은 그 흐름을 멈췄으며, 온갖 수목은 화려한 꽃으로 뒤덮였다. 아이는 왕가에서 태어났는데, 그의 어머니는 전혀 출산의 고통을 느끼지 않았다. 또 그는 곧 걷기 시작했는데, 그가 땅에 첫발을 내딛자 그 자리에 연꽃이 피어났다. 부모는 그에게 '싯다르타'라는 이름을 지어 주었다. 이후 그의 어머니가 해산 후 이레 만에 죽자, 어머니의 누이가 양모가 되었다. 어린 왕자는 사랑을 듬뿍 받으며 즐겁고 풍요롭게 자랐다.

싯다르타 왕자가 열두 살이 되자 왕은 브라만[5]들을 불러들였

---

5 Brahman, 인도 카스트 제도에서 가장 높은 승려(성직자) 계급을 말한다.-편집자주

다. 그들은 사람이 늙고 병들고 죽는 모습을 왕자가 목격하면 금욕에 빠질 것이라고 예언했다. 왕은 아들이 모든 것을 버리고 은둔하기보다는 왕위를 이어받아 통치자가 되길 원했다. 그리하여 크고 아름다운 정원으로 둘러싸인 왕궁을 다시 삼중의 벽으로 에워싸고 나가지 못하게 경비했다. 또한 '죽음'과 '비통'이란 단어를 절대 언급하지 못하게 했다.

싯다르타가 성인이 되자, 왕은 아들을 보다 확실히 붙들어 두기 위해 결혼을 시킨다. 이후 싯다르타는 재상 중 한 사람의 딸과 결혼했고, 젊은 신부는 곧 임신했다. 그러나 아버지의 노력에도 불구하고, 싯다르타는 곧 내면의 부름에 눈을 떴다. 그는 음악과 춤과 미인에 아무런 감흥을 느끼지 못할뿐더러 오히려 인생의 허망함을 느꼈다. 어느 날, 왕자는 경호병을 대동하고 마을로 나섰다. 왕은 마을을 말끔히 단장하고 조금이라도 추하고 우울한 모습이 보이지 않도록 했지만 아무런 소용이 없었다. 거리로 나선 싯다르타는 늙고 주름진 노인이 지팡이에 몸을 의지한 채 겨우 걸어가는 모습을 보고 만다. 충격을 받은 그는 사람이라면 누구나 늙을 수밖에 없다는 사실을 깨닫는다. 그러고는 왕궁에 돌아와 늙지 않는 방법이 없는지 물었지만, 아무도 그에 대답하지 않았다. 다시 마을을 찾은 그는 불치병으로 고통 받는 한 여인을 만난다. 또한, 장례 행렬을 보고는 마침내 고통과 죽음의 실체를 목격한다. 마지막으로 싯다르타는 구걸하는 고행 수도자를 만났는데, 그 사람은 싯다르타에게 자신은 세상을 등짐으로써 기쁨과 고통을 뛰어넘고 마음의 평화를 얻으려 한다고 전했다.

여러 경험과 명상 끝에 싯다르타는 안락한 삶을 버리고 고행자가 되기로 결심한다. 아버지에게 출가를 허락해달라고 하지만, 유일한 희망인 아들을 잃게 된 왕은 비통에 빠진다. 왕은 어린 왕자의 마음을 돌이키려고 끊임없이 연회를 베풀고, 왕궁 경비병을 두 배로 늘린다. 싯다르타의 아내가 아들을 낳았지만, 이마저도 그의 마음을 돌리지 못했다. 어느 날 밤, 그는 마침내 잠자는 아내와 아들을 마지막으로 보고는 밖으로 나갔다. 싯다르타는 말에 올라 자신의 경호병을 불렀다. 신들은 경비병들을 잠에 빠트리고 말발굽 소리마저 잠재웠다. 마을 입구에 다다른 싯다르타는 말을 경호병에게 내주고 이별을 고한다. 그렇게 싯다르타 왕자는 사라지고, 부처가 진정한 영혼의 여행을 시작하였다.

• • •

어린아이가 미래의 꿈을 찾기 위해서 삶의 즐거움을 포기하고 고행을 해야만 하는 것은 아니다. 물론 종교 구도자의 경우는 예외일 수도 있다. 이 이야기에는 여러 유용한 교훈이 담겨 있다. 여느 아이처럼 싯다르타 왕자도 아버지의 꿈과 희망이었다. 아버지인 왕은 그가 자기의 뒤를 이어 왕위에 오르기를 원했다. 마찬가지로 우리 주변에는 아들이 사업을 물려받거나 가업을 잇기 원하는 아버지들이 많다. 싯다르타의 아버지는 아들이 스스로 삶을 살아가도록 내버려 두지 않았다. 부모의 통제에서 벗어난 아이들은 자기가 원하는 것이나 자기만의 재능을 깨닫게 되는데, 이는 종종 부모의 기대와 어긋난다. 왕은 싯다르타가 삶의 고통을 맛보지 못하게 했지만, 삶의 고통으로 인간은 깊이 성숙한다. 만약 싯다르타 왕자를 계속 미성숙한 상태로 붙들어 뒀다면, 아버지는 그를 영원히 곁에 두고 자기 마음대로 조종했을 것이다. 물론 부모의 이런 생각이 반드시 나쁘다고 할 수는 없지만, 결국 헛짓일 뿐이다. 모든 아이는 독립된 인격체로서 스스로 고유한 정체성을 가질 때 비로소 진정한 마음의 평화를 얻는다.

부모도 아내도 싯다르타의 뜻을 꺾지 못했다. 이는 젊은이라면 깊이 숙고해 볼 만한 점이다. 자신이 누구인지, 스스로의 삶의 의미가 무엇인지 모른 채 너무 어린 나이에 부모의 강요로 가정을 이루면 결국 실패할 가능성만 늘어날 뿐이다. 자기만의 독립된 삶을 위해서는 이별이 불가피할 수도 있다.

부모는 아이가 자기의 정체성과 삶의 목적을 깨닫기도 전에 결혼해서 정착하라고 닦달하지 말아야 한다. 또한, 아이를 곁에 두려고 할수록, 부모의 품을 떠날 때 아이들은 상처를 받는다. 아이들이 지금 부모의 분노와 실망을 감수해야만 나중에 더 큰 상처와 아픔을 예방할 수 있다. 싯다르타의 아버지가 아들을 억지로 결혼시키지 않았더라면, 적어도 싯다르타가 사랑하는 아내, 아이와 이별하는 아픔을 겪지는 않았을 것이다. 싯다르타의 아내와 아이는 아버지가 만든 세계의 일부일 뿐이며, 그가 원하는 세상의 일부가 아니었다. 애석하게도 싯다르타가 내면의 부름을 따르면서 동시에 아버지의 아들, 아내의 남편, 그리고 아이의 아버지로 머무는 것은 불가능했다.

아이가 부모의 뜻을 거스르고 스스로 직업을 선택할 때, 특히 부모가 전혀 알지 못하는 낯선 곳으로 멀리 떠나갈 때, 이에 분노하는 부모가 적지 않다. 물론 젊은이들이 나중에 진로를 바꾸는 경우는 드물지 않다. 또, 10대 아이들이 평생 직업을 단번에 결정하는 것은 어려운 일이다. 하지만 싯다르타처럼 주관이 뚜렷한 경우도 있다. 만약 아이의 진로 결정이 진심에서 우러난 것이라면, 비록 그 결정이 변하든 변하지 않든, 부모나 선생 또는 친구 그 누구라도 그 결정을 번복시키려 들면 안 된다. 싯다르타의 천직은 종교적인 것이었기에, 그는 세속의 인연과 쾌락을 포기해야 했다. 음악, 그림, 글쓰기, 장사, 여행, 의료, 회계, 농사 등도 모두 천직이다. 결혼과 육아 역시 천직이다. 천직이 무엇이든 간에 마음에서 진정으로 우러나야 한다. 모든 젊은이가 천직을 깨닫지는 않지만, 다른 사람이 그것을 강요하지 않을 때 천직을 찾기 쉽다. 아이들과 잘 소통하고 아이들의 독립성을 인정하는 부모는 싯다르타의 아버지처럼 아이의 미래를 자기 뜻대로 재단하려 하거나 거절과 처벌을 통해 아이를 겁주지 않을 것이다.

부처의 출가에는 깊은 슬픔이 배어 있다. 그의 아버지, 아내, 아이는 다시는 그를 볼 수 없다. 그러나 그가 자신의 희생으로 구원을 얻었다고 믿는 사람들이 많다. 아이들의 스스로의 마음에서 들려오는 목소리에 귀를 기울이도록 도와줄 때, 결국 아이와 부모 모두 행복해질 수 있다. 싯다르타의 이야기를 통해 우리는 누구나 자기만의 운명이 있음을 배웠다. 제멋대로 사는 인생과 천직을 이루는 인생의 차이를 깨닫고, 적절한 시기에 아이를 떠나보낼 수 있을 때, 우리뿐 아니라 많은 사람들의 삶이 풍성해질 것이다.

신화로 읽는 심리학

페레두르

어머니를 떠난 아들

켈트 신화에서 페레두르Peredur 이야기는 아직 이교도 신앙과 기독교
가 완전히 분리되지 않은 암흑시대에 기원을 두고 있다. 이후 성배 전설을
이루는 많은 이야기 중의 하나가 되었다. 프랑스와 게르만 전설 속의 파르
시팔과 마찬가지로 페레두르도 결국 성배를 찾아낸다. 여기서 주목해야
할 것은 이야기의 첫 부분, 즉 어린 페레두르가 세상 속으로 나가서 성인으
로 성장해 가는 부분이다.

페레두르는 에프라위Evrawc 백작의 일곱 아들 중 하나였다. 그
의 아버지와 형들이 모두 전사했기에, 어머니는 페레두르를 전쟁
과 기사도의 손길이 닿지 않는 광야에서 키웠다. 그는 자라면서
자기의 신분은 물론, 아버지가 누구인지도 알지 못했다. 어머니
는 다른 아들처럼 잃을까 두려워 그를 늘 자기 곁에 두려 했다.

페레두르는 숲 속을 돌아다니기 좋아했다. 어느 날, 말을 타고
지나가던 세 명의 기사가 그를 보고 인사했다. 소년은 그들의 수
려한 용모와 햇살에 반짝이는 갑옷 그리고 화려한 깃발과 안장
에 반했다. 집으로 돌아온 그는 어머니에게 도대체 이들이 누구
인지 물었다. 깜짝 놀란 그녀는 그들이 천사라고 말했고, 미천한

인간이 그들과 어울리는 것은 가당치 않다고 답했다.

하지만 그러한 기만도 페레두르의 운명을 막지는 못했다. 어느 날, 아주 멀리까지 걸어간 페레두르는 호숫가의 한 성에 다다른다. 그곳에 자주색 옷을 입은 한 기품 있는 노인이 낚시를 하고 있었다. 노인은 페레두르를 식사에 초대했고, 검술을 할 수 있느냐고 물었다. 페레두르는 당장은 어렵지만 배우면 가능하다고 대답했다. 그 말을 들은 노인은 자기가 네 어머니의 오라비, 즉 삼촌임을 밝혔다.

"네 어머니의 가르침을 버리도록 해라."

노인이 말했다.

"그러면 네게 말을 내주고, 말 타는 법을 가르쳐 주겠다. 그리고 네가 기사가 되게끔 도와주마."

페레두르는 즉시 기사가 되기로 결심한다. 다음 날 아침, 삼촌으로부터 말을 하사받은 그는 말을 타고 길을 떠났다. 초원에서 또 다른 성에 다다른 그는 또 다른 노인으로부터 식사 초대를 받고, 검술을 할 수 있냐는 질문을 받았다. 페레두르는 배우기만 하면 할 수 있다고 대답한다. 그러자 노인은 그에게 검을 내어 주고 실력을 시험해 봤다.

그러고는 노인은 페레두르에게 이렇게 말했다.

"아이야, 너는 지금 네 잠재력의 7할 정도를 이루었구나. 만약 네가 모든 잠재력을 다 발휘할 수 있다면 아무도 너를 대적할 수 없을 것이다. 나는 너의 삼촌, 즉 네 어머니의 오라비이며, 호숫가 성에서 만난 노인의 형제이니라."

노인은 그에게 검술을 가르쳤다.

다음 날 아침, 페레두르는 새 검과 함께 다시 말을 타고 길을 떠났다. 숲 속에 다다르자 요란한 울음소리가 들렸다. 그곳에는 적갈색 머리칼의 미녀와, 그 옆에 말 한 마리와 사람의 시체가 있었다. 미녀는 시체를 말에 태우려 할 때마다 시체가 땅으로 떨어져서 슬피 울고 있었던 것이다. 페레두르가 사연을 묻자 그녀가 대답했다.

"저주받은 페레두르여! 겨우 만난 인간이 너라니, 내 운명도 참으로 박복하구나."

페레두르가 왜 자신이 저주받았는지 연유를 묻자 그녀가 대답했다.

"너 때문에 네 어머니가 죽었기 때문이지. 네가 어머니의 뜻을 거스르고 집을 떠나 삼촌의 도움으로 기사가 되기로 결심한 후 네 어머니는 화병으로 죽고 말았다. 따라서 너는 저주받은 자다. 이 시체는 내 남편인데 숲 속에 기거하는 한 기사에게 죽임을 당했다. 너 역시 죽지 않으려면 그를 피하는 게 좋을 것이다."

페레두르가 대답했다.

"울음을 그치시오. 내가 남편의 시체를 장사 지낸 후에 그 기사를 찾아내어 남편의 복수를 해주겠소. 다만 나 때문에 유명을 달리한 어머니를 위해 먼저 애곡해야겠소."

애곡을 마치고 여인의 남편을 장사 지낸 페레두르는 마침내 그 기사를 찾아내어 제압했다. 기사는 그에게 살려달라고 빌었고, 페레두르는 이렇게 대답했다.

"살려 주는 대가로 대신 네가 죽인 남자의 여인을 네 아내로 받아들여라. 그리고 아서 왕에게 가서 내가 너를 제압했으며, 당신의 기사가 되고 싶어 한다고 전해라."

그 기사는 페레두르가 시키는 대로 했다. 이후 많은 시험과 난관을 이겨 낸 페레두르는 결국 아서 왕의 기사가 되어, 왕의 총애를 받았다.

• • •

페레두르가 어머니를 떠나 기사가 된 것은 어쩌면 젊은 혈기에서 비롯됐을지도 모른다. 많은 젊은이들이 부모의 뜻을 거스르고 자신의 소신대로 미래를 개척해 나간다. 그러나 이 이야기에는 젊은 혈기 그 이상의 의미가 담겨 있다. 페레두르의 어머니는 남편과 아들들을 잃는 슬픔을 겪었다. 따라서 막내를 잃지 않기 위해 세상으로부터 격리시킨 행동은 이해된다. 그러나 그녀의 노력에도 불구하고, 세상은 이 아이를 가만히 내버려 두지 않는다. 그는 숲 속에서 운명적으로 세 기사를 맞닥뜨린다. 페레두르는 그들을 통해 자기가 꿈꾸던 남성상을 보게 된다. 기사들의 장엄한 모습을 통해 이전에 미처 알지 못했던 자기의 미래를 엿본 것이다. 그의 아버지 역시 기사였기에, 세 기사는 그의 과거를 반영한 것이기도 하다. 모든 아들은 아버지를 통해 이상적인 남성상을 배운다. 따라서 아이는 언젠가 어머니의 품을 떠나 자기의 참모습을 찾아갈 수밖에 없었다.

기품 있는 두 삼촌으로 페레두르는 아버지의 빈자리를 채운다. 삼촌들은 전사로서의 페레두르의 잠재력을 알아보고, 세상으로 나아가 그것을 발휘할 수 있도록 말과 검을 하사한다. 아이들이 커서 집을 떠나게 될 때에는 숙부나 숙모, 친척, 선생님 등 대리부모의 역할이 매우 중요하다. 그들을 통해 아이들은 보다 큰 세상을 경험하고 배우게 된다. 부모는 아이에게 그러한 경험이 필요하다는 사실을 인정해야 한다. 부모가 아이에게 모든 것을 다 해줄 수는 없다. 아이는 바깥세상에서의 많은 만남을 통해서 보다 넓은 시각을 갖게 된다.

페레두르는 아무런 슬픔과 상실감 없이 세상 속으로 발을 내딛는다. 어머니의 존재마저 잊어버리고 있던 그는 길에서 남편을 잃고 슬픔에 빠진 한 여인을 만난다. 어린아이가 이성에 대한 첫 호감을 통해 어머니에 대한 감정에 눈뜨는 경우가 많다. 상심에 빠진 이 여인을 통해 마음의 문이 열리자, 그는 어머니의 죽음에 깊은 죄책감을 느낀다. 어쩌면 어머니의 죽음을 알고 있던 이 여인은 그를 찾아온 어머니의 또 다른 모습일지도 모른다. 여인의 남편을 위한 복수는 자기 아버지의 죽음에 대한 복수이기도 하다. 그는 목숨을 걸고 복수에 나섬으로써 세상의 시련에 맞설 준비를 한다. 여인을 위한 그의 희생은 남겨 둔 어머니에 대한 그의 사죄를 상징한다. 일련의 행동을 통해 그는 과거의 잘못을 속죄하고, 어머니의 죽음을 애곡한 후, 마침내 전투에서 첫 승리를 거둔다. 이를 통해 그는 아서 왕에게 이름을 알리고, 마침내 꿈에 그리던 남자들 세계의 일원이 된다.

페레두르 이야기의 첫 부분을 통해 우리는 어떤 교훈을 얻을 수 있을까? 어떤 면에서 아이가 부모의 품을 떠나는 것은 '죽음'과 같다. 아이가 떠난다고 해서 실제로 부모가 죽는 일은 드물겠지만, 상실감을 느끼는 것은 분명하다. 장성한 자녀가 다시는 예전의 어린아이로 되돌아갈 수 없음을 깨닫는 순간 부모는 정서적 충격을 경험한다. 세상 밖으로 나간 아이들은 변하고, 마침내 부모로부터 정서적으로 독립한다. 아무리 부모와 좋은 관계를 유지한다 할지라도, 성인이 된 자녀는 부모와 예전과는 다른 관계를 형성한다. 스스로 인생의 도전을 감내하고, 경우에 따라서는 페레두르가 여인의 죽은 남편을 장사 지내 주었던 것처럼, 노쇠한 부모를 돌보아야 한다. 페레두르가 겪어야 했던 슬픔은 아이가 부모를 떠나 성인이 되어 가는 과정에서 겪는 통과의례다. 일련의 사건을 통해 페레두르는 아이에서 어른으로 바뀐다. 죽음과

신화로 읽는 심리학

슬픔을 경험하고, 피를 보게 된 그는 더 이상 그의 어머니가 그 토록 지키려 했던 순진무구한 아이가 아니다.

페레두르의 어머니와는 달리 아이가 아무런 압박감이나 죄책 감 없이 스스로 운명을 개척할 권리를 인정해 주는 부모라면 성 인이 된 자녀와 여전히 좋은 관계를 유지할 수 있다. 반면, 페레두 르의 어머니처럼 두려움, 상실감, 욕구에 솔직하지 못하고, 아이 가 떠나는 것만을 막으려 하는 부모는 반드시 마음에 상처를 받 을 수밖에 없다. 아이가 부모의 품을 떠나는 것은 젊은 혈기 때 문이 아니라, 그것이 당연한 권리이기 때문이다. 우리는 때가 되 면 아이들이 세상 속으로 나가서 우리가 줄 수 없는 것을 스스 로 개척해야 한다는 사실을 인정해야 한다. 페레두르가 어머니의 품을 떠나지 않았다면 그가 기사가 되고 이후 성배로 상징되는 종교적 지혜를 좇지 못했을 것이다. 그 어떤 부모도 아이의 삶을 가로막을 수 없으며, 그럴 권리도 없다.

5장

자유를 찾아가는 여정

한 개인이 독립하여 성장하기 위해서는 아동기에 머물지 말고, 세상의 한계에 맞서야 한다. 또한, 세상과 자기 내면의 모든 부정적, 파괴적 세력과 맞서 싸워야 한다. 자유를 찾는 과정은 모든 젊은이가 거쳐야 할 통과의례이며, 10대든 30대이든 스스로의 가치와 자존감에 대한 확신이 설 때까지 계속되어야 할 싸움이다. 누구도 이 통과의례에서 벗어날 수 없다. 싸움이라고 깨닫지 못할 만큼 미묘한 모양새를 띨 수는 있다. 그러나 이러한 싸움 자체를 포기해 버리면, 우리는 영원히 성숙하지 못한 채, 세상의 자그마한 시련에도 쓰러지고 마는 나약한 인생에서 벗어나지 못한다.

지크프리트

내가 존재하는 이유

    지크프리트는 독일에서 아이슬란드에 이르기까지 여러 신화에 등장하는 북유럽의 영웅이다. 스칸디나비아 신화에서 시구르트Sigurd라는 이름으로 등장하는데, 장엄한 대서사시의 주인공으로도 명성이 높다. 여기에서는 니벨룽겐[6]의 황금을 수호하는 용 파브니르Fafnir와 일전을 벌인 젊은 지크프리트의 이야기를 살펴보자.

    지크프리트는 지크문트Siegmund와 그 누이 지클린데Sieglinde와의 금지된 관계에서 태어났다. 두 남매는 결국 비극적인 결말을 맞았고, 지크문트는 유복자가 될 아들에게 아름다운 검을 남긴다. 검은 곧 부러져 버렸는데, 만약 고칠 수만 있다면 결코 패배를 모를 검이었다. 고아가 된 지크프리트는 니벨룽겐인 미메Mime 밑에서 자라났다. 한편, 미메는 아이가 커서 힘을 기르면 용 파브니르를 죽이고 보탄[7]이 훔쳐간 황금을 되찾아 줄 것이라는 꿈을 꿨다. 만일 그렇게 된다면 이후에 지크프리트를 죽이고 황금을 독차지하겠다는 심산이었다.

---

6 Nibelungen, 게르만 신화에 등장하는 왕족 니벨룽을 시조로 한 난쟁이족. 니벨룽겐은 '안개 나라의 사람들'이라는 뜻이다. 여러 강력한 보물을 가졌으나 이후 지크프리트에 의해 멸망되었다고 한다.-편집자주

7 Wotan, 게르만 신화의 신 중 하나로 북유럽 신화의 오딘(Odin)에 해당한다. 수요일을 뜻하는 영어 'Wednesday'의 어원으로도 알려져 있다.-편집자주

그러나 신들은 지크프리트의 편이었다. 어느 날 숲 속을 거닐던 소년 지크프리트는 새들의 노랫소리를 듣고 그 의미를 이해한다. 새들은 미메가 지크프리트를 죽이려 한다는 사실과 그 동기를 일러 주었다. 미메의 대장간으로 돌아온 지크프리트는 아무말 없이 잠자코 때를 기다렸다. 이윽고 미메는 그에게 아버지의 유품인 검을 새로 벼리게 하고, 지크프리트에게 새 임무를 맡긴다. 그러고는 잠자는 용 파브니르가 지키고 있는 황금에 대해 말해 주었다. 이 황금 가운데는 불가사의한 능력이 담긴 니벨룽겐의 반지가 있는데, 미메는 이 반지를 몹시 탐냈다. 미메는 지크프리트에게 황금을 가져오라고 시킨다. 그러나 그의 검은 속내를 알고 있던 지크프리트는 검으로 그를 죽여 버린다.

이후 젊은 영웅은 용 파브니르를 찾아 나섰다. 이 용은 비록 똑똑하지는 않지만, 몹시 크고 힘이 셌다. 반지의 힘 덕분으로 무시무시한 괴물의 모습을 유지하고 있던 파브니르는 황금 더미 위에 똬리를 틀고 앉아 계속해서 잠을 잤다. 일전에 지크프리트에게 미메의 음모를 알려 주었던 새는 이제 그를 용이 잠들어 있는 동굴로 안내했고, 그는 검으로 용을 죽이고 황금을 찾아낸다. 지크프리트는 재물에 욕심을 내지 않고 황금 더미 속에서 두 가지 물건만 가졌다. 하나는 몸을 보이지 않게 해주는 투구였고, 다른 하나는 아직 미처 그 진가를 알지 못했던 니벨룽겐의 반지였다. 그리고 그는 새로운 모험을 향해 길을 떠났다.

. . .

　신화 속의 여러 영웅처럼 지크프리트는 자기의 부모와 내력에
대해 알지 못했다. 단지 태어나기 전에 죽은 아버지에게서 물려
받은 부러진 검이 있었을 뿐이다. 비록 새로 벼려야 했지만, 이 검
에는 대를 이어 전해진 힘과 용기가 담겨 있었다. 우리 역시 부모
와 조부모로부터 어떤 선물을 물려받아, 이를 잘 활용하여 각자
의 꿈을 이뤄 간다. 다른 영웅들처럼 지크프리트 역시 자기의 힘
을 이용하려는 악당 때문에 위험에 빠진다. 이를 통해 세상이 반
드시 우리 편이 아니라는 사실을 깨닫게 된다. 우리는 가족, 학
교, 직장, 그리고 내면에 자리한 시기, 질투, 파괴의 실체를 자각
해야 한다.

　지크프리트는 새의 노랫소리를 듣고 자신을 보호해야 함을 알
았다. 이를 통해 무슨 교훈을 얻을 수 있을까? 새는 우리가 위험
에 빠졌을 때, 경고음을 내고 바른 길을 보여 주는 자연과 본능
의 목소리를 상징한다. 우리 모두에겐 이러한 목소리를 감지할
능력이 있다. 지크프리트는 길을 멈추고 마음을 열어 새의 지혜
에 귀를 기울였기 때문에 황금이 감춰진 위치를 알게 되었고, 또
한 살아남기 위해 싸워야 할 적도 알 수 있었다.

　그는 살기 위해 미메를 죽여 버렸다. 우리는 자유를 쟁취하기
위해 누군가를 죽일 필요까지는 없다. 그러나 우리에게 위해를 가

하는 사람에게서 과감히 떨어질 필요는 있다. 젊은이라면 귀 기울여야 할 교훈이다. 흔히 세상의 쓴맛을 보기 전까지는 원하는 대로 모든 일이 이뤄지고, 모든 사람이 친절하게 대할 것이라는 착각을 한다. 이는 젊은이의 특권이자 약점이다. 지크프리트처럼 우리는 이 세상에 사랑과 증오가 공존한다는 점을 알아야 한다.

용 파브니르는 반은 거인이고 반은 용인 흥미로운 존재다. 이는 인간의 탐욕과 타성을 상징한다. 황금을 갖고 있는 데 만족한 파브니르는 이를 쓸 필요를 느끼지 못한다. 단지 황금을 손아귀에 쥐고 있는 것으로 만족하는 것이다. 파괴적인 여타의 용들과 달리 파브니르는 사용되지 않고 사장된 잠재력을 상징한다. 황금은 가치와 힘을 상징한다. 따라서 이 용은 잠재적 능력을 가졌지만, 아무것도 하지 않고 게으르기만 한 인간의 본성을 상징한다. 지크프리트는 용을 죽임으로써 사장된 잠재력에 활기를 불어넣는다.

지크프리트는 황금이 가져다줄 수 있는 부귀를 탐내지 않았다. 온갖 역경을 거치면서 그는 지혜를 배웠고 인간 본성의 실체를 보았으며 잃었던 유산, 즉 검을 되찾았다. 그렇게 그는 인생의 참된 가치를 깨달았다. 황금이 주는 권력이나 사치보다 더 소중한 것을 알게 된 것이다. 그는 몸을 감추는 투구와 반지를 선택했다. 이 물건들의 내력을 알지 못했지만, 그 아름다움에 반해 두 물건의 진정한 가치를 본능적으로 알아보았다. 이 물건들에는 신비한 능력이 담겨 있다. 보이지 않게 하는 투구는 그리스 신화에

신화로 읽는 심리학

도 등장한다. 그리스 신화에서는 하데스의 소유물로 그려지는데, 이 투구를 쓰면 몸을 감출 수 있다. 이는 인생에서 자신의 생각을 앞세우지 않고 잠잠히 기다려야 할 때를 알아보는 지혜를 상징한다. 또한 비밀을 알고 지키는 능력을 상징한다. 이러한 능력이 없는 사람은 아이처럼 생각하고 느끼는 것을 남들에게 그대로 드러낸다.

니벨룽겐의 반지는 어떤 의미일까? 니벨룽겐의 반지에 대해서는 이미 여러 권의 책이 나와 있다. 또한, 강력한 힘을 가진 황금 반지는 북유럽과 게르만 신화뿐 아니라, J. R. R. 톨킨J. R. R. Tolkien의 고전《반지의 제왕The Lord of the Rings》에도 등장한다. 니벨룽겐의 반지는 깊은 물속에서 처음 등장하는데, 이는 마음 깊숙이 자리한 신비의 힘을 상징한다. 이후 세상을 지배하려는 난쟁이 알베리히Alberich가 처음 이 반지를 훔치고, 다음으로 위대한 신 보탄이 이를 훔쳐 간다. 이 반지에는 창조의 힘과 사람을 복종시키는 힘이 담겨 있다. 이는 인간의 창의성과 영감을 상징한다. 알베리히는 악한 목적을 위해 이 힘을 쓰려 한다. 미메 역시 마찬가지였으며, 보탄은 비록 악의는 없었지만 허영심으로 인해 악이 들끓는 것을 방치했다. 하지만 지크프리트가 반지를 원했던 이유는 단지 반지가 아름다웠기 때문이다. 그는 그때 아직 반지의 힘을 알지 못했다. 결국에는 이 반지로 인해 비극적인 결말을 맞지만, 그것은 나중의 일이다. 우리가 여기서 주목해야 할 점은 누구든지 게으름과 타성, 그리고 무의식이라는 용을 무찌르기만 한다면 이 반지를 가질 수 있다는 사실이다.

무명의 미남

나의 정체성을 찾아서

신화에서 영웅은 편안한 곳을 떠나 미지의 세계를 찾아가고픈 인간의 욕망을 반영한다. 아서 왕의 전설에서 협객들은 여러 난관에 부딪히는데, 그중 가장 큰 난적은 '불명예'와 '죽음'이었다. 즉, 자기의 이상을 지키기 위해 목숨을 걸어야 했던 것이다. 이 신화에 등장하는 영웅은 깅글레인 Guinglain이다. 그는 처음에 페레두르나 지크프리트처럼 자기의 이름도 아버지도 알지 못했다. 어머니 밑에서 홀로 자랐는데, 어머니는 아들의 용모가 빼어나 '미남 아들'이라는 이름을 붙였다고 한다.

성인이 된 깅글레인은 집을 떠나 아서 왕의 궁정을 찾아간다. 대담하게 왕에게 나아간 그는 자기의 소원을 들어달라고 청한다. 젊은이의 자신감과 당돌함에 흥미를 느낀 왕은 그것을 들어주기로 하였다. 이름이 없었던 젊은이의 용모가 수려했기에, 왕은 그를 '무명의 미남'이라고 불렀다.

곧이어 헬리Helie라는 처녀가 궁정으로 들어섰다. 그녀는 아서 왕에게 기사를 보내 자기의 주인이자 웨일스의 여왕인 금발의 에스머리Esmeree를 구해달라고 간청했다. 두 명의 악한 마법사가 그녀를 용으로 만들어 버렸는데, 오직 입맞춤을 해야만 마법에서 풀려날 수 있다고도 말했다. 킹글레인은 즉시 자기가 가겠다고 자원했다. 아서 왕은 젊은이의 청을 들어주겠노라고 이미 약속하였기에 요청을 허락하였다. 헬리는 자기 이름도 모르는 젊은 기사가 이런 중책을 맡는 것을 못마땅해했다. 그녀는 화를 내며 궁을 떠나 버렸고, 킹글레인은 황급히 그 뒤를 따랐다.

그러나 머지않아 헬리는 자기 생각이 틀렸음을 깨달았다. '무명의 미남'은 용기 있고 지혜로운 청년이었다. 그는 위험천만한 나루터에서 사나운 기사를 무찔렀고, 두 명의 거인에게서 한 소녀를 구했으며, 또 다른 세 기사의 공격을 너끈히 막아 냈다. 헬리와 '무명의 미남'은 둑길을 따라서 황금 섬에 다다른다. 힘이 장사인 기사가 이 섬을 지키고 있었는데, 그는 섬의 주인인 귀부인과 결혼하고 싶어 했다. 하지만 그를 사랑하지 않았던 귀부인은 그에게 섬에 이르는 둑길을 7년 동안 막아 낸다면 결혼하겠다고 약속했다. 그 기사는 5년 동안 둑길을 잘 지켜 냈고, 그동안 그에게 목이 잘려 말뚝에 박힌 시체가 즐비했다. 그러나 킹글레인은 그와 맞서 싸워 거침없이 그를 죽여 버린다.

섬의 귀부인은 숨이 멎을 만큼 아름다운 요정으로, '하얀 손의 처녀'라고 불렸다. 그녀는 수정으로 만든 궁에 살았고, 성을 둘러싼 정원에는 사시사철 향기로운 꽃이 만발했다. 사실 이 요정은 오래전부터 킹글레인을 사랑하고 있었는데, 그는 이런 사실을 전혀 몰랐다. 그녀는 그를 섬으로 맞아들이고, 결혼하고 싶다고 말

신화로 읽는 심리학

한다. 그 역시 그녀에게 마음이 매우 끌렸지만, 헬리가 빨리 여왕을 구하러 가자고 재촉했다. 다음 날 아침, 두 사람은 몰래 길을 떠났다.

그날 밤, 두 사람은 한 성에 다다랐는데, 그곳에서 하룻밤을 묵기 위해선 성주와 마상 창 시합을 겨루어야 했다. 깅글레인은 성주를 손쉽게 물리쳤고, 성주는 기꺼이 그를 맞아들였다. 다음 날, 성주는 그들을 금발의 에스머리가 감금된 폐허 도시 세나우돈 Senaudon으로 인도했다. 성주는 깅글레인에게 그 성에서 어떤 환대를 받더라도 반드시 저주로 대응해야 한다고 경고한다.

세나우돈은 한때 명성이 자자했지만, 이제는 폐허가 되어 있었다. 깅글레인은 무너진 성문과 쓰러진 망대를 지나 왕궁에 다다랐다. 촛불이 켜진 창가에서 창백한 음유시인들이 음악을 연주하며 그를 맞이했고, 경고를 기억한 깅글레인은 그들에게 저주를 퍼부었다. 그가 왕궁에 들어서자, 보이지 않는 손이 도끼를 휘둘렀다. 그 다음, 거대한 기사가 불을 뿜는 말을 타고 그에게 달려들었다. 깅글레인은 용기를 내어 그와 맞섰고, 이내 그를 죽여 버린다. 그러자 그 기사의 시체는 신기하게도 바로 그의 눈앞에서 썩어 없어졌다.

음유시인들은 촛불을 들고 도망치고, 어둠 속에 홀로 남겨진 깅글레인은 아름다운 '하얀 손 처녀'를 생각하며 마음을 추스른다. 그때, 불을 뿜어내는 끔찍한 뱀이 어둠 속에서 다가와 그의 입술을 훔친다. 그리고 신비한 목소리가 들려왔다.

"네 이름은 깅글레인이며, 너는 가웨인[8]의 아들이다."

마침내 그의 꿈이 이뤄졌다. 결국 자기가 누구인지 알아낸 그는 기쁨과 피로에 지쳐 그 자리에서 쓰러져 잠이 들고 말았다.

잠에서 깨어나자, 궁 안에는 빛이 가득했다. 깅글레인의 곁에는 '하얀 손 처녀'보다는 못하지만, 무척 아름다운 한 여인이 서 있었다. 이 여인은 본모습을 되찾은 금발의 에스머리였다. 그녀는 깅글레인에게 자기를 용으로 만든 두 명의 마법사 마본과 에브라인에 대해서 얘기했다. 두 마법사는 마본과 에스머리를 결혼시키기 위해 그녀에게 마법을 걸고, 성의 주민들을 모두 쫓아낸 것이었다. 불을 뿜는 말을 타고 있던 거대한 기사가 바로 마본이었다. 마법에서 풀려난 에스머리는 깅글레인과 혼례를 치루고 싶어 했다.

깅글레인은 처음에 동의했지만, 곧 아름다운 요정 '하얀 손 처녀'에 대한 자신의 마음을 깨닫는다. 그는 황금 섬으로 돌아가 요정과 사랑의 결실을 맺는다. 그녀는 깅글레인에게 당신의 일생을 지켜보고 있었노라고 말한다. 헬리를 아서 왕의 궁정으로 보낸 것도 그녀였고, 깅글레인이 거기에 가리라는 것도 그녀는 이미 알고 있었다. 그의 이름과 정체를 알려준 것 역시 그녀였다.

한편, 아서 왕이 성대한 시합을 연다는 소식이 전해졌다. 요정

---

8 Gawain. 아서 왕의 원탁 기사단 중 한 사람이자 왕의 조카로, 현명하고 용감했다고 한다.-편집자주

은 연인을 붙들어 둘 수 없다는 사실을 깨닫는다. 그녀의 품에서 잠든 킹글레인은 숲 속에서 홀로 갑옷을 입은 채 깨어난다. 그의 곁에는 말 한 마리가 서 있었다. 그는 시합에 나가 무용을 떨치고, 금발의 에스머리와 재회한다. 세나우돈으로 함께 돌아온 두 사람은 성으로 돌아온 주민들을 보고 기뻐했다. 그리고 그곳에서 결혼하여 왕과 왕비가 되었다.

· · ·

'무명의 미남' 이야기는 자기 정체성을 찾아가는 과정을 담고 있다. 어려움과 역경을 견뎌 낸 자만이 진정한 '나'를 발견할 수 있다. 이야기 첫 부분에서 킹글레인은 자기가 누구인지 알지 못한다. '나'를 찾기 위해선 많은 역경을 견뎌 내야 한다. 우리 역시 집을 떠나 홀로 서야 할 때가 온다.

신화에서 용과의 싸움은 악을 이겨 내는 과정을 상징한다. 용은 인간의 욕망, 혼돈, 파괴를 상징한다. 때문에 그들은 닥치는 대로 파괴하고 불사른다. 그런데 킹글레인의 임무는 이 용을 죽이는 게 아니라, 용에게 입맞춤하여 마법을 푸는 것이었다. 내면의 파괴와 맞설 때는 분노보다 동정과 이해가 더 효과적이다. 사악한 마법사 마본과 에브라인은 생명을 파괴하고 부패를 부르는 세력을 대표한다. 그들은 주민들을 쫓아냄으로써 성을 황폐화시킨다. 처음에 킹글레인을 환대했던 음유시인들은 산송장이나 다름없다. 그들은 내면의 절망과 어둠으로 죽은 것과 마찬가지인 사람을 상징한다. 마본 역시 마음은 죽어 있었다. 그의 마음에는 사랑, 동정, 기쁨이 없었기에 죽은 후에 몸이 즉각 썩어 없어진 것이다.

킹글레인이 없앤 악의 세력은 외부에만 존재하는 것이 아니라, 그의 내면에도 있었다. 진정한 자기의 정체를 깨닫고 생산적인 삶을 살기 위해서는 누구나 자기 내면의 어둡고 파괴적인 욕망을 없애야 한다. 악한 마법사를 통해서 우리는 마약에 찌든 수많은 젊은이와 범죄자들 속에 자리 잡은 절망과 쓰라림을 엿볼 수 있다. 마법에 사로잡힌 여왕과 주민처럼 그들 역시 절망과 허무라는 거짓 주문에 사로잡혀 있다. 이러한 세력에 대해 사회와 정부를 욕하는 것만으로는 부족하다. 이들은 우리 내면에도 자리하고 있다. 솔직하게 그것을 대면하고 극복할 수 있어야만 진정한 나의 본모습을 찾을 수 있을 것이다.

킹글레인은 여왕과 결혼함으로써 폐허가 된 도시를 되살리고, 죽음의 왕이 아니라 생명의 왕이 된다. 요정은 그에게 이름을 불러 주고, 그를 사랑하였다. 한 사람의 이름에는 그 사람의 본질이 담겨 있다. 이름을 되찾은 킹글레인은 자기가 누구인지를 깨닫는다. 요정은 그의 용기와 미모에 반해 그에게 고백하지만, 그는 자기의 임무와 아서 왕에게 충실했다. 그리고 요정과 함께하는 대신, 인간 여왕과 결혼하여 인간 세계에 머무른다. 여기에 중요한 교훈이 있다. 환상 속 요정이 아니라, 인간 여자와 결혼함으로써 킹글레인은 진정한 자신을 되찾은 것이다. 그의 현실은 인간 세계이기에, 환상의 세계를 떠나야만 한다. 환상의 세계에서 빠져나오지 못하면, 그 결과는 죽음뿐이다. 요정의 세계로 가는 길에는 목이 잘린 시체가 즐비했다. 요정의 섬은 현실과는 떨어진 환상의 영역이다. 요정은 우리가 삶에서 이루고자 하는 이상을 상징한다. 이상을 위해서 우리는 선과 미를 원하지만, 이상은 본질적으로 완전히 이룰 수 없는 것이다. 환상의 세계에 너무 오래 머문다면, 바깥세상에서 아무런 노력도 하지 않을 것이다. 우리는 이상과 현실감각을 모두 유지해야 한다. 우리의 삶은 지금 이곳에서 이뤄지며, 우리의 본모습은 현실 속의 나에게서만 만들어질 수 있다.

길가메시와 생명나무

헛된 욕망의 말로

4000여 년 전에 기록된 바빌로니아의 서사시 《길가메시Gilgamesh》에는 위대한 영웅들의 이야기가 나온다. 《길가메시》는 세상의 역경에 맞서 자기의 정체성을 찾아가는 우리 모두의 자화상 같은 작품이다. 여기서는 그중 길가메시가 불로장생을 위해 바닷속에 있는 불사의 나무를 찾아가는 무용담을 살펴보겠다. 어린 시절의 꿈이 곧 현실의 벽에 부딪히듯, 길가메시의 욕망 또한 좌절을 피하지 못했다.

어린 길가메시와 그의 친구 엔키두Enkidu는 여러 괴물과 악마에 함께 맞서 싸워 항상 승리했다. 그런데 위대한 여신 이슈타르는 엔키두를 노여워하며 죽여야 한다고 다른 신들을 부추긴다. 사랑하는 친구가 뜻하지 않게 죽임을 당하는 모습을 보자, 길가메시는 슬피 울었다. 친구의 죽음이 슬퍼서이기도 했지만, 죽음을 피할 수 없는 자기의 운명이 한스러웠기 때문이다.

이후 길가메시는 가만히 앉아서 죽음을 기다리는 대신, 죽지 않는 방법을 찾기로 한다. 그는 조상 우트나피쉬팀Utnapishtim이 불로장생한 유일한 사람임을 알고 있었다. 신이 인간을 벌하기 위해 대홍수를 내렸을 때, 유일하게 살아남은 자가 우트나피쉬팀이었다. 그는 반드시 이 사람을 찾아내 삶과 죽음의 비밀을 풀겠노라고 결심한다.

길을 떠난 길가메시는 전갈 인간 부부가 지키고 있는 거대한 산맥의 입구에 다다른다. 전갈 인간은 이 산에 들어가서 살아남은 인간은 아무도 없었다고 경고한다. 그러나 길가메시가 길을 떠난 이유를 설명하자, 감복한 전갈 인간은 그를 통과시킨다. 어둠 속에서 먼 길을 걸은 끝에 길가메시는 마침내 태양신의 거처에 도착한다. 태양신은 길가메시에게 헛된 짓이라고 경고하지만, 그는 개의치 않았다.

끝내 죽음의 바다에 다다른 길가메시는 술독을 들고 그곳을 지키는 한 여인을 만난다. 그녀 역시 전갈 인간처럼 그에게 모험을 멈추라고 설득한다. 여인은 인생을 즐기라며 이렇게 노래했다.

길가메시여, 그대는 어디로 가는가?
그대가 찾는 것은 결코 얻을 수 없는 것이라네.
신들이 인간을 만들었으며,
죽음을 인간의 분깃으로 정하였고,
생명의 비밀은 감춰 두었다네.
길가메시여, 배나 채우시게.
매일 잔치를 베풀고 즐기시게.
춤과 여흥으로 밤낮을 보내시게.

물속에 몸을 담그고, 아이의 손은 꼭 쥐고,

품 안의 아내를 즐겁게 하시게.

이것이 인간의 본분이라네.

그러나 길가메시는 친구 엔키두와 자기의 목표를 잊지 않았다. 그는 위험을 무릅쓰고 모험을 강행했다. 그러다 바닷가에서 늙은 뱃사공을 만났는데, 그 뱃사공은 대홍수 때 우트나피쉬팀의 배에서 키를 잡았던 사람이었다. 길가메시는 늙은이에게 죽음의 바다 건너편으로 자기를 데려다달라고 명령한다. 그러자 뱃사공은 당신이 직접 배를 만들어야 하며, 배를 저어 가는 동안 절대로 바닷물에 손을 대지 말라고 말한다. 길가메시는 그의 말한 대로 하여 마침내 대홍수의 생존자가 살고 있는 섬에 이른다.

하지만 우트나피쉬팀 역시 다른 사람들이 했던 말을 되풀이했다. 신만이 죽지 않으며, 죽음은 인간의 몫이라고 말이다. 결국 희망을 접은 길가메시는 떠날 채비를 한다. 그를 불쌍히 여긴 우트나피쉬팀은 바다 밑에서 자라는 생명나무의 비밀을 그에게 일러준다. 이 나무에는 늙은이를 다시 젊게 만드는 힘이 있었다. 바다 한가운데로 배를 저어간 길가메시는 죽음의 바다에 뛰어들어 그 나무를 찾아낸 후 나뭇가지를 꺾어서 배로 돌아온다. 무사히 뭍으로 올라온 그는 짐 속에 나뭇가지를 품고 고향으로 발길을 옮겼다. 도중에 연못가에서 멈춘 그는 옷을 벗고 목욕을 했다. 그때

　　　　　　　　　　　　　　신화로 읽는 심리학

근처에 숨어 있던 뱀 한 마리가 생명나무의 향기를 맡고 몰래 기어 나와 가지의 잎사귀를 다 먹어 버렸다. 이후, 뱀은 허물을 벗고 다시 태어났다고 한다.

길가메시는 연못가에 주저앉아 손으로 얼굴을 감싸고 울고 말았다. 비로소 그는 자기가 들었던 충고가 모두 사실임을 인정했다. 어떤 위대한 영웅도 결국은 인간일 뿐이며, 삶의 소소한 기쁨을 누리고 죽음을 받아들이는 것이 인간의 본분임을 깨달은 것이다.

* * *

이 이야기는 따로 설명이 필요 없을 정도로 교훈이 분명하다. 이미 많은 승리를 경험한 어린 길가메시는 삶이 불공평하다는 사실에 직면한다. 친구의 죽음에 대한 유일한 해명은 그것이 신의 뜻이라는 것이었다. 사랑하는 이의 죽음 앞에서 우리는 비로소 인생의 쓴맛을 경험한다. 물론 반드시 죽음일 필요는 없다. 살아가면서 부딪히는 질병과 좌절 등 세상의 모든 역경으로도 충분히 쓴맛을 알게 된다.

길가메시는 처음에 자기의 운명을 거부한다. 그는 특별한 영웅이었다. 수많은 괴물을 죽였고, 세상에 널리 이름을 알렸다. 우리는 다른 사람의 불행을 들을 때마다 이렇게 스스로를 위로하곤 한다.

'가엾구나. 하지만 나에겐 그런 일이 생기지 않겠지!'

어릴 때는 누구나 자신감에 가득 차서 자기는 특별하다고 생각한다. 어떻게 보면 어릴 때만 누릴 수 있는 하나의 특권일지도 모른다. 물론 늙어서까지 그런 행운을 누리며 사는 이가 없지는 않다. 그러나 대부분의 경우, 어린 시절에 가졌던 자신감은 현실이라는 벽에 부딪혀 산산이 부서지고 만다. 길가메시는 두 명의 수호자와 조상으로부터 오직 신만이 죽음을 피할 수 있다는 경고를 받았다. 그러나 그는 그 충고를 무시했고, 목숨을 걸고 생명나무의 나뭇가지를 훔쳐 냈다. 길가메시 이야기는 성경보다 오래되었는데, 길가메시는 아담과 하와에서처럼 벌을 받지 않는다. 여기서는 뱀을 통해서 교훈을 은근히 전한다.

이 이야기에는 역설이 담겨 있다. 길가메시처럼 우리는 세상의 한계에 맞서 자신을 시험하고 도전해야 할 필요가 있다. 때때로 길가메시처럼 목표를 이룰 수도 있다. 겁을 내고 움츠러드는 것은 삶의 목적을 잊는 것이며, 아동기에 머무른 채 갈등을 피하려고만 하는 것은 스스로 인간이기를 거부하는 것과 같다. 그러나 젊은이가 세상의 불공평에 맞서 운명에 도전하는 것은 옳은일이지만, 인간으로서 넘을 수 없는 선이 있음을 잊어서는 안 된다. 종교적 배경이 무엇이든, 그러한 '선'을 무엇이라 부르든지 간에, 우리가 인간이라는 사실을 부정해선 안 된다. 살아가면서 누구나 기쁠 때도 있고 슬플 때도 있다. 성공할 때가 있으면 실패할 때도 있다. 헬스클럽이나 성형병원에서는 젊음을 되찾아준다는 생명나무를 광고하고, 많은 이들이 젊음을 유지하기 위해 애를 쓴다. 그럴 법도 하다. 하지만 길가메시의 깨달음을 통해서 우리는 한층 성숙해졌다. 자기의 잠재력을 깨닫고 세상의 도전에 맞서는 것은 훌륭한 일이다. 각자 타고난 재능은 다를지라도 누구나 이렇게 할 수 있다. 재능을 최대한 발휘하면서 삶의 한계를 인정하고, 지금 이 순간을 즐길 줄 아는 사람이야말로 진정으로 성숙된 사람이다.

6장

의미 있는 삶이란?

젊은이가 삶의 의미를 찾아가는 모습은 늙은이와 다르다. 청년들은 자기가 누구인지를 찾아가는 과정에서 자신의 운명과 삶의 목적을 좇는다. 그러나 의식적인 노력보다 살아가면서 자연스럽게 겪는 여러 경험들로 삶의 의미를 깨닫는 경우가 많다. 즉, 목표를 향해 노력하던 중이 아니라, 살아가다가 의미를 찾게 되는 것이다. 그러다가 나이가 들면 내가 인간이라는 공동체의 한 부분이며, 세대를 통해 이어지는 가계의 한 일원일 뿐임을 깨닫게 된다. 늙은이는 삶의 심오한 불가사의를 탐구하고, 인간으로서의 일체감을 느끼며, 종교적인 실체를 깨달음으로써 삶의 의미를 찾는다. 삶이 재미없어도 삶의 의미를 좇는 것을 멈추지 않는 것이다. 젊은이에게 있어서 삶의 의미는 때때로 자기중심적이지만, 그래도 좋다. 이를 통해 삶의 방향과 열정, 그리고 자극을 얻으니까 말이다.

베이네뫼이넨과 부적

변질된 꿈

핀란드 서사시 《칼레발라Kalevala》의 영웅 베이네뫼이넨Vainamoinen은 신비로운 존재이지만 인간으로서 우리와 똑같이 고통을 느낀다. 그는 부적의 힘을 통해 원하는 여인을 손에 넣으려 한다. 종국에는 여인이 아니라, 부적 자체가 더 중요한 의미로 다가온다. 베이네뫼이넨의 이야기를 통해 무언가를 좇다가 곧 다른 것에 끌리는 우리 자신을 되돌아보게 된다.

하늘의 동정녀에게서 태어난 베이네뫼이넨은 라플란드의 아름다운 처녀와 결혼하고 싶었다. 하지만 그녀는 그와 결혼하는 대신, 바다에 몸을 던져 버린다. 실의에 빠진 우리의 영웅은 고향을 떠나 방랑길에 오른다. 그리고 머나먼 타국에서 신붓감을 찾기로 한다. 그가 찾아간 땅의 지배자 로우히Louhi는 자신에게 번영을 가져다준다는 부적 '삼포Sampo'를 만들어 주면 무척 아리따운 딸을 내어 주겠다고 제안한다. 젊고 아리따운 신붓감에 마음이 동한 베이네뫼이넨은 제안을 받아들여 부적을 만들기로 한다. 그러나 그는 곧 부적을 만드는 일에 싫증이 났고, 대신 친구인 대장장이 일마리넨Ilmarinen에게 삼포를 만들어달라고 부탁한다. 일마리넨은 그의 부탁을 들어주었다. 그러나 이 신비한 물건의 아름다움에 반한 로우히의 딸은 베이네뫼이넨이 아니라, 대장장이에게 마음을 빼앗겼다. 그리하여 베이네뫼이넨은 아내를 얻지 못했고 다시 좌절하고 말았다.

한편, 친구의 결혼도 불행으로 끝이 났다. 일마리넨의 아내가 된 로우히의 딸이 곰에게 먹혀 버린 것이다. 일마리넨은 로우히에게 둘째 딸을 달라고 청했지만 거절당한다. 그러자 그는 강제로 소녀를 납치해 버린다. 하지만 소녀는 그가 잠든 사이에 달아나 다른 남자에게 몸을 의탁한다. 일마리넨은 수치심에 삼포를 만들라고 부탁한 베이네뫼이넨을 비난한다. 화가 난 베이네뫼이넨은 비밀의 섬에 숨겨진 삼포를 훔치기로 결심한다.

그렇게 섬으로 나아가던 베이네뫼이넨의 배는 거대한 물고기에 부딪혀 부서질 위험에 처한다. 베이네뫼이넨은 결국 물고기를 죽이고는, 그 물고기의 뼈로 신비한 힘이 오현 덜시머[9]라는 악기를 만들었다. 베이네뫼이넨은 이 악기로 삼포를 지키는 자들을 잠재웠다. 그리고 부적을 훔쳐 낸 후 배를 타고 섬을 떠났다. 그러나 수호자는 곧 잠에서 깨어났고, 그 섬의 지배자 로우히는 거대한 바람을 일으켰다. 그렇게 베이네뫼이넨의 악기는 파도에 휩쓸리고, 삼포는 산산조각이 났다. 베이네뫼이넨은 물속에서 조각난 삼포의 일부를 건져내어 고향으로 돌아온다. 비록 일부였지만,

---

9 dulcimer, 타현 악기의 하나로 사다리꼴 상자에 금속 현을 치고 두 개의 막대기로 두드려 연주한다. 북아프리카와 서아시아 지역에서 유럽으로 전해져 이후 피아노의 전신이 되었다.-편집자주

신화로 읽는 심리학

이 삼포 조각 덕분에 그의 고향은 번영을 누리게 된다. 분노한 로우히는 해와 달을 동굴에 가두는 등, 베이네뫼이넨의 고향 사람들을 끊임없이 괴롭힌다. 하지만 베이네뫼이넨이 이를 모두 막아냈고, 마침내 고향은 평화를 누리게 되었다.

• • •

이 신비한 이야기에는 젊은이의 고뇌가 담겨 있다. 삶의 의미가 무엇인지, 무엇이 자신을 행복하게 해줄지 같은 문제에 대해서 말이다. 많은 젊은이가 베이네뫼이넨처럼 짝을 찾는 데 온 힘을 기울인다. 완벽한 사랑을 찾기만 하면 모든 문제가 해결되고 행복한 나날이 이어지리라 믿는 것이다.

베이네뫼이넨은 첫사랑에게 거부당한다. 그러자 고향을 떠나 타지에서 아내를 구하려 한다. 그가 바라는 것은 예쁜 여자를 얻어 색욕을 채우는 것뿐이다. 베이네뫼이넨은 로우히가 약속한 신붓감을 제대로 알지도 못하고 진정으로 사랑하지도 않는다. 단지 그녀의 미모와 집안 배경이 중요했을 뿐이다. 그에겐 신비한 힘이 있었기에 부적을 만드는 일은 어렵지 않았다. 하지만 그는 이 일마저 스스로 해내지 못하고 친구에게 미뤄 버린다. 그 결과, 로우히의 딸은 부적을 만든 대장장이에게 마음을 빼앗기고, 베이네뫼이넨은 또 다시 버림받는다.

그러나 이러한 실연이 이 서사시의 주요 주제는 아니다. 자기중심적이며 무책임했던 베이네뫼이넨이 큰 모욕을 당한 것이 핵심이다. 그가 인생의 의미를 찾고 진정한 영웅으로 거듭나려면, 친구의 힘을 빌려 아내를 얻는 것보다 큰 꿈을 가져야 한다. 베이네뫼이넨은 대장장이 친구 일마리넨을 통해 보다 중요한 목표를 깨닫는다. 부적을 훔쳐 내어 고향 땅을 풍요롭게 만드는 것이다. 그는 비로소 자기 앞에 펼쳐진 넓은 세상을 자각하고, 다른 사람들, 즉 고향 사람들에게 시선을 돌린다. 어떤 면에서 일마리넨은 베이네뫼이넨의 어두운 면, 즉 그의 좌절된 꿈과 분노를 상징한다. 그러나 한편으론 일마리넨의 불행한 결혼과 상실을 통해 사랑의 쟁취하려는 것이 결국 불행만 낳을 거라는 걸 알았다.

삼포[《칼레발라》에는 삼포가 구체적으로 어떤 물건인지 나와 있지 않다]를 훔치기로 결심한 후부터 모든 일이 제대로 풀리기 시작한다. 베이네뫼이넨은 거대한 물고기로 적을 잠재우는 신비한 악기를 만들어 낸다. 여기에는 신화적인 상징이 담겨 있다. 우리가 어떤 불행한 상황에서도 주어진 기회를 붙잡고 활용한다면, 삶에서 한 걸음 나아갈 수 있다는 것이다.

로우히의 복수는 충분히 예견된 일이다. 어떤 영웅도 난관을 피할 수는 없다. 끔찍한 폭풍은 배와 부적을 부셔 버린다. 베이네뫼이넨이 영웅이 아니었다면 이쯤에서 꿈을 포기하고 집으로 돌아갔을 것이다. 그러나 그는 포기하지 않았다. 파도를 헤치고 조각난 삼포를 끌어모아 고향 사람들에게 돌아왔다. 그리하여 베이네뫼이넨의 꿈은 비록 변질되었지만, 그의 노력은 헛되지 않았다. 이제 그는 집을 떠날 때 품었던 꿈보다 더 의미 있는 꿈을 품게 되었다. 이국땅의 처녀가 삶의 의미가 될 순 없다. 스스로 삼포의 가치를 깨닫고, 온갖 역경 속에서 그것을 되찾는 과정을 통해 그는 삶의 진정한 의미를 알아차렸다. 이러한 방법으로 좌절과 실망에 빠진 젊은이도 삶의 목적과 운명을 찾을 수 있을 것이다.

파르시팔과 성배

던져야 할 질문

성배에 관한 이야기에는 신화적인 요소는 물론 켈트, 게르만, 중세 프랑스의 문화가 녹아 있다. 또, 모험, 상실, 다툼, 동정, 구원 등 다양한 주제를 담고 있다. 성배는 다산의 상징에서부터 구원의 상징까지 다양하게 해석된다. 비록 해석은 다르지만, 삶의 진정한 의미를 나타낸 것만은 확실하다. 어린 파르시팔은 삶의 의미를 찾아 떠난다. 그러나 그 여정은 그리 순탄치 못하다. 아무것도 모르는 사람이 뭔가를 찾아내기란 극히 어렵기 때문이다.

어린 파르시팔은 어머니로 인해 세상과 단절된 채 자랐다. 아버지는 그가 태어나기 전에 전쟁터에서 죽었고, 어린 파르시팔과 홀로 남겨진 그의 어머니는 아들을 결코 잃지 않겠다고 굳게 결심했다. 그래서 어머니는 산속에서 그를 홀로 키우며 아들이 아버지의 뒤를 이어 아서 왕의 기사가 될 수 있다는 사실을 철저히 숨겼다.

그러나 그의 어머니는 하느님에 대해서 가르쳤고, 하느님은 모두를 사랑한다고 말했다. 그러던 어느 날, 숲 속까지 쫓겨 온 멋진 기사를 만난 파르시팔은 그 기사가 하느님일 것이라고 생각한다. 물론 착각이었지만, 그는 기사와의 만남 이후로 스스로 운명

신화로 읽는 심리학

을 열어 나가고픈 욕망이 꿈틀대기 시작했다. 그리하여 그는 세상에 나가겠다고 어머니를 조르기 시작했다.

결국, 어머니는 그의 소원을 들어주었다. 파르시팔은 남루한 옷을 입은 채 길을 떠났다. 어머니는 옷차림 때문에 사람들의 구박을 받으면 혹시 아들이 되돌아올까 싶었다. 그러나 온갖 놀림에도 불구하고 그는 꿋꿋이 여행을 계속했고, 마침내 구르네만츠 Gurnemanz의 성에 도착했다. 구르네만츠는 그를 받아들이고, 그에게 기사도를 가르쳤다. 파르시팔은 남루한 옷을 벗어던지고 구르네만츠에게 예의범절과 도덕을 배웠다. 구르네만츠는 어린 파르시팔에게 이러한 가르침을 주었다.

'잘못에 부끄러워할 줄 알아라.'

'남에게 어리석은 질문을 던지지 말아라.'

'고통 받는 사람을 언제든 불쌍히 여겨라.'

파르시팔은 이러한 교훈을 마음에 새겼지만, 그것의 진정한 의미는 깨닫지 못했다. 또, 예의의 겉모양만 배웠을 뿐, 그 속에 담긴 의미는 체득하지 못했다.

이후 여행을 계속하던 파르시팔은 폐허가 된 어떤 나라에 이르렀다. 황무지 한가운데에 성이 있었는데, 여기에서 그는 첫 번째 시험을 치르게 된다. 그러나 그는 아직 시험을 치를 준비가 되어 있지 않았다. 성 안에는 병에 걸린 왕이 침상에서 심히 괴로워하고 있었다. 그는 성배의 왕이었는데, 허락 없이 세속에서 사랑을 좇다가 죄를 짓고 말았단다. 그 벌로 그는 사타구니에 상처를 입은 상태였다. 무명의 기사가 찾아와 그에게 두 가지 질문을 던져야만 그 고통에서 벗어날 수 있었다. 기사가 왕에게 던져야 할 첫 번째 질문은 이러했다.

"왕이시여, 무엇 때문에 괴로워하십니까?"

또한 바깥세상에서 온 기사 앞에 성배가 나타나면, 그 기사는 두 번째 질문을 던져야 했다.

"왕이시여, 성배는 누구를 위한 것입니까?"

이 두 가지 질문이 나와야만 병든 왕뿐 아니라, 황무지도 구원받을 수 있었다.

그러나 병든 왕을 마주한 파르시팔은 구르네만츠가 가르쳐 준 예절의 겉모습만 알고 있었다. '낯선 사람에게 버릇없이 어리석은 질문을 던져서는 안 된다'는 걸 말이다. 하지만 '고통 받는 이를 불쌍히 여겨야 한다'는 것은 잊어버렸다. 그리하여 그는 아무런 질문도 던지지 않았다. 그리고 천상의 음악 속에 성배의 기사들이 성배를 들고 나타나자, 그는 바보처럼 보이지 않으려 입술을 굳게 다문 채 그 광경을 지켜보았다. 그래서 이번에도 아무런 질문을 던지지 못했다. 그러자 갑자기 천둥이 치며 성이 사라지고 이내 큰 목소리가 들렸다.

"어리석은 아이로구나. 너는 해야 할 질문을 하지 못했다. 네가 그 질문들을 던졌더라면, 왕은 병을 고치고 땅은 회복되었으리

라. 이제 너는 동정심을 배울 때까지 오랜 세월 광야를 헤매게 될 것이다."

뒤늦게 자기의 어리석음을 깨달은 파르시팔은 어느 추운 아침 말을 타고 광야로 떠나며 굳게 결심한다. 반드시 성공하여 성배를 다시 보겠노라고.

• • •

파르시팔은 세상을 향해 나가는 모든 젊은이의 표상이다. 그의 어린 시절은 켈트 신화의 페레두르와 닮아 있다. 파르시팔의 어머니는 사랑하는 남편을 잃고 세상이 결코 녹록치 않음을 뼈저리게 느꼈다. 그래서 어린 파르시팔에게 살아가면서 얻는 시련, 보상, 슬픔, 기쁨에 대해 이야기하는 대신, 입을 굳게 닫아 버린다. 이처럼 많은 부모가 아이에게 세상에 대해 진솔하게 이야기하지 못하고 대충 얼버무린다. 아이가 성, 마약, 술에 관심을 가질 수 있음을 인정하지 않고, 아무런 교육도 없이 부모의 생각만 강요한다. 그러다가 아이가 마약에 중독되거나 원하지 않는 임신을 하고 나서야 경악한다. 뱀은 다양한 형태로 우리에게 찾아온다. 숲 속에서 기사를 만난 파르시팔은 어머니의 세상 밖에 또 다른 세상이 있다는 것을 알게 되었다.

이후 파르시팔은 구르네만츠에게 가르침을 받는다. 이는 청소

년기에 흔히 있는 일이다. 우리는 가족 밖에서 역할 모델을 찾고, 그들의 도움으로 집을 떠나 홀로서기를 시도한다. 그러나 파르시팔은 구르네만츠의 가르침을 흉내만 낼 뿐이다. 노인의 가르침을 이해하기엔 너무 어리고 경험이 부족했던 것이다. 그의 어머니가 아들에게 기초가 될 만한 가르침을 전혀 주지 못한 탓도 크다. 부모가 어린 자녀에게 자기의 경험을 솔직하게 나눌 때 비로소 자녀들은 확고한 자아를 세울 수 있게 된다. 구르네만츠의 가르침을 받은 파르시팔은 비록 지식을 얻었지만, 지혜는 갖추지 못했다. 예의범절은 배웠지만, 그 의미는 이해하지 못했다. 또한, 인생의 쓴맛을 모르기에 고통 받는 이의 아픔에 공감하지 못했다. 그래서 고통당하는 환자 앞에서도 자기 자신만을 생각했으며, 성배를 보고도 어리석게 보이지 않으려고 입술을 굳게 다물었다. 즉, 사람들에게 비칠 자기의 모습만 생각하고, 자기 앞에 놓인 상황을 제대로 이해하지 못한 것이다. 그래서 올바른 질문을 던지지 못했고, 훗날을 기약할 수밖에 없었다.

파르시팔이 던지지 못한 두 가지 질문에는 세상을 향해 나아가는 젊은이들이 갖춰야 할 태도에 대한 심오한 의미가 담겨 있다. 세상을 제대로 살기 위해서 모든 아이들이 던져야 할 질문이다.

파르시팔이 병든 왕을 보고 던져야 했던 첫 번째 질문은 '무엇이 당신을 괴롭게 하는가?'이다. 이는 다른 사람을 향한 진정한 관심과 연민을 의미한다. 사람의 행동 이면에는 눈에 보이지 않는 이유가 있을 수 있다. 이러한 질문을 통해 우리는 나쁘다고 생각하는 많은 것들이 사실은 인간의 사악함보다는 무지와 연약함에서 비롯되었음을 알게 된다. 세상에는 다른 사람의 사정을 알지 못하기에 함부로 비판하는 경우가 많다. 우리 자신에게도 같은 질문을 던질 필요가 있다. 질문은 연민을 배우는 좋은 방법이다. 나 역시 별수 없는 인간임을 깨달을 때, 사람들의 불행 앞에서 자신이 더 낫다고 생각하는 우를 범하지 않는다.

두 번째 질문은 '성배는 누구를 위한 것인가?'이다. 많은 학자들이 이 질문의 의미에 대해 고민해 왔다. 뜻하지 않은 성공이나 좋은 인간관계 또는 특별한 종교적 체험 등, 행운을 얻었을 때, 우리는 이것이 무엇을 위한 것인지 생각해 봐야 한다. 이러한 태도는 종교적 태도로 볼 수도 있다. 삶에 더 깊은 의미와 목적이 있다고 보는 것이다. 살아가면서 세상이 주는 뜻밖의 선물을 받게 될 때, 우리는 자기만족을 넘어서 그 선물에 담긴 의미를 떠올려 봐야 한다. 이를 통해 우리는 보다 의미 있는 삶을 좇으며, 우리의 지혜, 꿈, 재능, 행운을 다른 이들과 나눌 수 있다. 이러한 태도는 삶을 정당화한다.

'정당화하다sanctify'라는 말은 '성스럽게 하다'라는 뜻의 라틴어에서 파생되었다. 이러한 질문을 통해 우리는 세상에 대한 보다 넓은 시각을 가질 수 있다. 파르시팔은 이러한 질문을 던지지 못했고, 우리 역시 그와 크게 다르지 않다. 특히 어릴 때 이러한 태도에 대해 배우지 못했다면 더욱 그러하다. 파르시팔은 오랜 세월 광야에서 방황해야 했고, 고통을 통해서 연민과 겸손을 배워야 했다. 우리 역시 이런 교훈을 얻기 위해선 오랫동안 방황해야 할지도 모른다. 우리가 조그만 지혜를 얻을 수 있다면, 방황의 기간이 조금은 줄어들 것이다.

신화로 읽는 심리학

페르세우스

메두사를 처치하다

이번에는 사랑과 용기로 증오와 두려움을 물리친 페르세우스의 이야기다. 사랑하는 사람을 위해 희생을 무릅쓰자, 다툼이 끝나고 가정에 평화가 찾아왔다. 물론 주인공이 의도적으로 그리한 것은 아니다. 삶의 의미를 찾아 나아가는 젊은이는 그리 많지 않다. 단지 작은 일에 최선을 다할 뿐이다. 페르세우스는 어머니를 도우려 길을 나섰고, 그 결과 뜻하지 않은 성취를 이루었다.

페르세우스는 다나에라는 여인과 하늘의 제왕 제우스 사이에서 태어났다. 다나에의 아버지인 아크리시오스 왕은, 장차 태어날 손자가 자신을 죽일 것이라는 예언을 듣고는 딸이 결혼하지 못하도록 가둬 버렸다. 하지만 제우스 신이 다나에에게 눈독을 들였다. 그는 황금 빗줄기로 가장하여 그녀가 감금된 방으로 들어갔고, 이후 페르세우스가 태어났다. 손자가 태어난 사실을 알게 된 아크리시오스는 다나에와 아기를 묶어 나무 상자에 태운 후 바다로 떠내려 보냈다.

그러자 제우스는 순풍을 불어 모자가 무사히 건너편 바닷가에 이르게 한다. 어느 섬에 다다른 상자는 한 어부에 의해 발견되었다. 섬의 왕은 다나에와 페르세우스를 받아들여 그곳에 살게 해주었다. 페르세우스는 건장하고 용맹스럽게 성장했다. 그의 어머니는 원하지 않는 왕의 구애로 괴롭힘을 당했는데, 페르세우스는 어머니를 구하기 위해 왕이 내세운 요구를 들어주기로 했다. 왕이 어머니를 괴롭히지 않고 내버려 두는 조건은 페르세우스가 고르곤[10] 중 메두사의 머리를 베어 가져오는 것이었다. 페르세우스는 개인의 영달을 위해서가 아니라, 사랑하는 어머니를 위해 이 위험천만한 과제를 기꺼이 받아들인다.

메두사는 너무나 끔찍한 몰골을 하고 있었는데, 누구든 그를 한번 보면 돌로 변해 버렸다. 메두사를 처치하기 위해서는 신의 도움이 필요했다. 그의 아버지 제우스는 그가 신의 도움을 받을 수 있도록 선처했다. 지하 세계의 왕 하데스는 몸이 보이지 않게 해주는 투구를 내주었고, 하늘의 전령 헤르메스는 날개 달린 신발을 주었다. 아테나는 검과 함께 거울처럼 반짝이는 방패를 내주었다. 페르세우스는 이 방패 덕분에 메두사의 얼굴을 직접 보지 않고도 그 머리를 벨 수 있었다.

페르세우스는 괴물의 머리를 잘 싸서 둘러맨 후 집으로 향했다. 그러다 배를 타고 돌아오는 길에 바닷가 바위에서 사슬에 묶여 있는 어여쁜 처녀를 보게 되었다. 그녀는 끔찍한 바다 괴물에

---

10 그리스 신화에 나오는 세 명의 자매 괴물로, 스텐노, 에우리알레, 메두사를 말한다. 세 자매 중 메두사만이 불사의 존재가 아니었다고 한다.-편집자주

게 죽을 날만 기다리고 있었다. 그녀의 이름은 안드로메다였는데, 그녀의 어머니가 신들에게 죄를 지었기에 그녀가 바다 괴물의 제물이 된 것이었다. 곤경에 빠진 어여쁜 처녀에게 마음이 끌린 페르세우스는 고르곤의 머리를 이용하여 바다 괴물을 돌로 만들어 버린다. 그리고 그녀를 어머니에게로 데리고 갔다. 한편, 아들이 없는 사이에 왕에게 심한 고통을 당하던 어머니는 아테나 신전으로 도망가 있었다.

페르세우스는 다시 한 번 메두사의 머리를 들어 어머니의 적들을 돌로 만들어 버린다. 그 후에 그 머리를 아테나에게 바쳤다. 아테나는 그것을 자기 방패에 박아 넣었으며, 이후로 메두사의 머리는 아테나의 상징이 되었다. 페르시우스는 또한 다른 신들의 선물도 원래 주인에게 돌려주었다. 이후로 페르세우스와 안드로메다는 많은 아이들을 낳고 행복하게 살았다.

그러던 어느 날, 예기치 않은 사고가 찾아왔다. 페르세우스가 경기 대회에 참가하여 던진 쇠고리가 예상치 못한 강풍을 타고 멀리 날아간 것이다. 그리고 한 노인이 쇠고리를 맞아 그만 죽고 말았다. 이 사람은 페르시우스의 조부 아크리시오스였다. 이로써 아크리시오스가 그토록 피하려 했던 예언은 이뤄지고 말았다. 페르세우스는 조부에 나쁜 감정이 전혀 없었지만, 이 사고에 대한 책임을 통감하고 자기의 왕국을 포기한다. 다스리던 왕국을 이웃의 아르고스 왕에게 양도한 후, 미케네를 건설한 그는 사랑하는 가족과 함께 여생을 보냈다.

. . .

페르세우스의 이야기는 두려움으로 시작한다. 아크리시오스는 예언을 두려워한 나머지, 자기 딸과 어린 손자를 없애려 한다. 젊은이를 두려워하는 노인은 신화에 흔히 나오는 소재 중 하나다. 아크리시오스는 젊은이에 대한 노인의 부정적 감정을 상징한다. 페르세우스라는 이름은 '파괴자'란 뜻으로, 이는 그가 장차 메두사를 베어 버릴 것임을 암시한다. 그러나 그의 조부 아크리시오스는 자기가 파괴될 것만 걱정한다. 반면, 제우스는 좋은 아버지로서 아들과 어머니를 지켜 준다.

다나에는 제우스의 사랑을 받고, 자신의 아들을 극진히 사랑해 준다. 페르세우스 역시 자기의 목숨을 걸고 어머니를 보살핀다. 왕이 어머니를 못살게 굴자, 그는 어머니를 위해 괴물을 처치하려 집을 나선다. 삶의 의미를 찾기 위해서가 아니라, 소중한 사람의 행복을 위해서 세상 속으로 나아간 것이다. 또한, 그는 신의 도움을 지혜롭게 사용할 줄 알았다. 그리고 재치 있고 과감한 방법으로 메두사를 죽이고, 사랑하는 사람을 위해 겁 없이 돌진한다. 그는 어머니 곁을 떠나 인연을 끊어 버린 페레두르, 파르시팔, 깅글레인과는 달리 끝까지 어머니와 좋은 관계를 유지한다.

신화로 읽는 심리학

페르세우스는 언제나 반듯하고 친절했다. 애꿎은 사람들에게 피해를 주지 않으면서도 목표를 이뤄 냈다. 벌을 받아야 할 사람에게만 벌을 주고, 언제나 신들을 존경했다. 또한, 자기의 위치를 잘 알았기에 신의 선물을 탐하지 않고 돌려주었다. 뜻하지 않은 조부의 죽음 앞에서 자기 왕국을 포기함으로써 끝까지 바르게 처신하였다. 조부의 행동이 두려움 때문에 비롯됐음을 알고, 자신은 그러한 나쁜 감정을 품지 않았다. 페르세우스가 어머니, 아내, 아이들과 오래도록 행복하게 살 수 있었던 까닭은 바로 이 때문이었을 것이다.

3

사랑에 관하여

사랑은 인생의 여러 고난을 버티게 하는 힘이다. 신화에는 사랑과 혐오, 결혼과 이별, 정절과 부정의 이야기가 많다. 연민을 통해 사랑의 중요성을 여실히 보여 주기도 한다. 신화에는 이 세상에서 일어나는 모든 관계가 들어 있다. 인간의 이성 관계가 단순하지 않듯, 신화에서도 마찬가지다. 왜 그 사람을 사랑하고 미워하는가보다 난해한 미스터리는 없다. 우리는 종종 이러한 난제에 대해 간단한 해답을 원하곤 한다. 신화에는 다양한 사랑과 슬픔의 이야기가 담겨 있지만, 어떤 이야기는 우리의 도덕 기준에 맞지 않을 수도 있다. 그렇지만 이러한 이야기를 통해 불행과 고뇌 속에서도 위로와 깨달음을 얻을 수 있다.

7장

사랑을 거부하다

신화에서 성욕은 사람이나 신을 움직이는 가장 강력한, 하지만 종종 비극을 부르는 힘으로 묘사된다. 그리스 신화에서는 여신 아프로디테가 자기에게 죄를 지은 남녀에게 거부할 수 없는 정열을 주입하여 광기와 파괴를 몰고 왔다. 그러나 정열 자체가 부정적이거나 부도덕한 것은 아니다. 정열은 때때로 힘, 용기, 성적 끌림을 가져온다. 또한, 정열은 신이 부여하였기에 신성한 것으로 여겨진다. 중요한 것은 인간이 정열을 잘 다스려 재앙을 막느냐이다.

에코와 나르키소스

실패한 사랑

다음의 그리스 신화 속 비극을 통해 우리는 실패한 사랑이 복수라는 또다른 고통을 낳음을 볼 수 있다. 또한, 자기를 알지 못한다면 그 사람은 영영 자기중심적인 생각에 사로잡혀, 다른 사람을 진정으로 사랑할 수 없음을 알 수 있다.

나르키소스라는 어린 소년이 있었다. 그의 어머니는 예언자 테이레시아스에게 아들의 운명을 물어보았다.

"우리 아이가 천수를 누릴 수 있을까요?"

그러자 예언자가 대답했다.

"자기 자신을 알지 못한다면, 그럴 수 있습니다."

그리하여 그의 어머니는 아들이 절대로 거울을 들여다보지 못하게 했다. 나르키소스는 매우 아름다운 청년으로 자랐고, 많은 사람들의 사랑을 받았다. 그는 자신의 얼굴을 보지 못했지만, 사람들의 반응을 통해 자기의 미모를 짐작했다. 사람들이 자신의 미모를 칭찬하면 그것으로 자존감을 느꼈으며, 점점 자기중심적인 사람이 되어 갔다.

그러던 어느 날, 나르키소스가 홀로 숲 속에 산책을 갔다. 사람들의 칭찬에 취한 그는 지나친 망상에 사로잡혀 있었다. 한편, 그 숲 속에는 에코라는 요정이 살고 있었다. 그녀는 너무 말이 많다는 이유로 헤라 여신의 노여움을 샀고, 결국 그 벌로 목소리를 잃었다. 다른 사람이 그녀에게 말을 건네면, 단지 그 마지막 말을 되풀이할 수 있을 뿐이었다. 에코는 나르키소스를 사랑했기에 그를 계속 따라다녔고, 그가 말을 걸어 주기를 간절히 기다렸다. 그러나 자기 생각에 사로잡힌 나르키소스는 그녀의 존재를 알아차리지 못했다. 그래서 그가 물을 마시기 위해 연못가로 가자, 에코는 그의 주의를 끌기 위해 나뭇가지를 움직였다.

"거기 누구세요?" 나르키소스가 물었다.

"누구세요?" 에코가 대답했다.

"이리로 나오세요!" 나르키소스가 말했다.

"나오세요!" 에코가 대답했다.

그녀는 나뭇가지를 타고 내려와 그에게 손을 내밀었다.

"저리 가!"

그가 날카롭게 소리쳤다.

"너 같은 애는 나와 어울리지 않아!"

"어울리지 않아!"

에코는 슬프게 대답하며 숨어 버렸다. 부끄러움을 느낀 그녀는 이 거만한 청년이 사랑의 아픔을 느끼게 해달라고 신들에게 빌었고, 신들은 그 기도를 들어주었다.

다시 물을 마시기 위해 연못가로 돌아온 나르키소스는 물에 비친 절세의 미인을 발견한다. 그는 즉시 그 젊은이와 사랑에 빠진다. 나르키소스가 미소를 지으면, 그 사람도 미소 지었다. 그가 그 사람의 장밋빛 입술에 입을 맞추려고 물 위에 입술을 대자, 그 사람은 곧 연기처럼 사라져 버렸다. 그가 다시 뒤로 물러서면, 어느새 그 사람이 다시 나타났다.

나르키소스가 간청했다.

"이런 식으로 나를 놀리지 마세요! 모든 사람이 나의 사랑을 얻으려고 안달이랍니다."

"안달이랍니다."

에코가 숲 속에서 구슬프게 말했다.

나르키소스가 물에 비친 아름다운 청년에게 손을 내밀 때마다, 그 청년은 사라져 버렸다. 그렇게 시간은 계속 흘러갔고, 나르키소스는 먹지도 자지도 않고 탄식만 할 뿐이었다. 그의 탄식은 매번 에코를 통해 그에게 되돌아왔다. 마침내 그의 심장이 멎었고, 그의 차가운 몸은 수련 속에 놓여졌다. 신들은 그의 아름다운 몸을 꽃으로 바꾸었는데, 이후 그 꽃에 그의 이름이 붙여졌다.[11]

나르키소스에게 가혹한 형벌을 내려달라고 기도했던 에코 역시 더 큰 슬픔을 맛봐야 했다. 그녀의 몸은 스러져 갔고, 목소리

[11] 여기서 꽃은 수선화를 말하며, 수선화의 영문명은 나르시스(narcissus)이다.–편집자주

만 남아 아직까지도 마지막 단어를 되풀이한다고 한다.

• • •

이 신화는 심오한 주제를 담고 있다. 나르키소스의 어머니가 예언자에게 어린 아들의 미래를 묻자, 예언자는 천수를 누리려면 아들이 자기 자신을 알지 못해야 한다고 말한다. 그래서 그의 어머니는 아들을 품 안에 두고 아들의 삶을 자기 뜻대로 조율한다. 나르키소스는 그렇게 남을 배려하지 못한 채 자신만 생각하는 사람으로 성장한다. 그리고 다른 사람의 칭찬에만 관심을 갖는다. 아름다운 외모를 가졌기에 그의 오만은 용서받았다. 그는 결코 자기 자신을 알지 못했지만, 사람들의 칭찬 덕분에 스스로를 대단히 여기고 다른 사람은 업신여겼다. 그러나 내가 누구인지도 모르면서 어떻게 나의 가치를 제대로 알 수 있겠는가?

에코는 나르키소스를 사랑하게 된다. 그러나 말을 할 수 없었기에 아무것도 할 수 없었다. 우리는 대화를 통해 서로의 생각과 감정을 나눈다. 에코는 나르키소스의 미모에 반해 사랑에 빠지지만, 정작 그에 대해서 아는 것이 없었다. 나르키소스에게 거부당하자, 에코는 심한 분노에 휩싸인다. 그렇게 그녀는 복수를 갈구하고, 나르키소스는 비극을 맞았다. 즉, 나르키소스는 자기 집착으로, 에코는 눈먼 분노로 일생을 그르친 것이다.

사랑은 받기보다는 주는 것이다. 각자 자기에 대해서 잘 알고, 또 의사소통이 원활할 때, 비로소 사랑을 줄 수 있다. 이 이야기에서 유래된 '나르시시즘narcissism(자기애)'이란 자기 자신 외의 어떤 누구와도 소통하지 못하는 사람을 가리킨다. 응석받이로 자라 독립성을 키우지 못한 아이 중에 이런 경우가 많다. 나 스스로가 나의 존재 가치를 명확히 인식하지 못하면, 다른 사람의 사랑을 받아들일 수도, 다른 사람을 사랑할 수도 없다. 자기 집착은 학대와 정체를 초래하고, 창의력과 잠재력을 말살한다.

어릴 때 자기만 생각하던 아이들은 자라면서 그 한계를 깨닫고 가족과 소통하면서 점점 건전한 자존감을 계발해 나간다. 우리는 모두 특별하며 사랑받아야 할 존재이다. 다만 상상 속의 완벽한 존재로서가 아니라, 현실 속의 모습 그대로 사랑받아야 한다. 현실의 모습 그대로를 사랑하지 못할 때, 사람과의 관계가 깨지고 많은 비극이 발생한다. 많은 아이들이 부모의 꿈을 이뤄 주는 대가로 사랑을 받는다. 이러한 경우, 진정한 독립된 인격체로 인정받지 못하기 때문에 어른이 되어서도 마음이 공허하고, 다른 사람의 사랑으로 그 빈곳을 채우려 한다. 그러나 자존감이 없기에 진정한 사랑을 받지도, 주지도 못한다. 에코와 나르키소스는 동전의 양면과 같이 각기 비현실적인 모습을 갖고 있다.

우리 모두에겐 어느 정도 자기애의 성향이 있다. 이것이 꼭 나쁜 것은 아니다. 그러나 공허함을 달래기 위해 자기애에 집착하면 건강한 관계를 이룰 수 없다. 나르키소스는 상대방을 보지 못하고, 이제껏 사랑받아 온 과거에만 도취되었다. 상대방이 아무리 헌신적인 사랑을 보여 줘도 마음의 공허가 물밀듯 몰려오면, 상대방을 잔인하게 몰아치기 마련이다. 나의 참모습을 상대방에게 들킬까 봐 두렵기 때문이다. 에코는 자기가 꿈꾸는 이상과 사랑에 빠진다. 건강한 자존감을 갖지 못하면, 큰 상처를 받기 쉽다. 에코의 복수는 더 큰 슬픔을 불러왔을 뿐이다. 그녀는 이루지 못한 사랑과 분노에 갇혀 더 이상 성장하지 못하고 스러졌다. 에코와 나르키소스의 이야기는 모든 실패한 연인들의 이야기나 마찬가지다.

신화로 읽는 심리학

키벨레와 아티스

모든 것을 가질 수 없다

이번에는 질투심의 끝이 무엇인지를 잘 보여 주는 이야기다. 터키 중부 지역에서의 키벨레 숭배 역사는 근 6000여 년 전까지 거슬러 올라간다. 소유욕에 물든 사랑으로 인한 비극은 오늘날에도 들어맞는 주제다. 이 이야기에서 질투에 눈먼 주인공은 상대의 연인이자, 어머니였다. 유아기 때의 의존성과 부모의 소유욕이 성인이 되어서까지 영향을 미치는 경우가 적지 않다. 또한, 이 이야기에서처럼 부모와의 관계에서 미처 해결하지 못한 갈등이 성인이 된 후 다른 사람과의 관계에까지 이어지는 경우도 있다.

아나톨리아의 키벨레는 대지의 여신으로, 아이를 낳아 '아티스'라고 이름 지었다. 아이가 태어난 순간부터 아이의 아름다움에 반해 버린 그녀는, 아이의 행복을 위해서라면 무슨 짓이라도 마다하지 않았다. 사랑이 점점 깊어진 그녀는 아티스가 성인이 되자 자기의 연인으로 삼았다. 또한 아이를 자기의 사제로 만들어, 정조를 지키도록 맹세하게 했다. 두 사람은 자기들만의 낙원에서 행복하게 살았으며, 아무것도 그들을 방해할 수 없었다.

그러나 아티스를 영원히 세상에서 떼어 놓는 것은 불가능했다. 아티스는 언덕으로 나다니기를 좋아했다. 어느 날, 큰 소나무 그늘에서 쉬고 있던 아티스는 아름다운 요정을 보고는 사랑에 빠져, 이내 요정과 정을 통하고 만다. 어머니 키벨레는 아들이자 연인인 아티스가 부정을 저지른 것을 알고는 불같은 질투심에 사로잡혔다. 결국 그녀는 아티스를 미쳐 버리게 만들었다. 아티스는 정신이 나간 탓에 다시는 정절의 서약을 깨지 못하게끔 스스로 거세하고 만다. 이후 그는 정신을 차렸지만, 심각한 부상을 입은 탓에 어머니 품에서 피를 흘리며 죽어 갔다. 그러나 그는 신이었기에, 그 죽음으로 끝을 맺지는 않았다. 매년 봄, 그는 다시 태어나 어머니와 함께 여름을 보냈고, 해가 짧아지는 겨울이 되면 다시 죽었다. 대지의 여신은 다시 봄이 올 때까지 슬픔 속에 살아야 했다.

• • •

키벨레와 아티스의 근친상간을 문자 그대로 이해할 필요는 없다. 어머니와 아이 사이의 강한 유대감은 육체적, 정서적, 종교적 감정들로 이뤄져 있으며, 어머니가 갓 태어난 아이를 사랑의 눈길로 바라보는 것은 그리 이상한 일이 아니다. 또한, 아이가 자라나 이성에게 어머니와 유사한 정서적 유대감을 바라는 것도 그리 이상한 일은 아니다. 대부분의 애정 관계에는 '양육'과 '의존'이라는 요소가 있으며, 관계를 평등하고 독립적으로 풀어 가는 것이 중요하다. 키벨레가 연인을 완전히 소유하려 했던 데서 비극이 일어났다. 성인 간의 관계에서도 이런 현상이 드물지 않다. 이러한 사실을 알아차리고 적극적으로 대처하지 못하면 대단히 심각한 결과가 일어나게 된다.

키벨레는 아티스를 자신과 대등한 관계로 인정하지 못한다. 그녀는 그가 자기에게 전적으로 의존하기를 원했고, 스스로 살아가지 못하게 했다. 연인 사이에서 상대방이 자기 외에 관심을 갖는 것을 극도로 싫어하는 경우가 이에 해당한다. 상대방이 일에 열중할 때도 질투를 느끼는가 하면, 상대방이 자기만의 생각에 골똘히 빠져 있을 때 분노를 느끼기도 한다. 이러한 행태에서 상대방은 연인이 아니라, 소유욕의 대상일 뿐이다. 이러한 절대적 소유욕은 깊은 불안감에서 기인한다. 어떤 형태로든 상대방과의 관계가 완전하지 못하다고 생각되면 심각한 위협을 느낀다. 키벨레처럼 연인에게 집착하는 경우에 이런 불안감은 심각한 문제를 초래한다.

아티스의 부정에 대한 키벨레의 복수는 결국 아티스가 스스로 거세하게 만든다. 사실 아티스는 독립된 남성성을 가지려 했을 뿐이다. 이러한 유감스러운 상황은 다행히 신화 속 이야기로만 끝나는 경우가 대부분이다. 그러나 미묘한 형태의 자기 거세가 우리 주위에서 흔히 일어나고 있다. 협박으로 상대방의 독립성을 약화시키려는 시도가 바로 이에 해당한다. 상대방이 관계가 깨질까 두려워 굴복하게 되면, 정서의 자기 거세가 이뤄지는 셈이다.

정서적으로 성숙하지 못한 사람에게 심리적 압박이 가해지면, 마치 아티스가 미쳐 버렸듯이 심각한 마음의 혼란을 겪게 된다. 오늘날의 키벨레는 상대방에게 죄책감을 주입하거나, 상대방을 힐난하고 다른 관계로부터 고립시킴으로써 상대방을 불안과 자기부정의 상태로 몰아간다.

격렬한 열정과 불안은 대단히 위험한 조합이다. 여기서 이 이야기의 소유욕처럼 건전하지 않은 사랑이 태어난다. 어쩌면 불안은 두 사람 모두에게 존재했던 것일지도 모른다. 그렇지 않다면 아티스는 그녀를 떠나 새로운 삶을 살 수 있었을 것이다. 키벨레가 아티스를 미치게 할 수 있었던 까닭은 그만큼 그가 그녀를 절실히 필요로 했기 때문이다.

그는 마치 아이가 부모를 필요로 하듯 그녀에게 의존했다. 성인이 되어서도 유아기의 의존성을 버리지 못하면 애정 관계에 재앙을 초래할 수 있다. 독립성을 갖지 못하면, 상대방의 속박과 학대에서 벗어날 수 없다. 상대방은 자신 곁에 붙들어 두기 위해서는 무슨 짓이든 하려 할 것이다. 그러면 당사자는 그물에 갇힌 새처럼 자유롭게 날아갈 수 없으며, 혼자 남겨질지도 모른다는 두려움으로 스스로 운명을 만들어 가기를 포기한다. 키벨레도 아티스도 정서적으로 독립된 존재가 아니었다. 그래서 그들은 상대방이 나와 다른 존재임을 인정하고 존중할 수 없었다. 마음이 혼란한 상태에서 배신, 상처, 혼란을 반복하다가 결국 스스로를 망치

고 말았다. 열정 자체 때문이 아니라, 독립된 인격체가 아닌데 열

정이 더해지면 비극이 일어난다.

삼손과 들릴라

유혹에 무너지다

삼손의 이야기는 잘못된 정열이 낳은 비극이다. 또한, 유혹에 넘어가면 안 된다는 교훈을 일깨워 준다. 한편, 삼손의 힘과 머리카락의 비밀, 그리고 시력 상실 등을 통해 정열과 자아 발견의 관계에 대해서도 생각해 볼 수 있다.

이스라엘 사람 마노아는 자신의 아내가 아기를 낳지 못해 무척 괴로워했다. 그래서 하느님에게 기도했다. 하느님이 그 기도를 들어주었고, 그렇게 삼손이 태어났다.

삼손은 자라면서 점점 강해졌고, 하느님의 영이 그와 함께하여 놀라운 힘을 발휘했다. 어느 날, 한 블레셋 여인을 본 삼손은 그녀를 아내로 삼고자 했다. 그런데 당시는 블레셋이 이스라엘을 지배하던 시기였기에, 삼손의 부모는 그가 동족 중에서 신붓감을 찾았으면 했다. 그러나 삼손은 고집을 부렸고, 결국 자기 뜻대로 그 여자를 아내로 삼았다. 이후 삼손이 아내와 떨어진 사이에 그녀의 부모는 그녀를 다른 사람의 아내로 보내 버린다. 삼손이 돌아와 그녀를 찾았지만, 그녀의 아버지는 그의 청을 들어주지 않았다. 이에 화가 난 삼손은 블레셋 사람의 곡식단에 불을 지른다.

신화로 읽는 심리학

이를 보고 블레셋 사람들이 삼손의 아내와 그 아비를 불살라 버렸다. 그리하여 삼손은 아내의 복수를 위해 무수한 블레셋 사람을 도륙했고, 블레셋 사람들은 삼손을 잡아 죽이려 했다. 그러나 아무도 삼손을 당해 낼 수 없었다. 그렇게 삼손과 블레셋 사람은 서로 원수가 되었다.

그러던 어느 날, 가자로 간 삼손은 한 기생을 만났다. 기생은 블레셋 사람으로 삼손이 자신을 취하는 틈을 타 그를 죽이려 했지만 뜻을 이루지 못했다. 이후, 삼손은 들릴라라는 여인을 사랑하게 되었다. 블레셋의 족장은 들릴라에게 삼손을 유혹하여 그 힘의 근원을 알아내라고 사주한다. 삼손을 제압하기 위해서였다. 그 대가로 족장은 은 1100세겔을 약속했다.

들릴라는 삼손의 비밀을 캐내려고 거듭 말을 걸었다. 들릴라의 끈질긴 잔소리에 질린 삼손은 마침내 비밀을 털어놓았다. 자기의 머리털을 밀어 버리면, 힘이 사라질 거라고 말이다. 그리하여 들릴라는 블레셋 족장들에게 비밀을 전했고, 그들은 약속대로 은을 주었다. 그 후, 삼손이 들릴라의 품에서 잠든 틈을 타 블레셋 사람들이 삼손의 머리털을 밀었다. 그렇게 삼손의 힘이 사라졌다.

블레셋 사람들은 잠에서 깬 삼손을 붙들어 결박하고는 그의 두 눈을 빼버렸다. 이후 삼손은 감옥에 갇혔고, 블레셋 사람은 원수를 잡았다고 매우 즐거워했다. 사람들은 삼손을 조롱하기 위해 밖으로 끌어냈다. 그런데 삼손이 하느님께 기도하자, 그의 머리털이 다시 자라기 시작했다. 큰 건물의 두 기둥 사이에 쇠사슬로 묶여 있는 삼손을, 블레셋 사람 3000명이 조롱했다. 삼손은 하느님을 부르짖으며 온 힘을 다해 기둥을 움켜쥐었다. 삼손이 몸을 앞으로 구부리자 기둥이 무너지면서 건물이 삼손 위로 무너져 내렸다. 삼손과 함께 그의 원수 블레셋 사람들도 모두 죽음을 피하지 못했다.

・ ・ ・

이 이야기의 교훈은 너무나 분명하다. 삼손은 첫째 적절치 않은 아내를 선택했고, 둘째 이스라엘과 블레셋 사이에 적대감을 조성했으며, 셋째 들릴라에게 연정을 품었고(그녀 역시 적절한 상대가 아니었다), 넷째 경솔하게 자신의 비밀을 털어놓았다. 그는 죗값을 치러야 했고, 결국 원수를 궤멸시킴으로써 하느님의 용서를 받았다. 삼손의 성격을 좀 더 자세히 들여다보면, 열정의 본질에 대한 통찰을 얻을 수 있다.

삼손은 분노가 가득한 인물이다. 하느님의 영이 그에게 임하자 그는 원수들을 쳐 죽인다. 그리스 신화의 여느 영웅들처럼 삼손은 자만심이 가득했다. 자기 자신을 다스리지도, 치밀어 오르는 충동을 억누르지도 못했다. 원하는 것은 반드시 가져야 하며, 아내 역시 마찬가지였다. 사랑이 초점이 아니었던 것이다. 삼손은

　　　　　　　　　　신화로 읽는 심리학

여인의 외모에 욕정을 느꼈고, 그러한 본능을 반드시 충족시켜야만 했다. 아내의 아버지가 아내를 다른 사람에게 주었다는 이유로 그 분노를 블레셋 사람의 곡식단에 쏟아냈다. 그 결과 엄청난 비극이 뒤따랐다. 삼손은 과격하고, 자기중심적인 인물이었다. 그렇게 그는 스스로 비극을 초래하고 말았다.

한편, 삼손에겐 유혹이 뒤따랐다. 그는 감정과 본능에 얽매여 들릴라의 집요한 공세를 의심하지 못했다. 결국 그는 비밀을 누설하고, 힘을 잃는다.

신화에서 머리털은 많은 상징성을 내포한다. 또한 실제 역사상에서도 중요한 상징 중 하나였다. 프랑스 메로빙거왕조의 왕들은 머리털을 신이 부여한 왕권의 상징으로 여겼기에, 평생 머리털을 깎지 않았다. 프로이드Sigmund Freud는 꿈속에 나타나는 머리털은 정력을 상징하며, 머리털을 미는 것은 정력의 상실과 관련이 있다고 보았다. 어쨌건 삼손의 머리털은 다시 자라나기 시작했다. 이것이 중요하다. 여기서 머리털은 사고력과 관련이 있다. 생각을 통해 개인의 목표와 세계관이 다듬어진다. 우리의 힘은 사고력과 이해력에 달려 있다. 이를 통해 우리는 충동과 맹목을 제어할 수 있다. 삼손은 육체적 본능에 휘둘림으로써 독자적인 사고력을 잃었다. 스스로 그 능력을 잃었기에, 머리털이 밀리기 전에 이미 그만의 힘을 상실했다고 볼 수 있다. 그가 실패한 이유는 여인에게 유혹을 당해서가 아니라, 스스로 생각하기를 포기해 버렸기 때문이다.

그 결과, 삼손은 옥에 갇히고 두 눈이 뽑힌다. 신화에서 시력 상실은 내적 깨달음과 관련 있는데, 바깥세상에 대한 눈길을 거둠으로써 얻게 되는 깨달음을 의미한다. 그리스 신화의 맹인 예언자 티레시아스는 자기의 내면을 되돌아봄으로써 지혜를 얻었다. 스스로 시력을 상실한 오이디푸스 역시 이를 통해 자기를 재발견한다. 옥에 갇힌 삼손 또한 자기를 되돌아보았다. 그는 무엇을 깨달았을까? 그의 머리털이 다시 자라면서, 그의 사고력도 회복되었다. 그는 잊었던 하느님에게 기도를 드리고, 자기의 힘을 회복한다. 괴력의 소유자 삼손은 한계와 실패를 통해, 자신이 누구인지, 삶의 목적이 무엇인지 깨닫는다.

열정에 대해서는 어떤 교훈을 얻을 수 있을까? 우리는 맹목적 열정과 내적 깨달음을 조화시켜야 한다. 아무런 생각 없이 열정만을 좇는 실수를 통해 우리는 스스로의 내면을 들여다보게 된다. 이러한 과정으로 다시 자기 자신을 추스르는 것이다. 삼손의 죽음 역시 상징적 의미를 담고 있다. 우리 역시 자만심과 아집을 버리고 삶의 한계를 인정해야 한다. 열정은 고통을 주기도 하겠지만, 또한 자아 발견과 함께 새로운 삶의 의미를 이루게 한다.

멀린의 마법

불같은 사랑이 불러온 것

이성과 뛰어난 지성도 불같은 사랑을 막지는 못한다. 지성으로 판단을 내린다고 해도 이성으로 감정을 억누를 수는 없다. 그렇게 하려는 사람은 오히려 맹목적인 사랑에 빠지기 쉽다. 켈트 신화 속의 위대한 마법사 멀린 Merlin도 한 여인을 향한 불같은 사랑 앞에 속수무책이었다.

아서 왕의 책사이자 친구였던 멀린은 놀라운 마법을 가지고 있었다. 약초에 대해서도 해박했고, 미래도 볼 수 있었다. 또한, 노인, 소년, 거지, 그림자 등 다양한 모습으로 변신할 수 있었다. 그는 자기 능력을 철저히 감추고는 어느 누구에게도 자신의 지식을 나누어 주지 않았다.

그는 여자를 알지 못했기에, 자기의 진정한 모습 또한 알지 못했다. 결국 이 지혜로운 마법사 역시 사랑과 욕정의 늪에 빠지고 만다. 어느 날, 멀린은 니네브Nyneve라는 예쁜 처녀를 만난다. 그는 이미 늙은이였지만, 첫눈에 그녀에게 반하고 말았다. 그녀의 환심을 얻으려 잘생긴 청년으로 변신한 그는 마법 솜씨를 마구 뽐냈다. 온갖 현란한 환상을 만들어 그녀의 마음을 사려 했다. 기사와 숙녀들이 춤을 추고, 음유시인들은 음악을 연주하며, 어린 기사들은 마상 창 시합을 하고, 정원에는 아름다운 꽃이 만발했다. 그러나 젊은 여인은 가만히 서서 지켜볼 뿐, 아무 말이 없었다.

멀린은 여인에게 너무 빠진 나머지, 여인이 자기를 좋아하지 않는다는 걸 알아차리지 못했다. 그녀는 멀린에게 마법의 비밀을 모두 가르쳐 준다면 사귀어 줄 수 있다고 약속한다. 그는 그 말을 굳게 믿고 마침내 진정한 제자이자 사랑을 만났다고 여겼다. 시간이 갈수록 니네브는 점점 더 많은 지식을 요구했지만, 몸을 허락하지는 않았다. 멀린은 끝내 그녀의 속셈을 알아채지만, 스스로를 통제하지 못했다.

자기의 미래를 짐작한 멀린은 아서 왕에게 가서 자기가 죽을 날이 멀지 않았다고 말한다. 왕은 그에게 왜 자신의 지혜로 스스로를 구원하지 않는지 따졌다. 그러자 멀린은 이렇게 대답했다.

"저에게 많은 지식이 있는 것은 사실입니다. 그러나 지식과 정열이 맞붙으면, 늘 정열이 이기는 법이지요."

이 늙은 마법사는 마치 상사병에 걸리기라도 한 듯, 니네브를 따라다녔다. 그러나 니네브는 결코 그의 욕구를 채워 주지 않았으며, 오히려 점점 더 많은 마법의 비밀을 요구했다. 결국 그는 결코 깨트릴 수 없다는 주문의 비밀을 털어놓았다. 그러고는 콘월에 있는 바다 위 절벽에 동굴을 파서 마법의 방을 만들고 온갖 경이로운 것들로 방 안을 꾸몄다. 바로 그곳에서 그녀의 마음을 얻으려는 심산이었다. 두 사람은 함께 바위에 난 통로로 방에 걸어갔다. 방 주변에는 온갖 금붙이와 불을 밝힌 수많은 초들이 매달려 있었다. 멀린이 먼저 방에 들어가자 니네브는 그에게서 배운, 결코 깰 수 없다는 끔찍한 주문을 내뱉었다. 그러자 방문이 닫혔고, 멀린은 그 안에 갇혀 버렸다. 니네브는 그길로 발길을 돌려 아래로 내려왔다. 바위 틈새로 꺼내달라고 외치는 멀린의 소리가 희미하게 들려왔지만, 그녀는 매몰차게 무시해 버렸다. 지금까지도 멀린은 금으로 꾸민 그 방에 갇혀 있다고 한다.

· · ·

이 위대한 마법사의 이야기는 오늘날 우리 주변에서도 쉽게 볼 수 있다. 오랜 시간 각고의 노력을 기울이던 사람이 한순간에 정열의 나락으로 빠지는 모습이 그것이다. '늙은 바보만큼 어리석은 자도 없다'라는 속담이 있지만, 모든 늙은이가 다 그렇지는 않다. 다만 어릴 때 강력한 정서적, 성적 욕구로 몸과 마음이 피폐해 보지 않은 사람이 나중에 불같은 사랑에 빠지는 경우가 종종 있다.

멀린은 자기의 비밀을 철저히 숨기려 함으로써 스스로 실패의 씨앗을 뿌렸다. 그는 철저히 힘에 의지해서 삶을 영위해 나가지만, 힘을 좇는 사람과는 진정한 관계를 이룰 수 없었다. 멀린은 지식과 지성으로 인생을 통제하려 할 뿐, 세상을 경험하고 배우려는 생각이 없었다. 우리 역시 스스로 나약해지지 않기 위해 자신의 감정을 통제하려 할 때가 있다. 누군가를 열렬히 원하게 되면, 스스로를 통제하지 못하고 삶이 이끄는 대로 끌려갈 수밖에 없다. 어린 시절에 상처를 입고 사랑을 믿지 못하게 된 사람은 지식이나 힘으로 자기를 보호하려 한다. 그러나 그러한 방어기제는 결국 성숙해지는 것을 방해한다. 좌절과 이별의 경험 없이는 성숙해질 수 없다. 멀린처럼 쉽게 이용당하고 상처받게 된다.

심리학에서 보면 멀린은 몹시 불안해하며, 지혜와 마법의 힘에 전적으로 의존하고 있다. 또, 자기의 힘으로 외로움과 불안을 상쇄하려 하고, 자존감이 매우 낮은 편이다. 그래서 자기의 약한 모습을 그대로 보여 주지 못하고, 자기가 가진 힘으로 여자의 환심을 사려 하는 것이다. 자기에게 자신이 없는 사람은 힘, 돈, 재능, 지식 따위로 남의 마음을 사려 하지만, 결국 거절과 상처만 받을 뿐이다. 나의 참모습을 감추고 다른 모습으로 포장하는 것은 결국 상대방을 기만하는 짓이자 사기꾼을 끌어들이는 결과를 낳는다. 자기의 가치를 알지 못하는 사람이 불같은 열정에 사로잡히면 엄청난 비극이 찾아온다. 진정한 교제는 대등한 두 인격체가 깊고도 진실한 만남을 이어 갈 때만 가능하다. 삼손은 판단력을 상실한 채 육체적 욕구에만 이끌렸다. 반면, 멀린은 의도적으로 육체적 욕구를 멀리하고, 오직 지능에만 매달렸다. 지능과 육체적 욕구라는 양극단의 균형을 유지할 때, 비로소 건전하고도 만족스러운 관계를 만들어 갈 수 있다.

8장

치명적인 삼각관계

삼각관계라는 단어에서 알 수 있듯, 한 사람만을 사랑하지 못하는 사람이 적지 않다. 삼각관계는 시, 드라마, 소설의 단골 소재일 뿐 아니라, 많은 변호사들의 주요 수입원이다. 부정不貞은 우리에게 상처를 남기며, 동시에 묘한 흥분을 일으킨다. 아마도 부정에 따르는 고통과 황홀감 때문일 것이다. 삼각관계는 인류의 원형 중 하나로, 심리학에서는 이에 대한 여러 해석을 내놓았다. 우리는 경험을 통해 신뢰를 잃으면 결혼과 가정생활이 파괴된다는 사실을 알고 있다. 기만은 우리에게 수치심을 안긴다. 인간이 느끼는 가장 극심한 고통 중 하나는 바로 배신감이다. 신화가 탄생한 이래로 수천여 년이 흘렀지만, 우리가 여전히 일부일처제를 고집하는지에 대해 아는 사람은 많지 않다.

제우스와 헤라의 결혼

동전의 양면

신화 속의 대표적인 불륜은 제우스와 헤라의 결혼이다. 제우스는 계속해서 불륜을 저지르고, 헤라는 질투심에 불탄다. 그들의 결혼 생활은 온갖 불륜과 질투, 복수, 사생아로 얼룩져 있다. 하지만 용케도 그들은 결혼 생활을 지속한다.

제우스는 하늘의 제왕으로 우주가 원활하게 돌아가도록 다스렸다. 그는 열렬한 구애 끝에 누이인 헤라와 결혼했고, 그녀에게 푹 빠진 것처럼 보였다. 하지만 그는 결혼 초기부터 불륜을 저질렀고, 헤라는 이에 상처를 입어 불같은 질투심에 사로잡혔다. 두 사람은 끊임없이 싸웠고, 제우스는 그녀의 반대에도 아랑곳하지 않았다. 제우스는 신과 인간을 가리지 않고 불륜을 저질렀다. 또, 욕망을 채우기 위해 갖은 꾀를 부리고, 온갖 수고를 마다하지 않았다. 농락하기 어려운 상대일수록 그의 욕망은 커져 갔고, 분노에 휩싸인 상대방의 남편이나 아버지의 눈을 속이기 위해 기묘한 변장을 하거나 짐승의 모습으로 변신했다. 스파르타의 왕비 레다를 농락하려고 백조로, 에우로페의 경우에는 황소로, 대지의 여신 데메테르의 경우에는 종마로, 다나에의 경우에는 황금빛 빗줄기로 변신했다. 그러나 욕망을 채우는 순간 곧 상대방에게 흥미를 잃고는 새로운 대상을 찾아 나섰다.

헤라는 생애의 대부분을 분노와 상처 속에서 보냈다. 제우스의 불륜 증거를 수집하는 데 전력했으며, 그와 불륜 상대에게 망신을 줌으로써 복수하려 했다. 그녀에게 복수란 삶의 의미와 같았다. 제우스의 사생아는 밤하늘의 별처럼 많았는데, 모두 헤라의 분노를 뒤집어써야 했다. 제우스의 총애를 받는 경우에는 특별히 더 괴롭힘을 당했다. 헤라는 디오니소스를 미치게 만들었고, 그의 어머니 세멜레를 불에 타서 죽게 했다. 또한 알크메네의 아들 헤라클레스에게는 불가능한 임무를 주었다. 심지어 남편을 끈으로 묶고 폐위하겠다고 위협했지만, 제우스는 다른 신들의 도움으로 유유히 그녀의 손아귀에서 벗어났다. 그럼에도 불구하고 두 사람의 관계는 지속되었고, 때때로 호전되기도 했다. 헤라는 종종 아프로디테의 황금 거들을 빌려서 남편의 욕망을 자극했다. 트로이 전쟁 중에는 이 마법의 거들로 제우스를 유혹함으로써 제우스가 트로이를 보호하지 못하도록 했다.

제우스 역시 헤라 못지않게 질투의 화신이었으며, 불륜 문제에 대해서 이중 잣대를 가졌다. 한번은 익시온이란 인간이 헤라에게 연정을 품자, 이를 알아챈 제우스가 구름으로 가짜 헤라를 만들었다. 이윽고 익시온이 가짜 헤라를 취하자 제우스는 그를 불타는 바위에 묶어 영원히 고통 받게 했다. 또, 한번은 지친 헤라가 그를 떠나 숨어 버린 적이 있었다. 늘 곁에서 괴롭히던 아내가 사라지자 제우스는 허전함을 느꼈고, 불륜 상대에 관심을 잃었다. 사방으로 헤라를 찾아 헤매던 그는 마침내 전문가의 조언대로 새장가를 간다는 소문을 퍼뜨린다. 그러고는 아리따운 처녀 모형에 신부의 예복과 베일을 입힌 후 거리를 행진했다. 소문을 들은 헤라는 은신처에서 뛰쳐나와 행진을 하고 있던 신부에게 달려들어 베일을 찢어 버렸다. 베일 속 처녀는 돌로 만든 조각상이었다. 자기가 속았다는 사실을 알게 된 헤라는 호탕하게 웃음을 터뜨렸고, 부부는 잠시나마 화해했다. 어쩌면 그들은 지금까지 올림포스 산에서 서로 싸우고, 상처 주고, 화해하고, 속이고, 용서하기를 반복하고 있을지도 모른다.

· · ·

제우스와 헤라의 결혼 생활은 평탄하지 못했다. 현대의 도덕 기준으로 보면, 제우스의 망동은 비난받아 마땅하다. 하지만 이 결혼 생활에는 열정이 가득하며, 부부는 서로를 절실히 필요로 한다. 제우스의 불륜은 비난받을 만하지만, 이 부부를 하나로 묶어 주는 그 무언가에 대한 깊은 통찰이 필요하다.

왜 이 부부는 헤어지지 않고 끝까지 결혼 생활을 유지했을까? 제우스는 창조적 힘과 재능의 화신이다. 그는 끊임없이 새로운 상대를 찾고, 변신한다. 신비로운 상상력의 상징인 그를 인습으로 묶어 둘 수는 없다. 반면, 헤라는 가정과 가족의 여신이며, 전통과 사회규범의 준수를 상징한다. 즉, 두 사람은 동전의 양면과 같으며, 끊임없이 싸우면서도 서로를 필요로 하는 인간 심리의 양면을 상징한다. 대부분의 부부의 경우, 한 사람은 보다 자유로운 삶을 좇고, 다른 한 사람은 보다 자제하는 삶을 사는 경향이 있다. 우리 모두에겐 이러한 양면성이 있으며, 이는 살아가는 데 필수적이다.

제우스의 불륜을 심리학에서 본다면 미와 마법을 향한 끊임없는 추구라고 말할 수 있다. 성적 표현 욕구는 모든 예술 창조의 본질이다. 헤라의 질투를 심리학에서 본다면 헌신하는 데에 대한 어려움이라고 할 수 있다. 다른 사람은 자기 멋대로 사는 것 같은데, 자신만 희생한다고 생각될 때 우리는 분노를 느낀다. 우리는 제우스 또는 헤라에게서 동질감을 느낄 수 있다. 우리 모두의 내면에 있는 제우스와 헤라가 서로 싸우지 않게 하려면, 균형이 필요하다.

제우스와 헤라는 함께 웃을 수 있다. 그래서 끊임없는 다툼에도 다시 화해하는 것이다. 또한 두 사람은 상대방에게 굴복하지 않는다. 헤라는 질투심에 불타오르지만, 현실에 무너지지 않는다. 또, 스스로 연민에 빠지기보다 꿋꿋하게 싸우려 한다. 그래서 그들은 서로에게 상처를 주고 분노하면서도, 서로를 존중하려 하는 것이다. 이 신화에는 인간 본성에 대한 통찰이 담겨 있다. 언제나 남의 떡이 커 보이는 법이다. 하지만 그 떡은 남의 것이다. 제우스가 새로운 상대를 찾아 헤맨 이유 중 하나는 남의 것이었기 때문이다. 헤라가 자기를 떠나자, 그는 열정을 되찾고 그녀의 뒤를 좇는다. 헤라가 제우스의 뒤를 좇았던 이유는 그가 자기 손아귀에 들어오지 않았기 때문이다. 상대방을 전적으로 소유할 수 없기에 끊임없이 사랑을 추구해야만 했던 것이다. 배우자가 불륜을 저질렀을 때, 혹시 자신이 배우자의 소유물이 된 것은 아닌지 스스로에게 물어볼 필요가 있다. 또한, 내가 불륜을 저질렀을 때, 혹시 자신이 배우자의 소유물이 될까 두려웠던 것인지 따져볼 필요도 있다. 가질 수 없는 것을 바라는 것이 인간의 본성이기에, 결혼 생활을 유지하려면 타협이 필요하다. 타협은 불완전한 해결책이지만, 타협을 통해 쌍방이 조금씩이나마 자기가 원하는 것을 얻을 수 있다. 관계를 유지하려면, 완벽한 이상을 단념해야 하며, 자기 자신을 포기하지 말아야 한다.

제우스와 헤라의 결혼에는 해결책이 없다. 인간의 결혼 생활에서도 불륜 문제는 답이 없다. 개인의 도리, 정직, 절제가 무엇보다 중요하다. 제우스와 헤라는 서로 사랑하면서도 불륜을 계속 이어 갔다. 헌신과 자유 사이의 갈등을 잘 이해할수록, 우리는 이러한 내면의 갈등에 잘 대처할 수 있다. 그렇게 된다면 방종한 제우스나 질투에 불타는 헤라 중 하나의 극단으로 치우쳐지지 않을 것이다.

아서와 귀네비어

고통으로 구원받다

아서 왕과 그의 친구 란슬롯Lancelot을 사랑했던 귀네비어Guinevere 왕비의 이야기는 배신이 불러온 아픔을 잘 보여 준다. 이 삼각관계의 당사자들은 상대방을 해치려 하지 않았다. 오히려 우정과 진정한 사랑을 통해 화해와 마음의 평화를 이루었다.

수많은 전투에서 승리하고, 마침내 색슨족의 침입을 격퇴한 아서 왕은 책사 멀린에게 드디어 자신이 결혼할 때가 되었다고 말한다. 멀린은 왕이 마음에 둔 여인이 있는지 알아보았는데, 그 여인은 다름 아닌 카멜리아드 왕 레오데그란스의 딸인 귀네비어 공주였다. 아서 왕은 그녀를 만나기도 전에 불같은 사랑에 빠졌다.

예언자였던 멀린은 그녀와의 결혼이 비극으로 끝날 것임을 알았다. 그래서 왕에게 이렇게 물었다.

"귀네비어는 앞으로 불행을 불러올 것입니다. 마음을 바꾸시겠습니까?"

아서 왕이 대답했다.

"아니오."

그러자 멀린이 말했다.

신화로 읽는 심리학

"귀네비어는 왕의 가장 충직한 친구와 불륜을 저지를 것입니다."

그러자 아서 왕이 대답했다.

"그 말은 믿지 않겠소."

그 말을 듣고는 멀린이 이렇게 말했다.

"물론 그러시겠지요. 모든 남자가 자기에게만은 그런 일이 닥치지 않을 거라고 믿습니다. 여자 때문에 죽을 수도 있다는 사실을 잘 알지만, 막상 저도 사랑하는 여자를 만나면 포기하지 못할 것 같군요. 그러니 뜻대로 귀네비어와 결혼하십시오. 왕께서는 조언이 아니라, 동의를 원하시는 것 같습니다."

그리하여 아서 왕은 기사들의 우두머리이자 가장 신뢰하는 친구인 란슬롯에게 그녀를 데려오라는 임무를 내린다. 그리고 돌아오는 길에 멀린의 예언대로 란슬롯과 귀네비어는 서로 사랑에 빠진다. 그러나 둘 다 왕의 약속을 깨지는 못했다.

결혼식을 마친 아서 왕은 다른 일로 왕궁을 비운다. 그가 자리를 비운 사이 멜레간트Meleagant 왕은 함정을 파고 왕비를 사로잡아 자기 왕국으로 끌고 갔다. 아무도 그녀의 생사를 알지 못했다. 그녀는 해자가 둘려진 감옥에 갇혔고, 감옥으로 들어가는 유일한 통로인 다리는 날카로운 칼로 되어 있었다. 란슬롯은 온갖 역경을 딛고 귀네비어가 갇힌 곳에 이르렀고, 다리를 건너다가 심각한 부상을 입고 말았다. 그러나 마침내 멜레간트를 죽이고 왕비를 구출해 내었다. 그들은 함께 왕궁으로 돌아왔고, 그녀는 란슬롯의 상처를 치료했다. 그러다 두 사람은 기어코 정을 통하고 말았다.

아서 왕이 돌아오자 멀린은 귀네비어 왕비가 남편을 배반하는 환상을 보았다고 말한다. 다른 신하들 역시 왕비와 란슬롯이 비밀리에 정을 통했다고 말했다. 그러나 아서 왕은 어떤 비난과 폭력도 행사하지 않았다. 그는 두 사람을 사랑했기에, 공식적으로 단죄하여 그들의 목숨을 거두고 싶지 않았다. 그리하여 아서 왕은 묵묵히 기다렸다. 세 사람은 서로에 대한 연정으로 피폐해져만 갔다.

그러나 궁정의 다른 기사들은 왕비와 란슬롯이 저지른 악행을 묵과하지 않았다. 또한, 이것을 왕이 신임하는 친구를 궁정에서 몰아낼 기회로 삼았다. 그리하여 기사들은 증거를 잡기 위해 그들의 불륜 현장을 급습할 계획을 짰다. 그들 중에는 왕의 사생아인 모드레드Mordred가 있었는데, 그는 비밀리에 왕위를 노리고 있었다.

그날 밤, 그들은 란슬롯과 귀네비어가 함께 있던 방을 급습했다. 란슬롯은 몸을 피하고, 기사들은 왕비를 붙들어서 왕에게로 끌고 갔다. 아서 왕은 어쩔 수 없이 귀네비어의 죄를 묻고 재판장에 세웠다. 귀네비어는 결국 화형을 선고받았다. 그녀가 화형에 처해지려는 찰나, 그 소식을 듣고 달려온 란슬롯이 그녀를 구출

신화로 읽는 심리학

한다. 이 과정에서 엄청난 싸움이 벌어졌는데, 많은 기사들이 란슬롯에 의해 죽고 말았다. 란슬롯은 왕비를 구출해서 자기의 성으로 데려간다.

란슬롯이 많은 기사들을 죽였기에, 아서 왕은 더 이상 그를 묵과할 수 없었다. 그래서 군대를 이끌고 란슬롯의 성을 포위했다. 그러나 란슬롯은 성에서 나와 아서 왕과 싸우기를 거부했다. 대신 아서 왕과 대화를 나누었고, 서로에 대한 우정과 충성을 확인했다. 란슬롯은 잘못을 시인한 후 왕비를 포기하겠노라고 맹세하고는 아서 왕과 화해했다.

아서 왕은 다시 왕비를 받아들이려 했지만, 다른 기사들은 이를 용납하지 않았다. 그들은 복수를 요구했고, 란슬롯은 마지못해 이들과 싸워야 했다. 이윽고 양측 간에 대규모 전투가 일어났다. 전투 중에 아서 왕과 란슬롯이 조우했는데, 두 사람의 눈가에는 물기가 어려 있었다. 이미 벌어진 사태를 되돌릴 수는 없었지만, 두 사람은 결코 서로에게 칼끝을 겨누지 않았다.

마침내 전투가 잠잠해지자, 협상 끝에 휴전이 이뤄졌다. 아서 왕은 귀네비어와 함께 왕궁으로 돌아갔고, 란슬롯에게는 옛 지위가 다시 주어졌다. 한편, 위기를 느낀 모드레드는 세 사람을 파멸로 이끌 기회를 엿보았다. 결국 그는 모반을 일으켰고, 이 전투에서 왕은 큰 부상을 입었다. 란슬롯은 아서 왕을 위해 나서서 모드레드를 죽이지만, 결국 죄책감을 이기지 못하고 멀리 떠나기로 결심한다. 그리하여 란슬롯은 수도원으로 들어가 여생을 자기 잘못을 뉘우치며 보냈다. 왕비 역시 죄책감과 상실감을 극복하지 못하고 수녀원으로 들어갔다.

오랜 세월이 흐른 후, 란슬롯은 꿈속에서 왕비를 만나 보라는 음성을 듣는다. 수녀원을 찾은 란슬롯은 방금 막 숨을 거둔 귀네비어의 주검과 마주한다. 이후, 란슬롯은 고기와 술을 입에 대지 않았고, 시름시름 앓기 시작했다. 그 역시 점점 쇠약해지다가 끝내 숨을 거두고 말았다.

란슬롯과 귀네비어의 시신은 함께 란슬롯의 성으로 옮겨졌고, 살아남은 기사들은 마침내 그들의 죽음에 경의를 표했다. 그들은 죽음으로써 죗값을 치렀으며, 서로에 대한 그리고 왕에 대한 두 사람의 사랑이 진실했음을 모든 사람에게 증명했다. 아서와 란슬롯과 귀네비어는 모두 사후에 용서를 받았고, 사람들에게 오래도록 기억되었다.

• • •

아서, 귀네비어, 란슬롯의 비극적인 삼각관계를 통해 인간의 숭고함을 엿볼 수 있다. 실제에서 좀처럼 보기는 힘들지만, 이는 우리에게 잠재되어 있는 놀라운 능력이다. 이들의 삼각관계는 자기만족, 성적 끌림, 현실 도피를 위한 것이 아니었다. 깊은 사랑에 기인한 것이었다. 이를 통해 사랑을 반드시 독점해야 할 필요가 없다는 교훈을 얻는다. 서로 다른 사람을 서로 다른 방법으로 깊이 사랑할 수 있다. 물론 이는 한 사람을 사랑하면 다른 사람을 사랑해선 안 된다고 여기는 사람들에게는 받아들여지기 힘든 이야기다. 우리는 결혼 서약을 하면서 독점적 사랑을 맹세한다. 따라서 삼각관계를 떠올리면, 배우자를 배신하는 것은 무정하고 천박하다고 믿는다. 실제로 천박한 이유로 배우자를 배신하는 경우가 적지 않다. 그러나 아서와 귀네비어의 신화를 통해 반드시 그런 것만은 아님을 알 수 있다. 삶은 때때로 공평하지 않으며, 사람의 마음 역시 마찬가지다.

아서는 마음이 쓰리지만 복수하지 않는다. 이는 관용과 절제의 정신을 보여 준다. 불행히도 다른 기사들은 이러한 정신을 보여 주지 않는다. 그들이 왕비와 란슬롯의 불륜을 비난하고 심판하려는 까닭은 깊은 사랑을 해보지 않아서이다. 또한, 그들에겐 나름대로의 속셈이 있었다. 때문에 그런 수치를 당하고도 아무런 조치도 취하지 않는 아서 왕을 나약한 인간이라고 폄하할 수 있었던 것이다. 그러나 아서는 결코 나약한 인간이 아니었다. 친구에 대한 우정과 아내에 대한 사랑 때문에 극심한 고통을 받으면서도 자기의 마음을 속이지 않았다. 따라서 그는 복수를 외친 기사들보다 더 남자다웠다고 보아야 한다.

이 이야기의 주인공들은 끝내 행복을 얻지 못한다. 그러나 행복한 삶보다 더 중요한 것은 모든 것을 잃더라도 서로에 대한 믿음을 잃지 않는 것이다. 귀네비어와 란슬롯의 사랑이 영혼의 사랑이 아니었다면, 두 사람은 유혹에 빠지지 않았을 것이다. 친구와 아내에 대한 아서의 사랑이 영혼의 사랑이 아니었다면, 그는 다른 사람들의 요구대로 시원하게 복수를 감행했을 것이다. 그런 사랑이 우리에게도 찾아올 수 있다. 고대인들은 그것을 신의 방문이라고 생각했고, 인간이 어찌할 수 없는 일이라고 여겼다. 단순한 욕정이나 복수욕이 대단한 열정이라는 가면을 쓰는 경우도 있다. 이들 세 사람에게 닥친 운명 속에서 욕망의 진면목이 그대로 드러난다. 이러한 불같은 시련이 아직 닥치지 않음을 행운으로 여길 수 있다. 만약 실제로 닥치게 된다면, 모두에게 엄청난 고통이 따를 수밖에 없다. 그러한 시련과 마주할 때, 우리는 아서와 귀네비어의 이야기를 기억해야 한다. 배신이라는 참혹한 계기를 통해 자신이 누구인지, 진정으로 믿는 것은 무엇인지를 깨달아야 한다.

신화로 읽는 심리학

9장

결혼의 실체

결혼에 대한 신화는 많지만, 사람들이 꿈꾸는 행복한 결혼 이야기는 없다. 그 많은 신화 중에 우리가 쉽게 떠올리는 행복한 결혼에 대한 이야기가 없다니, 아이러니한 일이다. 신화에는 우리가 바라는 이상보다는 실제로 겪음직한 심리가 담겨 있다. 신화 속 결혼 이야기에는 인간의 적나라한 감정과 어려운 애정 관계가 소용돌이처럼 묘사되어 있다. 이를 통해서 어떻게 하면 서로 다른 두 사람이 맞춰 갈 수 있을지에 대한 통찰과 지혜를 배울 수 있다. 손쉽게 행복한 결혼 생활을 유지하는 비결은 없다. 행복한 결혼 생활은 인간의 노력과 약간의 행운으로 이뤄 낸 것이다. 결코 저절로 이뤄지지 않는다.

게르다와 프레이르

기다림 끝에 사랑이 온다

다음은 북유럽 신화에서 프레이르가 게르다에게 구애하는 이야기이다. 이 이야기를 통해 사랑에는 인내가 필요하며, 구애가 행복한 결혼에 이르는 방법임을 배울 수 있다. 마법을 부릴 필요까지는 없겠지만, 프레이르처럼 원하는 신붓감을 얻기 위해서는 끈질기게 구애해야 한다. 행복한 결혼이란 하늘에서 뚝 떨어지지 않으며, 끈질긴 노력을 통해서만 얻을 수 있다.

프레이르의 신붓감은 그의 어머니와 마찬가지로 거인족이었다. 그는 그녀에게 저항할 수 없는 사랑을 느낀다. 프레이르가 오딘의 왕좌에 앉아 지상 세계를 내려다볼 때였다. 그는 거인족의 왕국에서 아리따운 처녀 하나를 보게 된다. 그녀의 이름은 게르다였다. 프레이르의 마음속에는 불같은 사랑이 치솟았다. 그런데 그는 곧 수심에 잠겼다. 어떻게 해야 그녀의 마음을 얻을지 알 수 없었기 때문이다. 수심이 가득한 프레이르를 보고 그의 부모는 프레이르의 친구이자 종인 스키르니르Skirnir를 보내 연유를 알아보게 했다.

스키르니르는 즉시 원인을 파악하고는 친구를 위해 처녀에게 결혼 승낙을 받아오겠다고 자청한다. 그는 프레이르에게서 공중에서 저절로 움직이는 검과 불길을 헤치고 달리는 말을 빌렸다. 그는 밤새 말을 달려 거인의 땅에 다다랐다. 게르다 아버지의 집 앞에는 사나운 개가 사슬에 묶여 있었고, 마법의 화염이 집 주위를 둘러싸고 있었다. 그러나 스키르니르는 조금도 겁을 먹지 않았다. 그는 말을 달려 불꽃을 뚫고 문 앞에 이르렀다.

게르다가 개 짖는 소리를 듣고 문으로 나왔다. 스키르니르는 프레이르의 구애 메시지를 그녀에게 전했다. 그러고는 열한 개의 금사과와 오딘의 마법 반지를 선물로 주었다. 그러나 게르다의 마음은 움직이지 않았다. 그러자 스키르니르는 검을 휘둘렀고, 검은 마치 게르다와 그녀의 아버지를 삼킬 듯이 요동쳤다. 그럼에도 게르다는 전혀 미동도 하지 않았다. 마지막으로 스키르니르는 마법을 쓰기로 했다. 그는 게르다에게 만약 프레이르와 결혼하지 않는다면 끔찍한 마법을 걸겠다고 말한다. 그러고는 평생 남자를 가까이하지 못하고, 세상 반대편 얼음장 밑에서 평생 홀로 늙어갈 것이라고 위협했다.

그러자 게르다는 겁을 집어 먹었다. 외로움보다 더 무서운 것은 없어 보였고, 프레이르가 신랑감으로서 그리 나빠 보이지 않았다. 마침내 그녀는 환영의 표시로 스키르니르에게 꿀술이 담긴 술잔을 주었다. 스키르니르는 프레이르가 상당히 몸이 달아 있으니 당장 만나러 가는 것이 좋겠다고 말한다. 그러나 게르다는 이를 거절하고, 성스러운 숲 속에서 아홉 밤을 보낸 후 프레이르를 만나겠다고 약속한다.

한편, 프레이르는 고통스러운 마음으로 소식을 기다리고 있었다. 마침내 스키르니르가 게르다의 마음을 전하자, 비로소 그는 기쁨을 되찾았다. 다만 기다림이 그에게는 너무 힘들었다. 프레이르는 스키르니르에게 이렇게 말했다.

"하룻밤도 길구나. 두 밤은 얼마나 더 길까! 세 밤은 어찌 기다리지? 아홉 밤이나 기다릴 수 있을까?"

그러나 그는 스키르니르와 부모를 닦달하면서도 끝끝내 아홉 밤을 견뎌 냈다. 결국 게르다와 결혼한 그는 많은 자식을 낳고 행복하게 살았다.

· · ·

이 북유럽 신화는 여느 신화와는 달리 행복한 결말을 맞는다. 구애 덕분이었다. 게르다는 두려움 때문에 프레이르와의 결혼을 허락하는데, 두려움의 원인은 바로 외로움이었다. 스키르니르가 평생 외로워질 거라고 위협하자 결혼을 허락한 것이다. 이를 통해 우리가 다른 사람과 평생을 약속하는 주요 동기를 엿볼 수 있다. 그것은 바로 외로움이다. 외로움은 우리의 두려움과 고통의 주요 원인이다. 스키르니르의 위협이 성공했던 이유는 게르다가 자기 감정에 솔직했기 때문일지도 모른다. 우리는 홀로 지내기 싫어서

짝을 구한다는 사실을 인정하지 않으려 한다. 홀로 늙어 간다는 두려움으로 결혼하려는 사실도 인정하지 않는다. 사람들은 운명적인 인연을 만나는 것에 대해 이야기하길 좋아한다. 또한, 독신의 즐거움에 대해서도 이야기한다. 물론 누구나 독립된 인격체로 서는 것이 중요하다. 두려움에서 비롯된 애정 관계에는 올바른 의사소통과 서로에 대한 존경심이 없다. 따라서 지속되기 힘들다. 그러나 게르다는 독신 생활을 즐기는 것처럼 가장하는 사람들보다 솔직했기에 성공적인 결혼을 이뤄 냈다. 우리 주변에는 결혼에 따르는 어려움과 타협을 두려워한 나머지, 독신자가 되는 경우가 적지 않다.

프레이르는 자기를 위한 구애를 하지 않았다. 프레이르의 친구이자 종인 스키르니르는 사실 프레이르의 또 다른 모습이다. 프레이르는 신인 반면, 그의 종인 스키르니르는 겸손하며 가식과 자만심이 없다. 물론 마법의 힘을 빌리기는 하지만, 그는 대변인에 불과하다. 우리 역시 결혼에 성공하려면, 나 자신을 대단한 인물로 내세우기보다 평범한 모습으로 다가가야 한다. 스키르니르는 또한 의사소통의 달인이다. 그는 여러 각도에서 의사소통을 시도했고, 마침내 성공했다. 이처럼 유연하고 창조적인 방법으로 의사소통을 시도해야 한다. 또한, 스키르니르는 집요했다. 게르다가 고집을 부려도 그는 포기하지 않았다. 프레이르라면 자존심에 상처를 입고 포기했을지도 모른다. 그러나 스키르니르는 자신의 감정을 개입시키지 않았으며, 제3자의 객관적인 입장에서 구애를 시도했다. 스키르니르는 의사소통뿐 아니라, 거리감의 달인이었다. 그에게는 잃을 자존심도, 상처 받을 감정도 없었다. 우리 역시 사랑하는 이에게 마음을 전달하기 위해서 거리감을 둘 줄 알아야 한다.

마법 무기, 황금 사과, 그리고 아름다운 반지는 아무런 소용이 없었다. 외로움에 대한 그녀의 두려움을 공략한 것이 가장 효과적이었다. 스키르니르는 위협이나 선물이 실패한 후에야 이 사실을 깨달았다. 거인의 마음을 얻으려는 신의 노력은 효과가 없었다. 우리 역시 예외는 아니다. 프레이르와 게르다의 이야기에는 심오한 진리가 담겨 있다. 우리가 힘이나 재능으로 다른 사람의 마음을 얻으려 하면, 결국 사랑을 얻는 데 실패한다. 상대방의 두려움을 이해할 수 있을 때, 장벽은 허물어지고 진정한 사랑이 싹틀 수 있다.

니네브의 변신

사랑의 놀라운 힘

앞서 멀린 이야기에서 이미 니네브를 만나 보았다. 그 이야기에서 니네브는 어리고, 냉담하며, 자기중심적이었다. 그녀는 힘을 얻기 위해 마법사를 파멸로 몰아넣었다. 여기에서는 그녀가 연륜과 경험과 고통을 통해 지혜와 연민을 배운 이야기를 소개하겠다. 이러한 '변신'을 통해 그녀는 진실한 결혼에 성공하고, 삶의 행복과 의미를 찾았다.

니네브는 모험의 숲을 정처 없이 떠돌았다. 그녀는 야망에 차서 멀린의 비밀을 빼앗았던 어린 시절과는 많이 달라져 있었다. 어릴 때는 아무런 생각 없이 힘과 능력만을 탐했다면, 시간이 흐르면서 그 힘이 그녀의 마음을 옥죄고 있었다. 마법의 힘으로 평범한 사람이 할 수 없는 것을 해냈지만, 오히려 이러한 힘에 사로잡혀 버린 것이다. 치료의 힘이 있었기에 늘 병든 이를 돌보아야 했고, 행운의 힘 때문에 불행한 사람들을 위로해야 했다. 또한, 비밀을 알아내는 지식 때문에 다른 사람의 악을 볼 수 있었고, 그래서 탐욕과 반역의 무리에 맞서 늘 싸움을 벌여야 했다. 한편, 그녀는 약하고 곤란한 사람들을 외면할 수 없었지만, 정작 다른 사람은 그녀에게 무관심했다. 아무도 그녀를 진정한 친구로 대하지 못했다. 그리하여 니네브는 늘 혼자였고 외로웠으며, 사람들의 칭송을 받을수록 피폐해져만 갔다. 때때로 그녀는 다른 사람들과 다름없었던 옛날을 그리워했다. 주기만 하는 삶은 외로웠다. 사람들은 그녀의 도움을 받으면서도 그녀의 힘을 불편해했기에, 그녀는 한곳에 오래 머무를 수 없었다.

그러던 어느 날, 숲 속을 지나던 니네브는 울고 있는 한 기사를 만난다. 우는 사연인즉, 그의 주인이 안주인에게 배신을 당했고, 주인은 낙심하여 속절없이 죽음만 기다린다고 하였다.

니네브가 이렇게 말했다.

"나를 네 주인에게 데려가라. 네 주인은 그 무덕한 여인 때문에 죽을 필요가 없다. 그런 여인에겐 사랑받지 못하는 형벌이 마땅하다."

기사는 그녀를 주인인 펠레아스 경에게도 인도했다. 그는 창백한 얼굴로 몸져누워 있었다. 문득 니네브는 그가 너무나 잘생겨 보였다.

그녀가 말했다.

"왜 선한 사람이 악인 앞에 무릎을 꿇습니까?"

그녀는 열이 끓는 그의 이마를 자기의 서늘한 손으로 식혀 주었다. 그리고 그에게 노래를 불러 주었다. 펠레아스는 그녀의 마법으로 평정심을 되찾고 깊은 잠이 들었다. 그러자 그녀는 악녀 에타르를 찾아내어 잠자는 펠레아스 앞으로 끌고 왔다.

니네브가 그녀를 꾸짖었다.

"네년이 감히 이 사람에게 그런 죽음 같은 고통을 안겼느냐?"

사실 니네브는 일찍이 멀린에게 한 짓을 후회하며 살아왔다.

"네년에겐 일말의 정도 없느냐? 네가 초래한 아픔을 배로 갚아 주마. 너는 이제 이 사람을 사랑하게 될 것이다. 이 세상 무엇보다 그를 사랑할 것이며, 그를 위해 목숨까지 아끼지 않을 것이다."

마법에 빠진 에타르가 말했다.

"나는 그를 사랑합니다. 내가 그토록 경멸했던 이 사람을 이제 사랑합니다."

그러자 니네브가 대답했다.

"네가 다른 사람에게 안긴 고통은 작은 지옥에 불과하지만, 이제 너는 지옥의 끝을 맛볼 것이다."

니네브는 잠자는 기사의 귀에 주문을 속삭인 후, 그를 깨워 반응을 살폈다. 잠에서 깬 펠레아스는 에타르를 보고 혐오감에 몸서리를 쳤다. 그녀가 손을 내밀자 진저리를 치며 소리 질렀다.

"꺼져 버려. 보는 것조차 역겨워. 이 더러운 냉혈동물. 꺼져, 다시는 내 앞에 나타나지마."

에타르는 주저앉아 울음을 터뜨렸다.

그러자 니네브가 말했다.

"이제야 알겠느냐? 이게 바로 네가 그에게 한 짓이다."

에타르가 울부짖었다.

신화로 읽는 심리학

"나는 그를 사랑해요!"

니네브가 이렇게 대답했다.

"너는 영원히 그를 사랑할 것이다. 그리고 그대로 죽게 될 것이다. 그야말로 끔찍한 죽음이지. 가서 죽어라."

그리고 펠레아스에게는 이렇게 말했다.

"다시 일어나서 새 삶을 살아라. 언젠가 참된 사랑을 만나게 될 것이다."

그러자 그가 대답했다.

"더 이상 아무도 사랑할 수 없습니다. 이제 끝이에요."

니네브가 말했다.

"아니다. 내 손을 붙들어라. 네 사랑을 찾아주마."

그 말은 듣고 펠레아스가 물었다.

"그때까지 제 곁에 계실 건가요?"

그녀가 대답했다.

"그래. 진정한 사랑을 찾을 때까지 네 곁을 지켜주마."

그리하여 두 사람은 평생 행복하게 살았다고 한다.

• • •

이 이야기를 통해 어떻게 누군가를 사랑하며, 그 사랑을 지속할 수 있을지에 대해 많은 교훈을 얻을 수 있다. 우리는 자기의 행동에 대해 책임을 져야 하며, 이를 통해 자기중심적인 사람이 다른 사람을 이해하고 동정하는 사람으로 '변신'할 수 있다. 누구에게나 사람을 사랑할 수 있는 잠재력이 있지만, 고통스러운 과정을 통해 자기의 참모습을 깨달아야만 그 잠재력을 발휘하게 된다.

니네브는 힘과 지위를 얻으려면 희생을 치러야 하며, 사회로부터 격리될 수 있음을 배웠다. 부, 지식, 지위, 재능, 미모 등을 통해 남다른 힘을 과시할 수 있지만, 스스로 특별한 존재임을 과시하려 할 때는 고독이라는 짐을 감수해야 한다. 또한 남을 위해 봉사한다고 해서 반드시 사랑받는 존재가 되는 것도 아니다. 사회적 책무와 사랑은 별개다.

단순히 잊어버리거나 좋은 일로 무마한다고 해서 다른 사람에게 상처를 준 아픔이 없어지지 않는다. 나 자신의 욕망을 위해 남에게 상처를 주면, 우리는 평생 그 짐을 안고 살아가야 한다. 단순히 나의 잘못을 깨닫고 인정하는 것은 진정한 의미의 참회가 아니다. 남에게 떠안긴 아픔을 진심으로 느껴야만 비로소 진정한 참회라고 할 수 있다. 참회는 나를 '변신'시킨다. 니네브가 멀린에게 한 짓은 돌이킬 수 없었지만, 그녀는 늙어 가는 중에 스스로 외로움을 느끼면서 비로소 자신의 잘못을 진심으로 뉘우치고 겸손해졌다.

니네브가 펠레아스 경을 도우려 한 동기는 사심 때문이 아니라, 에타르가 한 짓을 보면서 자기가 멀린에게 했던 짓이 떠올랐기 때문이다. 그녀는 펠레아스가 좋은 사람임을 알아보았고, 그의 아내가 예전의 자기처럼 남편을 말려 죽이고 있음을 간파했다. 에타르에 대한 니네브의 분노는 사실 자기 자신에 대한 분노였다. 그녀는 이 잘생긴 기사가 과거의 자기 같은 저질이 아니라, 괜찮은 여자를 만나길 원했다. 그래서 그가 더 이상 아무도 사랑할 수 없다고 절규하자, 또 다른 사랑을 찾을 때까지 함께하겠다고 맹세한다. 그러나 자기가 그 새로운 사랑이 될 줄은 미처 알지 못했다.

펠레아스를 위한 니네브의 행동은 이전의 그녀와는 딴판으로 전혀 사심이 없었다. 그녀가 에타르의 악행을 바로잡으려고 애쓴 이유는 과거에 자기가 다른 사람에게 준 아픔을 느끼고 진정으로 뉘우쳤기에 그러하다. 부끄러운 과거로부터의 진정한 '변신'이었다. 그 결과 그녀는 참된 사랑을 되찾았다. 인류는 그동안 참된 사랑과 행복한 결혼 생활의 비결을 찾기 위해 부단히 노력해 왔다. 이 신화에 모든 해답이 있는 것은 아니지만, 중요한 교훈이 담겨 있다. 사랑과 자아 발견 그리고 겸손과 진정한 연민이 그 해답의 열쇠라는 사실이다. 또한, 힘을 얻고 외로움을 피하기 위해 좋은 일을 하는 것과 진정한 공감에서 비롯된 봉사는 완전히 다르다는 것을 보여 준다.

알케스티스와 아드메토스

자기희생으로부터 얻은 것

이번에는 남편의 목숨을 구하기 위해 자기 목숨을 희생한 알케스티스의 이야기다. 이 그리스 신화는 가장 숭고한 자기희생의 상징으로 알려져 있다. 본디 인간에게는 자기희생이라는 허울로 다른 사람을 소유하려는 경향이 있다. 자기희생이라는 수단으로 상대방의 헌신을 얻어 내려는 얄팍한 수인 것이다. 그러나 이 이야기에는 다른 속셈이 있어서가 아니라, 마음에서 우러난 사랑 때문에 남편을 위해 자기를 희생한 사연이 담겨 있다.

알케스티스는 펠리아스 왕의 딸 중에서 가장 아리땁다는 이유로 많은 왕과 왕자의 청혼을 받았다. 그중 단 한 사람을 골라내기가 여의치 않았던 그녀의 아버지는 누구든 야생 멧돼지와 사자를 전차에 붙들어 매고 몰 수 있다면 그 사람에게 딸을 주겠노라고 공언했다. 그 소식은 곧 아드메토스 왕의 귀에 들어갔다. 그는 곧바로 태양신 아폴론을 소환했는데, 마침 아폴론은 제우스의 명령으로 1년 동안 아드메토스의 목동 노릇을 하고 있었다.

아드메토스가 태양신에게 물었다.

"제가 그대를 공손하게 대접하고 있다고 생각하십니까?"

아폴론은 이렇게 대답했다.

신화로 읽는 심리학

"그렇소. 그래서 당신의 암양들에 새끼 두 마리를 배게끔 했소."

그러자 아드메토스가 말했다.

"마지막 청이 있습니다. 펠리아스 왕의 요구를 해내서 알케스티스를 얻게 해주십시오."

아폴론이 대답했다.

"기꺼이 그리하리다."

그리하여 아드메토스는 사자와 멧돼지가 끄는 전차를 타고 경마장을 돌 수 있었다.

그런데 사고가 터졌다. 결혼식을 올린 아드메토스가 흥에 겨운 나머지 달의 여신 아르테미스에게 제사 드리는 것을 잊어버린 것이다. 아르테미스는 즉각 벌을 내렸다. 그날 밤, 취기로 얼굴이 빨개진 채 신방을 찾은 아드메토스는 예상치 못한 광경에 아연실색하고 만다. 침상에 나신의 신부 대신 뱀들이 똬리를 틀고 있었던 것이다. 아드메토스는 즉각 아폴론에게 도움을 청했고, 그는 친구를 위해 기꺼이 아르테미스와 협상했다. 그 결과, 아르테미스에게 제사를 드리는 것으로 일단락됐다. 한편, 아폴론은 아르테미스에게서 또 다른 약속을 얻어 냈다. 바로 아드메토스에게 죽음이 찾아왔을 때, 그의 가족 중 한 사람이 그를 대신해서 희생하면 목숨을 부지할 수 있다는 것이었다.

물론 처음부터 운명이 그러했던 것이겠지만, 그의 죽음은 예상보다 빠르게 다가왔다. 어느 날 아침, 하늘의 전령 헤르메스가 왕궁을 찾아와 아드메토스를 지하 세계로 소환했다. 그러자 큰 소동이 일어났다. 아폴론은 운명의 여신들을 술에 취하게 하여 아드메토스의 생명줄을 끊지 못하도록 잠시 시간을 벌었다. 그 사이 아드메토스는 늙은 부모를 찾아가 무릎을 붙들고 자기를 위해 여생을 포기해달라고 빌었다. 그러나 부모는 아직 세상에서 누릴 즐거움이 많이 남았다며 거절하였다. 그러고는 아드메토스에게 다른 사람들처럼 주어진 운명에 만족하라고 말했다.

그러자 알케스티스는 아드메토스를 위해 독을 마셨고, 그녀의 영혼은 지하 세계로 내려갔다. 그리하여 아폴론과 아르테미스가 협상했던 대로 아드메토스의 생명이 연장되었다. 그런데 지하 세계의 여신 페르세포네는 사랑하는 아내가 희생된 것을 좋게 보지 않았다. 그녀는 같은 여자로서 알케스티스의 사랑을 이해했기에 상을 주기로 했다. 그리하여 알케스티스는 산 자의 세상으로 되돌아왔고, 부부는 오래도록 행복하게 살았다.

· · ·

이 감동적인 이야기의 주제는 분명하다. 아내가 사랑하는 남편을 위해 희생하는 것보다 더 위대한 사랑은 없다는 것이다. 또한, 이 신화는 결혼의 본질과 삶의 의미에 대해서도 이야기한다.

신화로 읽는 심리학

이 결혼에는 처음부터 신이 개입되어 있었다. 강력한 힘을 가진 아폴론은 아드메토스의 종이자 친구로 등장하여 그를 도와준다. 그는 여기에서 무엇을 상징할까? 태양신인 아폴론은 빛의 이미지로서 인간의 정신과 의식의 빛을 상징한다. 아드메토스는 종교적인 인물로서 알케스티스의 아버지가 청혼자들에게 던진 과제를 완수할 수 있었다. 사자와 멧돼지를 함께 전차에 끌어 묶는 행위는 본능을 제어한다는 것을 의미한다. 아드메토스는 본능을 다스리려고 노력했고, 내면의 목소리에 끊임없이 귀를 기울였다. 그는 생명과 빛을 선택했기에 신붓감을 얻을 수 있었다.

아드메토스는 달의 여신 아르테미스에게 불경을 저지르지만 곧 용서받는다. 아르테미스는 야성의 상징으로, 아드메토스의 절제가 그녀를 분노케 했다. 그러나 아폴론 덕분에 아드메토스는 화를 면할 수 있었고, 수명 연장의 기회까지 얻었다. 누군가 그 대신 죽어 준다면, 죽음을 피하고 삶을 연장할 수 있게 된 것이다. 아폴론은 또 운명의 여신들을 술에 취하게 함으로써 아드메토스를 도왔다. 그리스 신화에선 신조차 운명의 여신들에게 복종해야 했다. 아드메토스는 종교적 헌신을 통해 운명의 여신이 상징하는 맹목적 강박(죽음)으로부터 벗어날 수 있었다. 이러한 내적 깨달음을 통해 심리적 죽음조차 잠시 미룰 수 있다.

아드메토스는 늙은 부모에게 자기를 위해 죽을 수 있는지 묻는다. 그들의 대답은 우리의 예상 밖이다. 그들은 단칼에 거절한다.

이것을 심각하게 받아들이자면, 자식에 대한 부모의 사랑 그리고 부모에 대한 자식의 사랑이란 그리 믿을 만한 것이 못 된다. 가족 간의 사랑이란 상호 존중에서 비롯되었다기보다는 상호 필요에 의한 의도적인 사랑인 경우가 많다. 그래서 정작 가족의 격려가 필요할 때, 오히려 상처를 받기도 한다. 오직 알케스티스만이 아드메토스를 위해 희생할 준비가 되어 있었다. 그녀에겐 그의 존재가 목숨보다 더 소중했다. 배우자를 위해 그렇게까지 희생을 할 필요는 없을지 모르지만, 배우자의 가치를 인정해 주고 나보다 배우자를 먼저 생각할 필요는 있다. 이러한 희생은 어떠한 보상을 바라거나 숨은 의도가 있는 것이 아니다. 마음 깊숙한 곳에서 솟아난 불가사의한 사랑 때문이다.

이러한 숭고한 사랑 때문에 지하 세계의 여왕 페르세포네는 알케스티스의 죽음을 받아들이지 않고, 그녀를 다시 산 자의 세상으로 돌려보낸다. 페르세포네는 이성으로는 이해하기 힘든 자연과 시간의 순환을 상징한다. 사회의 규칙이 아닌, 그보다 심오한 심리적 법칙을 반영하여 심판하는 것이다. 무의식의 세계를 관장하는 법칙으로 볼 수 있다. 알케스티스가 보상을 받은 이유는 그녀가 보상을 구하지 않았기 때문이다. 또한, 행복을 좇지 않았기에 행복해졌으며, 자기의 욕심보다 사랑을 앞세웠기에 사랑받을 수 있었다. 그녀처럼 늘 마음을 활짝 열고 사는 것은 실제로는 불가능하다. 그러나 잠시나마 나의 욕심이나 생각을 제쳐 두고 다른 사람을 먼저 생각할 수는 있다. 그리고 이를 통해 새로운 삶의 활력을 얻을 수 있다. 이러한 노력 없이는 결혼의 진정한 의미를 깨달을 수 없다.

오디세우스와 페넬로페

믿음이 운명을 바꾸다

오디세우스와 페넬로페의 결혼 이야기는 트로이 전쟁을 다룬 대서사시에서 등장한다. 여기에서는 시련과 유혹 속에서 피어난 신뢰와 정절의 놀라운 이야기가 그려진다.

이타카 섬의 영주인 오디세우스와 페넬로페 부부는 아들 텔레마코스를 낳고 행복하게 살고 있었다. 그러다 트로이 전쟁에 소집된 오디세우스는 전쟁이 길어질 것을 예상하고, 젊은 아내와 아이 곁을 떠나기 싫어 미친 척을 하기로 한다. 그래서 아가멤논과 팔라메데스가 찾아오자, 그는 당나귀와 황소에 함께 멍에를 씌워 밭을 갈고는 그 밭에다 소금을 심었다. 오디세우스는 미친 척을 해서 그들을 속이려 했지만, 팔라메데스 역시 매우 교활한 자였다. 그는 오디세우스의 어린 아들 텔레마코스를 붙들어서 짐승들이 갈고 있던 밭고랑에 눕혔다. 오디세우스는 재빨리 아들을 구해 냈고, 연극은 들통나고 만다. 결국 그는 마지못해 트로이로 떠나는 선단에 몸을 실었다.

트로이 전쟁은 10년이나 이어졌다. 마침내 집에 돌아가게 된 오디세우스는 가는 길에 또 다른 장애물을 만난다. 그는 뜻하지 않게 포세이돈의 노여움을 샀고, 바다의 신은 폭풍을 일으켜 오디세우스의 배가 길을 잃게 만들었다. 그 후로도 시련과 유혹이 이어졌다. 마녀 키르케가 사악한 주문을 거는가 하면, 예쁜 요정 칼립소와 나우시카 공주가 그를 유혹했다. 그러나 그의 마음에는 언제나 아내와 아들이 있었기에, 10년의 세월을 더 기다려야 했지만, 결국 그는 고향으로 돌아갔다.

한편, 페넬로페는 사랑하는 남편이 돌아오리라고 굳게 믿고 기다렸다. 그가 집을 비운 사이 많은 구혼자들이 이타카로 와서 그녀에게 오디세우스를 포기하고 자기와 결혼하자고 설득했다. 이타카 왕국이 탐이 났고, 페넬로페가 여전히 아름다웠기 때문이다. 그녀는 구혼자들을 물리칠 방법을 찾아야 했다(일설에 의하면 112명 이상이 찾아왔다고 한다). 그래서 그녀는 시아버지의 수의를 다 짜고 나면 구혼자 중 한 사람과 결혼하겠다고 약속한다. 그러고는 낮에는 열심히 수의를 짜다가, 밤이면 몰래 실을 풀어 버렸다. 때문에 수의를 결코 완성하지 못했다. 20년 동안 남편의 귀환을 믿는 것은 매우 힘든 일이었지만, 페넬로페는 믿음과 정조를 잃지 않았고, 마침내 집으로 돌아온 남편과 감격적인 상봉을 한다.

• • •

오디세우스와 페넬로페의 이야기는 오랫동안 이별했음에도 불구하고 유혹을 이겨 낸 부부의 정절을 그리고 있다. 부부가 서로에 대한 믿음을 잃지 않았기에 가능한 일이었다. 둘 다 지독히도 유혹을 받았고, 때론 실수도 하였다. 어떤 판본에는 페넬로페와 오디세우스가 잠시 한눈을 판 이야기도 나오는데, 20년 세월을 생각하면 이해할 법도 하다. 그러나 서로에 대한 사랑이 견고했기에, 지난한 인고의 세월을 견딜 수 있었다. 호메로스의 서사시 《오디세이Odyssey》를 보면, 오디세우스는 여인의 유혹을 받을 때마다 페넬로페와 텔레마코스를 생각했다고 한다. 비록 여인들이 오디세우스를 유혹했지만, 그의 마음을 훔치지는 못한 것이다.

베를 짜는 페넬로페의 이미지는 수천 년간 독자의 상상력을 자극했다. 그녀가 낮에는 베를 짜고 밤에는 풀며 만들었던 것은 바로 수의였다. 수의와 그녀의 정절 사이에 무슨 연관성이 있을까? 수의는 죽음을 상징한다. 즉, 사랑의 죽음, 과거와의 단절, 과거의 인연 끊기 등을 상징한다. 낮에는 베를 계속 짰지만, 홀로 있을 때는 그것을 다시 풀었다는 것은 남편을 떠나보낼 수 없다는 의미이다.

베 짜기는 우리의 인생과 같다. 여러 실들이 모여 천이 이뤄지듯, 여러 경험, 감정, 사건들이 모여 삶을 이룬다. 우리는 모두 태어나면서 각자 '인생'이라는 베를 짜기 시작해서 죽을 때에 완성한다. 페넬로페는 이제껏 짜온 베를 포기하지 않았다. 과거와 미래에 얽매이지 않고 현재에 충실했으며, 자기의 본능과 감정에 솔직했다. 또한, 결코 희망을 버리지 않았고, 헛된 망상에 사로잡혀

신화로 읽는 심리학

시간을 허비하지도 않았다. 매 순간 최선을 다하며, 성가신 구혼자들을 물리치기 위해 수의를 짜는 척했을 뿐이다. 현재에 충실하며, 남들이 뭐라고 하든 자기 마음을 지키는 게 결혼 생활을 유지하는 비결이다. 오디세우스는 아내와 아들을 생각하면서 자기의 신념을 지켜 냈다. 페넬로페는 '끝났다'고 여기지 않고, 평정심을 지켜 냈다. 우리가 깊이 본받아야 할 점이다. 진정한 사랑은 시간, 거리, 상실 등에 얽매이지 않는다. 사랑은 유한한 인간이 영원을 맛볼 수 있는 길이다. 진정한 사랑을 찾았다면, 영생의 비밀을 찾은 것이나 다름없다.

어쩌면 오디세우스와 페넬로페가 서로 멀리 떨어져 있었기에 그들의 사랑이 더 절절했던 것은 아닐까? 그들이 여느 부부처럼 붙어 지냈다면 과연 20년 동안 그렇게 뜨거운 사랑을 할 수 있었을까? 칼릴 지브란은 결혼에 대해 이렇게 말했다.

함께 있을 때 거리를 두라….
함께 하되 너무 붙지 말라.
집의 기둥은 서로 떨어져 있고,
떡갈나무와 삼나무는 서로의 그늘을 침범하지 않는다.

4

—

지위와 권력

세상 속에서 자기의 앞길을 펼쳐 나가는 것은 무척 두렵고도 흥분되는 일이다. 성공과 실패는 누구에게나 중요하지만, 다른 사람에 대한 연민을 잃지 않으면서 스스로 만족하며 살기란 여간 어려운 일이 아니다. 돈, 지위, 권력은 쟁취해야 할 대상이면서 동시에 우리가 가장 소중하게 여기는 가치이다. 신화에는 야망, 탐욕, 힘, 실패, 책임감, 무책임 등에 대한 이야기가 많다. 또한, 돈에 대한 우리의 태도와 그것의 상징적 의미를 담기도 하였다. 또한, 신화는 우리가 이 세상에서 어떻게 자기 자리를 찾아갈 수 있는지, 또 직업이란 어떤 의미인지에 대해서 말한다. 우리는 신화를 통해 사회의 구성원으로서 어떻게 더불어 살아야 할지에 대한 깊은 깨달음을 얻는다. 이렇듯 신화는 우리의 장점과 약점, 진실과 가식뿐 아니라, 잘못된 가치관, 잘못된 동기, 잘못된 태도 등을 가감 없이 보여 준다.

10장

주어진 길을 가다

'소명vocation'이란 단어는 '부르다'라는 라틴어에서 왔다. 소명에는 내면의 목소리 또는 사는 동안 이뤄야 할 것이라는 뜻이 내포되어 있다. 좋은 직업을 얻거나 돈을 모으는 것은 소명과 직접적으로 상관은 없지만, 내가 있어야 할 자리를 찾았다는 마음의 확신은 필요하다. 또한, 이러한 확신은 눈으로 확인할 수 있도록 외적 형태로 표현되어야 한다. 어떤 이에게 소명이란 최고의 자리에 이르는 것일 수도, 또 어떤 이에겐 아이를 잘 키우거나 정원을 아름답게 가꾸는 것일 수도 있다. 소명은 직업이나 일상생활을 통해 구현되며, 누구에게나 소명 의식이 필요하다. 그런데 소명을 어떻게 발견해야 할지, 또는 어떻게 구체화할지 난감해하는 경우가 많다. 소명은 내적 깨달음을 통해서 발견할 수도 있고, 어쩔 수 없는 외적 상황을 통해서 주어질 수도 있다. 신화는 그러한 예들을 잘 보여 준다. 또한 우리가 세상 속에서 자기의 길을 나아갈 때 해야 할 일과 하지 말아야 할 일에 대해서도 말해 준다.

루의 임기응변

만능 장인이 되다

다음은 켈트 신화의 주인공 루Lugh가 투아하 데 다난[12]의 궁정에 들어가기까지의 이야기이다. 이 이야기를 통해 우리는 인내의 중요성을 배울 수 있다. 소명은 내면의 목소리에 귀를 기울이는 것이기도 하지만, 바깥세상에 대해 신속하게 대응하는 것이기도 하다. 루는 변화무쌍한 인물로서 카멜레온 같은 변신 능력으로 자신의 길을 걸어 나간다.

어느 날, 투아하 데 다난, 즉 여신 다누Danu를 모시는 사람들이 타라Tara에서 성대한 집회를 열었다. 누아다 왕의 복위를 축하하는 성대한 잔치였다. 잔치가 한창 무르익을 무렵, 왕처럼 차려입은 낯선 사내가 왕궁 문 앞에 이르렀다. 문지기가 그의 이름과 용무를 물었다.

낯선 사내가 대답했다.

"나는 루라고 하오. 조부는 디안케트, 아버지는 키안이고, 외조부는 발로르, 어머니는 에흐네요."

그러자 문지기가 말했다.

---

12 투아하 데 다난(Tuatha Dé Danann)은 거인 신족으로 '다누를 어머니로 하는 종족'의 조상이라는 뜻이다. 다누는 켈트 신화에 등장하는 대지모신(大地母神)이자, 투아하 데 다난의 주신(主神)이다.-편집자주

"그렇군요. 하지만 당신 족보에는 관심이 없습니다. 직업이 무엇입니까? 어떤 분야의 장인이 아니라면 들어올 수 없습니다."

루가 말했다. "나는 목수요."

문지기가 대답했다. "목수는 필요 없습니다. 이미 루흐타이너라는 훌륭한 목수가 있지요."

루가 말했다. "나는 훌륭한 대장장이요."

문지기가 대답했다. "대장장이도 필요 없습니다. 고브니라는 뛰어난 대장장이가 있지요."

루가 말했다. "나는 능숙한 전사요."

문지기가 대답했다. "우리에겐 오그마라고 하는 전사가 있습니다."

루가 말했다. "나는 하프 연주자요."

문지기가 대답했다. "이미 탁월한 하프 연주자가 있습니다."

루가 말했다. "나는 힘뿐 아니라 전술도 탁월한 전사요."

문지기가 대답했다. "이미 그런 사람이 있습니다."

루가 말했다. "나는 시인이자 이야기꾼이요."

문지기가 대답했다. "필요 없습니다. 이미 이름난 시인이자 이야기꾼이 있습니다."

루가 말했다. "나는 마법사요."

문지기가 대답했다. "필요 없습니다. 이미 수많은 마법사가 있습니다."

신화로 읽는 심리학

루가 말했다. "나는 의사요."

문지기가 대답했다. "디안케트라는 의사가 있습니다."

루가 말했다. "나는 술 따르는 관원이오."

문지기가 대답했다. "그런 관원은 이미 아홉 명이나 있습니다."

루가 말했다. "나는 청동기를 만들 수 있소."

문지기가 대답했다. "필요 없습니다. 이미 크레드네라는 기술자가 있습니다."

그러자 루가 말했다.

"그러면 왕에게 이 모든 걸 혼자서 해낼 수 있는 사람이 있는지 물어보시오. 만약 그렇다면, 타라에 들어가지 않으리다."

그리하여 문지기는 궁에 들어가 왕에게 '루 일다나ioldanach', 즉 '만능 장인 루'가 찾아왔다고 아뢰었다. 왕은 체스의 최고수를 내보내 낯선 사내와 체스를 겨루게 했다. 루는 '루의 포위'라는 수를 써서 그를 이겼다. 그러자 왕은 그를 궁으로 불러들였다. 궁으로 들어온 루는 가장 지혜로운 사람을 위해 준비된 '현자의 의자'에 앉았다.

전사 오그마는 수십 마리 소의 힘으로도 들기 어려운 돌을 혼자서 움직이는 괴력을 뽐냈다. 이 거대한 돌은 더 큰 바위에서 떨어져 나온 조각이었다. 루는 이 돌을 집어서 원래 자리에 다시 놓았다. 그러자 왕은 루에게 하프를 연주해 보라고 했다. 루는 자장가를 연주했고, 왕과 신하들은 다음 날까지 잠에 곯아떨어졌다. 다음에 구슬픈 곡을 연주하자, 모두 울기 시작했다. 그 다음 흥겨운 곡조를 연주하자, 모두 즐거워했다.

왕은 이 모든 재능을 보고는 그의 재능이 적의 침략을 막는 데 유용할 것이라고 생각했다. 신하와 의논 끝에, 왕은 루에게 13일 간 왕위를 빌려 주었다. 그리하여 루는 투아하 데 다난의 전쟁 지휘관이 되었다.

· · ·

평범한 개인이 모든 것을 잘하기란 쉽지 않다. 또, 직업을 얻을 때 그 많은 재능이 모두 필요하지는 않다. 하지만 루의 이야기를 통해 끊임없이 변화하는 세상 속에서 나의 자리를 찾으려면 다양한 기술이 필요함을 알 수 있다. 이 고대 켈트 신화에는 매우 실용적인 교훈이 담겨 있다. 한 가지 분야에서 일한다 할지라도 다양한 관련 지식을 습득하는 것이 매우 중요하다는 것이다. 한 분야의 전문가가 되는 것은 수십 년 전에는 적합한 일이었다. 그 때는 고용 시장이 지금과 달랐고, 컴퓨터 시대가 시작되기 전이었다. 이제 세상은 엄청난 속도로 변하고 있다. 경쟁에서 이기고 목표를 이루려면 루처럼 다양한 재능을 갖춰야 한다.

루는 끈질겼다. 목표를 이루기 위해서는 이런 자질은 필수다. 그는 한 번 거절당했다고 해서 상처입고 포기하거나 화를 내지

신화로 읽는 심리학

않았다. 오히려 거절당할 때마다 다른 제안을 한다. 그는 자기가 모든 분야의 최고여서가 아니라, 여러 사람이 해야 할 일을 혼자서 해낼 수 있다는 것으로 왕을 설득하려 한다. 다양한 분야의 지식과 경험을 쌓아 놓았기에 이런 자신감이 나온 것이다. 그는 자기 자신을 믿었기에 사람들을 설득할 수 있었으며, 이러한 믿음은 자신의 경험으로부터 우러나온 것이었다. 이 신화를 통해 우리는 앞으로 어떤 준비를 해야 할지, 사람들에게 나 자신을 어떻게 소개해야 할지를 배웠다. 왕은 혼자서 여섯 사람의 몫을 해내는 사람을 고용할 수밖에 없었다. 그런 면에서 루는 지금의 시장을 이해하는 대단히 현대적인 인물이었다. 소명을 좇는 데는 이보다 깊고 심오한 주제들이 있다. 이는 차후 다른 신화들을 통해 살펴볼 것이다. 루의 이야기는 우리가 먼 여정을 떠나기에 앞서 먼저 두 발을 땅에 굳게 내딛는 것이 중요함을 가르쳐 준다.

두 형제 이야기

잘 사는 법

다음은 동아프리카의 이야기로, 우리가 원하는 것을 얻으려 할 때 반드시 지켜야 할 규범에 대해 가르쳐 주고 있다. 두 형제 중 하나는 이것에 실패했고, 다른 하나는 성공했다. 영리하거나 힘이 세서가 아니라, 다른 사람의 요구에 민감하게 반응했기 때문이다.

어떤 이에게 두 아들이 있었다. 큰아들의 이름은 므쿠라네 Mkunare였고, 작은아들은 카냥가 Kanyanga였다. 그들은 너무 가난해서 소 한 마리도 없었다. 결국 므쿠라네는 킬리만자로 산의 두 봉우리 중 하나인 키보 Kibo로 가겠다고 제안한다. 그곳의 왕이 가난한 이에게 자비를 베푼다는 소문을 들었기 때문이다. 그리하여 그는 가족을 구원하겠다는 소명을 품었다.

므쿠라네는 식량을 챙겨서 산으로 떠났다. 그러다 얼마 후 길가에 앉아 있는 한 노파를 만났다. 그녀는 눈이 너무 아파서 앞을 볼 수 없었다. 그가 그녀에게 인사를 건넸다.

노파가 대답했다.

"자네는 왜 이 길로 오게 되었지?"

므쿠라네가 말했다.

"산 위에 사는 왕을 찾아가는 길입니다."

노파가 말했다.

"내 눈을 핥아서 닦아 주게. 그러면 길을 가르쳐 주겠네."

그러나 핥기에는 노파의 아픈 눈이 너무 역겨웠기에, 그는 혼자 길을 떠나기로 했다. 산 위로 더 올라간 그는 코닝고Konyingo(작은 사람들)의 땅에 도착했다. 왕의 가축 방목장에 사람들이 모여 있었다. 므쿠라네는 키가 작은 그들을 아이들로 착각했다.

므루라네가 말을 건넸다.

"안녕! 아버지와 형들은 어디 계시니?"

그러자 코닝고가 대답했다.

"여기서 기다리면 오실 거예요."

므쿠라네는 저녁까지 기다렸지만, 아무도 오지 않았다. 밤이 되자 코닝고는 가축을 우리로 몰아넣었고, 저녁으로 짐승 한 마리를 잡았다. 하지만 므쿠라네에게는 고기 한 점도 주지 않았다. 그러면서 아버지와 형들이 올 때까지 기다리라고 했다. 지치고, 허기지고, 낙심한 므쿠라네는 산을 내려오기 시작했다. 그러다 길가에서 예전의 노파를 다시 만났다. 이번에는 노파에게 도움을 청했지만, 그녀는 아무런 말도 해주지 않았다. 사람이 살지 않는 땅에서 길을 잃은 그는 한 달간 헤맨 끝에 겨우 집으로 돌아왔다. 그는 가족에게 키보 꼭대기에서 가축을 기르는 사람들을 만났지만, 불친절하기 그지없는 사람들이었다고 말했다.

그 다음에 동생 카냥가가 가족을 구하기 위해 산을 올랐다. 그역시 길가에 앉아 있는 노파를 만났다. 그가 인사를 건네자, 노파는 길을 떠난 연유를 물었고, 그는 산 위의 왕에게 도움을 청하러 가는 길이라고 대답했다.

노파가 카냥가에게 말했다.

"내 눈을 핥아서 닦아다오. 그러면 길을 가르쳐 주마."

카냥가는 그녀를 불쌍히 여기고 눈을 깨끗하게 핥아 주었다.

그러자 노파가 카냥가에게 이렇게 말했다.

"계속 올라가면 왕이 사는 곳이 나올게다. 그곳 사람들의 키는 아이 정도밖에 되지 않지. 하지만 그들은 아이가 아니란다. 그들을 왕의 신하로 대접하고, 정중하게 인사를 드리거라."

산으로 올라간 카냥가는 코닝고 왕의 가축 방목지에 다다랐고, 거기에 있는 작은 사람들에게 정중하게 인사했다. 그들은 그를 왕에게 데려갔고, 왕은 그의 간청을 들은 후에 그에게 밥과 잠잘 곳을 허락했다. 코닝고의 호의에 대한 답례로 카냥가는 벌레가 농작물을 먹지 못하게 막아 주고, 적이 쳐들어오는 길목을 차단할 수 있는 주문과 약재를 가르쳐 주었다. 작은 사람들은 기뻐하며, 카냥가에게 각자 짐승 한 마리를 선물로 주었다. 그는 짐승 떼를 몰며 산을 내려왔다. 그리하여 카냥가와 그의 가족은 잘 살게 되었다. 한편, 사람들은 므쿠라네를 위해 노래를 지었는데, 아직까지 불린다고 한다.

므쿠라네야, 아버지들이 올 때까지 기다려라.

넌 도대체 왜 작은 사람들을 무시했느냐?

• • •

무크라네는 자기가 원하는 것이 무엇인지 알았다. 잘살아서 가족과 친지를 돕고 싶었다. 그러기 위해선 자신에게 도움을 줄 사람들의 호의가 필요했다. 그런데 목적을 이루는 데 너무 집착한 나머지, 주위 상황을 파악하지 못했고, 길에서 만난 불행한 사람을 불쌍히 여기지 못했다. 그는 노파를 역겹게 여기고, 작은 사람들을 주의 깊게 살펴보지 못했기에, 결국 아무런 도움도 얻지 못하고 빈손으로 돌아왔다. 우리 역시 자신이 원하는 것만 생각하며, 막상 눈앞에 닥친 현실을 제대로 파악하지 못한다. 지금을 제대로 살지 못한다면, 어떠한 인생의 목표도 이룰 수 없다.

므쿠라네가 만난 노파는 불쌍한 사람이었지만, 중요한 정보를 가지고 있었다. 그 정보 없이는 그가 구하려는 것을 얻을 수 없었다. 그녀는 불행을 겪으며 삶의 지혜를 얻은 사람들을 상징한다. 또한, 삶을 이해하기 위해 반드시 직면해야 할 아픔을 상징한다. 그녀가 주는 메시지는 분명하다. 그녀의 요청을 거절하면, 필요한 사실을 알 수 없고 결국 실패하고 만다는 것이다. 신화에는 이런 노파 같은 인물이 많이 나온다. 가난하고 병든 노인이 도움을 구하거나, 짐승이 도움을 필요로 하는 경우다. 여기서도 노인과 짐승이 자신의 요청을 외면하지 않은 사람에게 특별한 지식이나 도구를 선물한다. 우리 역시 살면서 그런 경우를 흔히 만나지만, 상황을 제대로 파악하지 못한 채 도움을 주지 못하는 경우가 많다.

므쿠라네의 두 번째 실수는 작은 사람들을 무례하게 대한 것이다. 그는 코닝고가 자신이 예상한 신하의 모습에 미치지 못하였기에, 그들을 함부로 대했다. 마찬가지로 우리도 다른 사람을 외모로 평가하고, 어쩔 때는 무례하게 대하며 바로 그들에게 성공의 열쇠가 있다는 사실을 깨닫지 못할 때가 많다. 작은 사람들이 실제로 어린아이였다고 해도, 아이 역시 정중하게 대하지 않으면 안 된다. 가축을 돌볼 정도로 지혜로운 아이들이라면, 마땅히 정중하게 대했어야 한다. 그러나 그는 그들을 모욕했고, 그 대가를 치러야 했다. 무크라네는 그들에게서 아무런 도움도 받지 못했고, 고향 사람에게는 코닝고가 불친절하다고 불평했다. 다른 사람에 대한 부정적 평가는 가끔 나 자신의 무지에서 비롯되는 경우가 많다.

카냥가는 형과 달랐다. 그는 노파를 불쌍히 여겼고, 그녀의 요청을 들어주었다. 노파의 아픈 눈을 핥아 주는 모습은 다른 사람의 아픔을 위로해 주는 것을 상징한다. 그 결과 카냥가는 작은 사람들에 대해서 알게 되고, 그들을 아이로 착각하지 않았다. 나아가 코닝고의 호의에 자기의 지식을 모두 전함으로써 성심껏 답례한다. 이는 보상을 얻기 위한 계산된 행동이 아니라, 마음에서 우러난 것이었다. 그리하여 그는 가축을 끌고 집으로 돌아올 수 있었다.

파에톤과 태양마차

과유불급

파에톤의 신화를 통해 세상 속에서 자기 자리를 찾아가는 젊은이들의 열망과 어려움을 엿볼 수 있다. 또한, 그 과정에서 결코 성급해서는 안 된다는 교훈을 얻는다. 아이가 자기의 소명을 찾기 위해 부모를 모방하는 것은 결코 지혜로운 일이 아니다.

하늘에 있는 태양신의 궁전은 휘황찬란한 광채를 띠며 그 위용을 자랑했다. 바로 이 아름다운 궁전에서 파에톤이 태어났다. 그의 어머니는 인간이었다. 파에톤은 황금 보좌에 앉은 아버지와 그 주위를 둘러선 시종들을 보았다. 일, 월, 년, 세기, 계절들이 아버지의 주위에 둘러섰고, 뮤즈들은 아름다운 음악을 연주했다. 태양신은 말없이 자기를 바라보는 아름다운 청년을 보고 깜짝 놀랐다.

그가 물었다.

"아들아, 네가 여기에 어쩐 일이냐?"

파에톤이 대답했다.

"땅에서 사람들이 저를 놀리고, 어머니 클리메네를 흉봅니다. 제가 신의 아들이라는 사실은 거짓이며, 그저 하찮은 인간의 아들이라고 말하면서요. 그래서 제가 정말 태양신의 아들이라는 증표를 얻기 위해 찾아뵈었습니다."

태양신이 자리에서 일어나 아들을 안았다. 그러고는 이렇게 말했다.

"나는 절대로 사람들 앞에서 너를 부정하지 않을 것이다. 만약 내 약속만으로 부족하다면, 스틱스 강 앞에서 맹세컨대, 네가 원하는 것은 무엇이든지 들어주겠다."

그러자 파에톤이 대답했다.

"그렇다면 저의 꿈을 들어주십시오. 하루 동안 제가 태양마차를 몰 수 있게 해주십시오."

태양신의 얼굴은 곧 어두워졌다. 그리고 슬퍼하며 이렇게 말했다.

"내가 경솔하게 말을 내뱉었구나. 내 약속을 취소할 수 있으면 좋으련만. 너는 스스로 감당할 수 없는 것을 구하였다. 너는 어리고, 인간이며, 네가 원하는 것은 신만이 할 수 있는 일이다. 네가 하려는 일은 오직 나만이 할 수 있지. 내 마차는 가파른 언덕을 올라가야 한다. 새벽의 기운찬 말들도 올라가기 쉽지 않은 길이다. 중반에는 하늘의 천정을 지나야 한다. 나도 가끔은 다리가 떨릴 정도로 높은 곳을 지나야 하지. 아래를 내려다보면 머리가 어질어질할 정도란다. 마지막 내리막길은 매우 가팔라서 고삐를 단단히 붙들어야 한다. 내가 마차를 내어 준다 해도 네가 과연 몰 수 있겠느냐? 약속을 지키라고 떼쓰지 말고 다른 소원을 말해 보아라. 하늘과 땅의 무엇이든 들어주겠다. 다만 이 일은 위험하니 그만두어라."

그러나 파에톤은 거듭 처음 말한 것을 졸랐고, 결국 태양신은 약속을 지킬 수밖에 없었다. 그는 아들의 손을 잡고 태양마차로 갔다. 마차의 축과 바퀴는 금으로, 바퀴살은 은으로 만들어졌으며, 굴레에는 보석이 박혀 있었다. 파에톤이 멍하니 마차를 바라보는 동안, 동이 트기 시작했다. 아버지는 시간에게 말의 굴레를 씌우게 했고, 아들의 얼굴에 마법의 오일을 발라서 불꽃에 상하지 않게 했다.

그러고는 이렇게 말했다.

"아들아, 막대기는 가급적 삼가고 고삐를 사용해라. 말들은 스스로 달릴 것이다. 말들이 너무 빨리 달리지 않게 신경 써야 한다. 또, 마차가 너무 낮게 달리면 땅에 불이 나고, 너무 높게 날면 하늘이 불탈 것이니 유의하여라."

그러나 젊은이는 아버지의 충고를 흘려들었다. 그는 마차에 뛰어올랐고, 말들은 아침 이슬을 가르며 내달리기 시작했다. 말들은 곧 기수가 평소보다 가볍다는 사실을 알아챘다. 말들이 서로 부딪히며 마차를 끌자, 마차는 곧 허공에서 이리저리 요동치기 시작했다. 파에톤은 덜컥 겁이 났지만 어떻게 고삐를 당겨야 할지 알 수 없었다. 그렇게 말들을 전혀 통제하지 못했다. 말들을 불러

보려 했지만, 그들의 이름도 알지 못했다. 당황한 그는 고삐를 놓쳐 버렸고, 즉시 말들은 엉뚱한 곳으로 내달리기 시작했다. 구름을 헤치고 질주하는 통에 불꽃이 일어 연기가 피어오르기 시작했다. 또, 별들을 향해 내닫자, 땅에는 한파가 몰아쳤고, 강물은 꽁꽁 얼어붙었다.

그러다가 말들은 갑자기 땅을 향해 내닫기 시작했다. 곧 식물들은 마르기 시작했고, 마른 나뭇잎에서 불이 붙었다. 세상은 불로 뒤덮였고, 파에톤은 불꽃에 휩싸였다. 그는 화염과 연기로 매우 고통스러워했다. 칠흑 같은 검은 연기가 그를 뒤덮었다. 그의 머리털에 불이 붙었고, 그는 마차에서 굴러떨어져 유성처럼 아래로 추락했다. 결국 바다가 그를 삼켜 버렸다.

태양신은 염려했던 대로 아들의 죽음을 지켜봐야 했고, 얼굴을 감싼 채 슬픔에 빠졌다. 그날에는 온 세상에 빛이 없었고, 오직 불꽃만이 피어올랐다고 한다.

· · ·

파에톤은 혈기 왕성한 여느 젊은이처럼 큰 인물이 되고 싶었다. 그러나 그는 사람들의 놀림에 상처를 받았다. 아무도 그가 태양신의 아들임을 인정하지 않았기 때문이다. 젊은이들은 흔히 자기부모 자랑을 하며, 부모의 성공과 지위를 통해 자기를 높이려 한다. 또한, 자기 출신을 부끄럽게 여겨 거짓으로 가족 배경을 꾸며 대는 경우도 적지 않다. 파에톤은 악하지도 어리석지도 않았지만, 성숙하지 못했기에 스스로의 노력으로 인정받으려 하지 않았다. 그는 세상 속에서 자기의 자리와 진정한 소명을 찾으려 했지만, 자기의 능력과 한계를 깨달을 때까지 인내하며 기다리지 못했다.

아들을 깊이 사랑하는 아버지는 아들을 위해 어떤 도움도 마다하지 않는다. 그래서 성급하게 아들이 원하는 것을 무엇이든 들어주겠노라고 약속한다. 그동안 아들을 돌보지 못한 것에 대한 보상이었다. 운전면허도 따지 못한 아들에게 자동차 키를 넘기거나, 능력도 없는 아들에게 가업을 물려주는 것과 마찬가지다. 많은 아버지가 가족과 시간을 보내지 못한 것에 죄책감을 느끼고, 물질적 보상으로 잘못을 만회하려 한다. 파에톤이 태양마차를 요구했을 때, 태양신은 충분히 비극을 예견할 수 있었다. 그래서 아들에게 그 일을 감당하지 못할 것이며, 그 어떤 인간도 그것을 해낼 수 없다고 경고했다. 하지만 그는 자기의 맹세를 저버릴 수 없었다. 사랑과 죄책감에서 비롯된 실수에 대해 책임을 져야 했던 것이다.

파에톤은 그리스 신화의 많은 주인공처럼 자만심의 희생자다. 그는 인간의 한계를 뛰어넘어 신처럼 되고 싶었다. 우리도 유명하고 돈이 많으며 힘 있는 사람이 되고 싶다. 내가 잘하는 것, 잘하지 못하는 것이 무엇인지 분별하기보다는, 거침없이 내키는 대로

신화로 읽는 심리학

살려 한다. 소명을 찾는 데는 많은 도전과 시험이 있다. 어릴 때에도 도전을 받으며, 중년에 진로를 바꿀 때에도 어려움을 겪는다. 자기에게 어떤 재능이 있는지를 깨닫고, 자기가 잘하지 못하는 것을 겸허하게 받아들이는 것은 매우 어려운 일이다. 어떤 이는 목표를 낮게 잡고 능력을 다 발휘하지 못한다. 어떤 이는 어쩔 수 없는 상황 때문에 꿈을 이루지 못한다. 또 어떤 이는 게을러서 아무런 꿈도 꾸지 않는다. 파에톤 같은 아이는 다른 사람을 모방해서 자기도 특별해지려 한다. 그러나 그들에겐 목표를 이룰 만한 자질이 부족한 경우가 많다. 이런 사실을 깨닫지 못하면, 큰 수치감과 슬픔에 빠지기 쉽다.

우리는 유명한 사람처럼 화려한 삶을 살기 원하며, 아무도 기억하지 않을 허접한 삶을 살까 두려워한다. 우리가 세상에서 이름을 날리려는 이유는 인생이 너무 짧고, 기회는 다시 오지 않음을 알기 때문이다. 때문에 파에톤이 불가능한 꿈을 꾼 것을 충분히 공감할 수 있다. 현대를 살아가는 사람들은 누구나 공허감과 무료감에 빠져 있다. 그럼에도 우리는 자기의 재능에 맞는 소명이 아닌, 허황된 야망을 품는 게 매우 위험함을 겸허히 받아들여야 한다. 파에톤의 실패를 허황된 꿈에 의한 경제적 재앙으로 볼 수도 있고, 또는 능력에 넘치는 과도한 의욕에 의한 직업적 망신으로 볼 수도 있다. 태양마차는 우리의 손길이 닿지 않는 곳에 있다. 우리는 손안에 들어오는 것을 꿈꿀 권리만 있을 뿐이다.

11장

욕망의 소용돌이

육체적 쾌락과 부에 대한 탐욕은 인간의 본성이다. 남보다 뛰어나려는 욕망 역시 그러하다. 이념과 도덕교육을 통해서도 이러한 본성이 사라지지는 않겠지만, 적어도 다른 사람에게 해를 끼치지 않게끔 통제할 수는 있다. 윤리를 통해 야망을 다스림으로써 다른 사람을 위해 나의 재능을 사용하는 것이다. 그러나 이는 말처럼 쉽지 않다. 신화에는 맹목적인 욕망으로 남과 자신을 망친 사람들의 이야기가 넘쳐 난다. 탐욕과 야망에는 여러 얼굴이 있다. 이를 어떻게 활용하느냐에 따라 건설적 또는 파괴적 결과가 초래된다.

아라크네

재능을 빛내는 겸손

재능에는 책임과 도전이 따르기에, 부러움의 대상이면서 동시에 위험한 것이기도 하다. 우리는 재능을 최대한 발휘해야 한다. 그러나 겸손을 잃지 말아야 한다. 아라크네의 이야기를 통해 겸손이 따르지 않는 재능은 결코 성공할 수 없음을 알 수 있다. 오히려 그 재능으로 다른 사람의 반감을 사거나 보복을 당할 수도 있다.

아라크네는 베를 짜는 데 남다른 재능을 타고났다. 그녀의 솜씨가 너무 뛰어났기에 평범한 시골 아낙들뿐 아니라 숲과 강의 정령들까지 그녀의 솜씨를 보기 위해 몰려들었다. 그녀의 자자한 명성은 마침내 여신 아테나의 귀에까지 들어갔는데, 사람들은 그녀의 재능이 여신 아테나 덕분이라고 말하곤 했다.

그런데 이 말에 아라크네는 기분이 상했다.

"아테나 덕분이라고? 내 재능은 누구의 덕도 아니야. 나는 이 세상 누구에게도 지지 않을 자신이 있다고. 아테나가 원한다면, 그녀와 겨룰 수도 있는걸."

친구들은 그녀의 말을 듣고 아연실색했다. 군중 속에서 한 노파가 나타나 그녀에게 이렇게 말했다.

"말을 가려서 하시게. 늙은이의 조언에는 지혜가 담겨 있다네. 여신을 존경하면 그녀의 힘을 얻을 수 있지. 인간의 작품이란 아무리 훌륭해도 한계가 있는 법이니까 말이네."

그러자 아라크네가 퉁명스레 쏘아붙였다.

"한심한 노파로군. 조언은 원하는 사람에게나 해주시죠. 아테나가 도전한다면, 받아 줄 용의가 있다니까요."

그때, 갑자기 분노에 찬 목소리가 들렸다.

"여기 있다."

노파가 서 있던 그 자리에 아테나가 나타나 소리쳤다.

"시합을 시작하자!"

아라크네는 잠시 멈칫했지만, 이내 평정심을 되찾고 아테나의 도전에 응했다. 베틀 두 채가 놓이고 곧 베 짜기가 시작되었다.

아테나는 베 짜기로 아테네의 아크로폴리스에 모여 있는 신을 표현했다. 제우스는 위엄이 있었고, 포세이돈은 삼지창을 들었으며, 그녀 자신은 인간에게 올리브 나무를 선물로 주는 장면이었다. 장면 한가운데에는 어리석은 인간들이 있었는데, 오만한 거인들은 산으로 변해 있었으며, 말 많은 소녀들은 짹짹거리는 새로 변해 있었다. 가장자리에는 올리브 잎이 둘러져 있었다.

반면, 아라크네는 신들을 조롱하는 장면을 표현했다. 제우스는 인간 여인을 유혹했고, 아폴론은 땅에서 목동 노릇을 했으며, 디오니소스는 술로 짓궂은 장난을 쳤다. 가장자리엔 담쟁이와 꽃들

신화로 읽는 심리학

이 둘러져 있었다. 솜씨가 너무나 뛰어났기에 짐승이나 수풀이 마치 진짜인 것 같은 착각이 들 정도였다. 그녀의 작품을 검사한 아테나마저 그 솜씨를 인정하지 않을 수 없었다. 화가 난 아테나는 손가락으로 아라크네를 가리키며 이렇게 외쳤다.

"영원히 베를 짜라. 그러나 네 작품이 아무리 아름다워도 사람들은 오히려 역겨워하며 쓸어버릴 것이다!"

아라크네는 자기의 몸과 팔다리가 줄어드는 것을 느끼고 경악했다. 눈 깜짝할 사이에 그녀는 이 세상의 첫 거미로 변해 버렸고, 영원히 실을 잣는 신세가 되었다.

• • •

누구나 한계선을 넘으면 불행이 찾아오며, 아무리 뛰어나고 재능이 출중하더라도 이를 피하지 못한다. 잠언에서는 이렇게 말한다.

'교만은 패망의 앞잡이다.'

여기에 그 좋은 예가 나와 있다.

아라크네는 자기의 재능이 너무나 뛰어나서 아무도 자기와 견줄 수 없다고 믿었다. 그러나 지나친 자랑 때문에 목숨을 잃었고, 영원히 거미줄을 쳐야 하는 신세로 전락했다. 신도 역시 시샘을 할 줄 알기에, 그들의 질투심을 유발하는 것은 그리 지혜로운 일이 아니었다.

우리 주위에서도 화가, 음악가, 가수, 배우 등 예술가들이 자기가 최고라고 믿고 안하무인인 경우를 흔히 볼 수 있다. 그래서 뛰어난 예술인이지만 함께 일할 수 없는 경우가 생긴다. 재능은 있지만 오만한 태도 때문에 감독이나 작가의 부름을 받지 못하는 배우나 모델도 많다. 비록 재능과 미모가 있어도, 겸손하지 못하면 그것을 꽃피울 수 없다.

폴리크라테스의 반지

오만과 탐욕

고대 그리스어로 '휴브리스hubris'란 자기의 한계를 모르는 지나친 오만을 뜻한다. 그들은 휴브리스, 즉 오만이 신의 분노를 야기한다고 믿었다. 그러나 벌을 초래하는 것은 결국 자기 자신이다. 폴리크라테스의 이야기는 오만과 탐욕이 만나면 반드시 망한다는 사실을 우리에게 일깨워 준다.

사모스 섬의 폭군 폴리크라테스는 세상에서 가장 운이 좋은 사람이었다. 그는 자기의 두 형제 중 한 명은 죽이고, 다른 한 명은 추방함으로써 섬을 독차지했다. 그의 선단은 연전연승을 거두었고, 배들은 각종 재화와 노예를 실어 날랐다. 부와 권력을 쌓자, 그는 이오니아 전체의 군주를 꿈꿨다.

승리에 도취한 폴리크라테스는 이집트의 왕 아마시스에게 동맹을 요청했고, 아마시스는 이를 수락했지만 곧 마음을 바꾸고는 폴리크라테스에게 이런 메시지를 보냈다.

"늘 운이 좋은 사람은 반드시 경계해야 합니다. 권력을 쟁취한 자에겐 반드시 적이 생기기 마련이며, 늘 성공만 하는 자는 신조차 시샘하기 마련입니다. 인간에겐 좋은 일과 나쁜 일이 모두 있는 법입니다. 아무런 염려 없이 끝까지 행복하게 살다 가는 사람을 본 적이 없습니다. 저의 충고를 들으십시오. 가장 소중한 보물을 취하여 신에게 바치십시오. 그러면 신의 분노를 피할 수 있을 것입니다."

폴리크라테스는 메시지를 듣고는 심사숙고 끝에 그 충고를 따르기로 했다. 그는 자신이 매우 소중히 여기는 에메랄드 인장 반지를 선택한 후, 화려한 배를 타고 바다로 나갔다. 신하들이 보는 앞에서 바닷속으로 반지를 던진 그는 이로써 신의 호의를 얻었다고 믿었다.

그러나 폴리크라테스는 집에 돌아오기도 전에 보물을 포기한 것을 후회하기 시작했다. 그 후로도 계속 자책했다. 일주일 후, 한 가난한 어부가 매우 큰 고기 한 마리를 궁으로 가져왔다. 종들이 고기의 배를 가르자, 배 속에서 바다에 던졌던 에메랄드 인장 반지가 나왔다. 그들은 그 반지를 주인에게 가져갔다.

폴리크라테스는 크게 기뻐했고, 이를 신이 자기에게 행운을 약속한 징조라고 생각했다. 그는 아마시스 왕에게 충고대로 하니 신이 제물을 다시 돌려주었다고 편지를 썼다. 이 소식을 들은 아마시스는 크게 놀라며 동맹을 철회하겠다는 답장을 보내왔다. 폴리크라테스가 재앙을 피할 수 없는 운명이라고 본 것이다.

그러나 오만한 폭군은 전혀 동요하지 않았다. 계속해서 권력과 부를 탐했으며, 성공에 도취해서 스스로를 무적이라고 믿었다. 어느 날, 폴리크라테스는 페르시아 총독 오로에테스에게서 자기

신화로 읽는 심리학

를 도와주면 막대한 보물을 주겠다는 전갈을 받는다. 욕심에 눈이 먼 폴리크라테스는 이 기회를 놓칠 수 없었고, 종을 보내서 오로에테스가 약속한 보물을 확인하게 했다. 그의 종은 보물이 가득한 여덟 개의 상자를 보았는데, 사실 상자에는 돌이 채워져 있었고 제일 윗부분만 황금과 보석으로 덮여 있었다. 돌아온 종은 폴리크라테스에게 자신이 본 대로 보고했다. 폭군은 그 즉시 떠나기로 결심한다.

그러나 그의 여정을 반대하는 예언과 징조가 잇달았다. 그의 딸은 그가 공중에 들린 채로 제우스의 씻김과 태양의 기름 부음을 받는 꿈을 꾸었다. 그러나 폴리크라테스는 그 꿈을 대단한 영예의 전조로 해석했고, 여러 반대에도 불구하고 길을 떠났다. 오로에테스는 그가 손안에 들어오자마자 바로 십자가에 그를 못박아 버렸다. 그리하여 천하에 아무것도 두려울 것이 없었던 자는 결국 하늘의 씻김과 태양의 기름 부음을 받았다.

• • •

폴리크라테스의 운명은 자초한 것이었다. 오늘날에도 이러한 예를 많이 볼 수 있다. 성공한 사업가나 정치인이 멈춰야 할 때를 모르고 폭주하다가 재앙을 부르는 경우가 얼마나 많은가. 현재의 성공에 만족하지 못하고 더 큰 것을 좇다가 망하는 경우도 많다.

성공은 오만을 낳는다. 우리는 언제나 자기의 한계를 깨닫고 잊지 말아야 한다.

폴리크라테스의 최대 약점은 탐욕이나 야망이 아니라, 신에 대한 무례함이었다. 신을 존경한다는 것은 종교를 통해 인간의 본성을 바꾸는 것을 의미하지 않는다. 자신의 인생과 다른 사람들을 존중하고, 다른 사람을 지배하려는 욕망을 견제하는 것을 의미한다. 아마시스는 폴리크라테스에게 신에 보물을 바치라고 조언한다. 여기에는 인간의 심리에 대한 심오한 진리가 담겨 있다. 세속적인 성취로 자신을 정의하는 사람은 내면의 정체성과 가치를 포기한 것이나 다름없다. 이러한 태도를 포기하면 영혼의 자유를 얻을 수 있으며, 상황이 어렵게 변한다 할지라도 자기의 정체성을 지킬 수 있다. 1929년에 증시가 붕괴되자, 많은 사람이 고층 빌딩에서 몸을 던졌는데, 돈이 없으면 살아갈 의미도 없다고 믿었기 때문이다. 이는 내면의 자기 가치는 결여된 채, 외면의 부로 자기 가치를 인식한 결과다.

폴리크라테스는 신에 대한 존경심 때문이 아니라, 신의 진노를 피하기 위해 제물을 바쳤다. 그가 바친 제물은 값비싼 반지였다. 제물은 기쁜 마음으로 자발적으로 바쳐져야 한다. 그렇지 않으면 무의미할 뿐이다. 폴리크라테스는 반지를 던지자마자 곧 후회했다. 진정한 희생은 온전히 자발적으로 이뤄져야 한다. 신이 반지를 거부하고, 물고기를 통해 돌려보낸 것은 충분히 이해할 만하다. 여기서 신은 깊은 무의식을 상징한다. 내면의 자아를 존중하지 못하면, 멸망을 자초할 뿐이다.

폴리크라테스의 오만은 스스로의 힘에 대한 맹신을 반영한다. 자만심은 타인의 의견에 대한 감수성을 파괴하고, 올바른 상황 판단력을 저해한다. 무엇이든 자기 뜻대로 할 수 있고, 남들을 함부로 대해도 된다고 믿는 사람은 다른 사람들의 반감과 분노를 자각하지 못한다. 때문에 필연적으로 적을 만들 수밖에 없다. 결국 어려운 상황에서 아무런 도움도 받을 수 없고, 패망의 길로 들어서는 것이다. 또한, 자기 잘못을 깨닫지 못하는 사람은 모든 사람을 원망하게 되며, 자기의 불행을 하소연해도 그 누구의 위로도 받지 못한다. 권력은 부패하며, 절대 권력은 절대 부패한다. 우리는 겸손해야 하며, 선하게 살아야 한다. 그러나 한번 권력의 맛을 보면 사람들의 말을 듣지 않고 결정적인 실수를 저지르고 만다. 폴리크라테스의 이야기는 우리에게 분명한 메시지를 전한다. 이 세상에서 성공을 지향하는 사람은 반드시 겸손을 겸비해야 한다는 것을 말이다.

미다스 왕

돈이 모든 것의 해답은 아니다

미다스 왕의 이야기는 과유불급의 전형적인 예다. 전대미문의 탐욕을 부렸던 주인공은 결국 마지막에 죗값을 치른다. 미다스는 신의 도움 없이 스스로 잘못을 뉘우치고 용서를 구한다.

마케도니아의 왕인 미다스는 쾌락을 사랑했다. 그가 젖먹이일 때의 일이다. 개미들이 밀 낟알을 옮겨다가 잠자고 있는 그의 입술 사이에 두었다. 이를 본 점쟁이들은 그가 나중에 큰 부자가 될 징조라고 해석했다.

정말 그러했다. 미다스는 큰 부자가 되었다. 그러나 대개의 부자들이 그러하듯, 더 많은 부를 쌓고 싶어 했다. 하루는 신에게 잘 보일 기회가 미다스에 찾아왔다. 디오니소스의 가정교사인 늙은 사티로스가 술에 거나하게 취해 장미 정원에 있는 모습을 발견한 것이다. 미다스는 사티로스를 꾸짖는 대신 닷새 밤낮으로 그를 친절하게 보살폈고, 그의 얘기를 재미있게 들어주었다. 그 후 그는 무사히 디오니소스에게 돌아갔다. 디오니소스는 늙은 술주정뱅이에게 호의를 베푼 미다스를 기특하게 생각했고, 무엇이든 상을 주겠노라고 했다.

신화로 읽는 심리학

미다스는 주저 없이 말했다.

"제 손이 닿는 것은 무엇이든 황금이 되게 해주십시오."

신이 웃으면서 대답했다.

"그렇게 해주마."

그러나 미다스는 신의 웃음소리가 못내 꺼림칙했다. 그는 정말로 소원이 이뤄졌는지 확인하기 위해 얼른 자리를 떴다.

왕궁으로 돌아오던 미다스가 나뭇가지를 꺾자 가지가 금방 황금으로 변했다. 신이 나서 돌멩이를 집자, 그것도 금덩이로 변했다. 그는 왕궁을 이리저리 다니며 기둥과 문지방을 만졌고, 그가 손대는 것마다 황금으로 변했다. 그는 가구도 모두 황금으로 바꾼 후 만족스러운 미소를 지었다.

마침내 날이 저물고 흥분이 가라앉자 그는 허기를 느꼈다. 그가 음식을 요청하자, 시종들이 손 씻을 대야를 가져왔다. 그러나 그가 손을 담그자 물이 황금으로 변했다. 미다스는 불현듯 불안해졌다. 그는 디오니소스의 웃음소리를 기억해 내고는 전율했다. 그가 먹으려고 손을 대는 것마다 황금으로 변했고, 기쁨은 절망으로 바뀌었다.

허기와 갈증에 지친 그는 결국 식탁에서 일어났고, 맛있게 밥을 먹는 부엌 시종을 부러워했다. 황금은 더 이상 그에게 위로를 주지 못했다. 오히려 그를 괴롭혔다. 막내딸이 달려와 그의 손을 잡으려다가 황금으로 변해 버리자 그는 서럽게 울기 시작했다. 어둠이 내리고 미다스가 침상에 쓰러지자, 어느새 침상은 차갑고 딱딱한 황금으로 변했다. 이불마저 황금으로 변해 버렸고, 그는 밤새 몸을 뒤척이며 떨 수밖에 없었다. 한때 최고 부자였던 그가 이제 가장 불쌍한 자가 된 것이다.

동이 트자 미다스는 디오니소스에게 달려가 제발 자기의 소원을 철회해달라고 빌었다.

디오니소스는 매우 즐거워했다.

"인간의 소원이란 어리석기 짝이 없지!"

그러나 디오니소스는 한때 친절했던 미다스를 위해 팍톨로스 강물에 몸을 씻게 해주었다. 허기와 갈증에 지친 미다스는 강물에 뛰어들었고, 그의 발자국마다 금가루가 흩어졌다. 그는 치료의 강물에 몸을 던졌다. 그가 물속에서 머리를 들자, 마침내 그의 소원은 씻겨 내렸고, 그는 다시 먹고 마실 수 있게 되었다. 한편, 팍톨로스 강가의 모래는 여전히 금빛으로 반짝인다고 한다.

· · ·

삶의 기본 욕구가 충족되지 못하면, 부도 아무런 소용이 없다. 부자든 빈자든 모두 일상의 소소한 즐거움을 통해 삶의 기쁨을 누린다. 일상의 즐거움을 누리지 못하는 사람에겐 막대한 부도 별 의미가 없다. 미다스의 치명적인 손길은 단지 좀 더 많은 부를 원했던 탐욕만을 상징하지 않는다. 사람의 내면에는 살아 움직이는 것들을 굳어 버리게 만드는 그 무엇이 있다. 그래서 많은 이들이 부에 대한 욕심으로 소소한 즐거움을 누리지 못하는 것이다. 미다스를 허기지게 만들었던 음식과 물은 삶을 풍요롭게 만드는 삶의 영양소를 상징한다.

미다스가 딸에게 손을 대자, 그녀 역시 황금으로 변했다. 우리가 진정 사랑하는 사람은 돈으로 살 수 없다. 이는 돈을 지나치게 사랑하다가 사랑하는 사람을 잃어버리는 것을 상징한다. 우리 주변에는 돈 버는 데만 혈안이 되어 가족도 친구도 잃고 홀로 되는 사람이 흔하다. 이 이야기를 통해 부로 행복을 살 수 있다고 믿는 것이 얼마나 어리석은 일인지 깨닫게 된다. 물론, 물질이 풍족하면 삶이 한결 편안해지고, 돈이 없으면 큰 곤궁을 겪는 것도 사실이다. 그러나 미다스에겐 풍요의 한계가 없었다. 그는 이미 쌓은 부로 만족하지 못했고, 더 많은 부를 추구했다. 결국 그의 탐욕이 모든 것을 망쳐 버린 것이다.

디오니소스는 그 정체가 애매모호하다. 미다스의 소원을 들어줬지만, 그의 불행을 즐겼기에 그러하다. 디오니소스는 혼돈과 쾌락의 신이며, 술, 마약, 춤 등으로 방종하게 사는 자들의 수호자다. 즉, 디오니소스는 원시적 생명력이자, 도덕에 무관심한 자연의 본성 그 자체를 상징한다. 그는 미다스에게 충고하지 않는다. 대신 그가 자기의 잘못을 통해 스스로 깨우치길 기다린다. 그리고 결국엔 팍톨로스 강물을 통해 그를 깨끗하게 씻겨 준다. 미다스의 머리가 물에 완전히 잠겼을 때, 복으로 가장한 저주가 씻겨 내렸다. 즉, 미다스는 자신의 생각을 버림으로써 일상으로 돌아올 수 있었다. 치명적인 탐욕을 다스리는 유일한 처방은 헛된 자부심과 욕망을 버리는 것이다. 이는 바로 종교에서의 가르침의 핵심이기도 하다.

우리는 복권에 당첨되면 행복할 것이라는 말을 많이 듣는다. 부가 모든 문제를 해결해 주리라 믿는 것이다. 그러나 예전보다 불행해진 복권 당첨자 역시 적지 않다. 친구를 잃어버리고, 더 이상 아무도 믿을 수 없는 경우가 허다하다. 물론 부 자체가 불행을 불러오는 것은 아니지만, 그렇다고 행복을 보장하는 것도 아니다. 소소한 일상에서 만족할 줄 아는 지혜가 필요하다. 미다스의 이야기는 부가 악한 것이라고 말하지는 않는다. 다만 탐욕은 우리가 사랑하는 모든 것을 변질시킬 만큼 강력한 힘을 가지고 있음을 일깨워 준다.

안드바리의 타락

바꿀 수 없는 한 가지

북유럽 신화에 나오는 난쟁이 안드바리Andvari의 황금 이야기는 리하르트 바그너Wilhelm Richard Wagner의 오페라 〈니벨룽겐의 반지Der Ring des Nibelungen〉에서 전해졌다. 바그너의 오페라에는 알베리히라는 난쟁이도 등장한다. 두 인물 모두 인간의 고통과 탐욕을 그리고 있다. 이 이야기에서는 좌절된 사랑에서 비롯된 고통을 잊으려 권력을 좇을 때 인간이 얼마나 추해질 수 있는지를 잘 보여 주고 있다.

난쟁이 안드바리에겐 황금이 많이 있었고, 또한 더 많은 황금을 만들 힘이 있었다. 그러나 이러한 부를 얻기 위해 엄청난 희생을 치러야 했고, 결국 그것을 지키지도 못했다. 어느 날, 강에서 물고기를 잡기 위해 헤엄치던 안드바리는 강바닥에서 반짝거리는 물체를 발견한다. 그것은 강 요정들의 금이었는데, 요정들은 그 금을 너무도 사랑하였다. 그런데 금보다 더 난쟁이의 눈길을 끈 것은 우아하게 헤엄치면서 난쟁이를 어르는 요정들의 자태였다. 그러나 그가 손을 내밀면 요정들은 요리조리 피해 달아났다. 안드바리는 좌절했다. 요정들은 계속해서 그를 어르며 유혹했고, 또한 그의 추한 외모를 놀리기도 하였다. 안드바리는 분노했고,

곧 검은 증오심이 그의 마음을 지배했다. 이제 그의 눈길은 오직 강바닥의 금에게 고정되었다.

난쟁이는 곧 물속으로 뛰어들어 금을 낚아챈 후 물 위로 헤엄치기 시작했다. 요정들은 금을 돌려달라고 울부짖었지만, 안드바리는 무시했다. 요정들은 보물만 돌려주면 쾌락의 끝을 보여 주겠다고 약속했지만, 안드바리는 그들이 준 상처와 모욕을 잊지 않았다. 그는 자신의 얼굴이 추하니, 아무도 자신을 원하지 않을 거라고 굳게 믿었다. 사랑을 얻으려면, 돈으로 그것을 살 수밖에 없다고 생각했다.

안드바리는 요정들을 바라보며 모든 신이 듣도록 큰 소리로 외쳤다.

"나는 너희의 쾌락 따위 원하지 않아! 나는 사랑을 버리겠다! 모든 신 앞에서 이제 나는 금과 금이 가져다줄 권력만 사랑할 것임을 굳게 맹세한다!"

이 말을 내뱉으면서 안드바리는 금을 낚아채 자기가 살던 곳으로 돌아가 버렸다. 그러고는 여러 주문을 통해 금으로 마법 반지를 만들어 냈다. 반지는 그에게 다른 난쟁이를 지배할 수 있는 힘을 주었고, 또한 더 많은 황금을 만들 수 있는 힘을 주었다.

안드바리는 황금을 껴안고 고통을 품은 채 영원히 어둠 속에서 홀로 살 수 있었다. 그러나 하늘 세계의 신들에게 문제가 생겼고, 그 결과 난쟁이의 세계도 그 여파를 비켜나지 못했다. 하늘의 제왕 오딘이 문제를 일으키자, 이를 수습하기 위해 막대한 양의 황금이 필요했다. 오딘은 약삭빠른 책사이자 불의 신인 로키에게 의견을 물었고, 로키는 즉시 난쟁이 세계에 충분한 금이 있다고 대답했다. 신들은 안드바리가 한 짓을 알고 있었지만, 아무도 난쟁이 세계의 일에 관여하지 못하고 있었다.

오딘의 승낙 하에 로키는 계략을 짰다. 그는 안드바리가 교활하여 금을 뺏는 게 쉽지 않을 것임을 잘 알았다. 그래서 먼저 바닷속 여신 란을 찾아가 숨이 넘어갈듯 소리쳤다.

"신들이 곤경에 빠졌어요! 오딘마저 위험한 지경이에요. 당신의 그물만이 그들을 구할 수 있습니다!"

바다의 여신은 창백한 눈을 크게 치켜떴다. 그녀는 하늘에서 벌어지는 일을 잘 몰랐기에, 로키 말의 진위를 가늠하지 못했다. 한편, 불의 신은 집요했다.

"사람을 낚을 때 쓰는 그물을 빌려주시오. 그 그물로 신들을 구할 수 있습니다."

그리하여 란은 그물을 내주었고, 로키는 그녀의 마음이 변하기 전에 얼른 그곳을 떠났다. 그는 곧 난쟁이 세계로 갔다. 그는 땅속으로 이리저리 난 터널과 미로 같은 방들을 지나 큰 동굴에 이르렀다. 나무둥치 같은 거대한 돌기둥이 천정을 받치고 있었고, 사방이 컴컴했다. 로키는 그곳에서 거대하고 잔잔한 연못을 발견했다. 그는 자기가 오는 소리를 듣고 안드바리가 물속에 숨었다는 것을 알아챘다. 로키는 란의 그물을 펴서 연못에 던졌다. 그리고 그물을 끌어올리자, 난쟁이가 그 속에서 괴롭게 꿈틀거렸다. 로키는 그를 그물에서 풀어 주고는 그의 뒷목을 꽉 잡았다.

안드바리가 말했다.

"원하는 게 뭐요?"

물론 그는 불의 신이 찾아온 이유를 알고 있었다.

로키가 말했다.

"물론 너의 황금을 원하지. 말을 듣지 않으면 목을 비틀어 버리겠다. 전부 내놓아라."

안드바리는 그 말에 치를 떨었다. 그는 로키를 자기의 대장간으로 인도했다. 대장간은 뜨겁고 연기가 자욱했다. 불빛에 황금 더미가 빛나고 있었다.

로키가 황금을 발로 차며 말했다.

"다 모아라."

안드바리는 신음과 저주를 섞어 중얼거리며 금덩이와 각종 금붙이들을 끌어모았다. 로키는 그 광경을 흐뭇하게 지켜보며 물었다.

"이게 전부 다인가?"

안드바리는 아무 말 없이 황금을 두 자루에 담아서 로키의 발앞에 내려놓았다.

로키가 난쟁이의 주먹 쥔 손을 가리키며 말했다.

"반지는 어디 있지? 숨기는 걸 보았다."

안드바리는 고개를 세차게 가로저었다.

로키가 말했다.

"반지를 자루에 넣어라."

안드바리가 애걸했다.

"제발 반지만은 갖게 해주시오. 그러면 더 많은 황금을 바치리다."

그러나 예사 반지가 아님을 직감한 로키는 난쟁이의 손을 비틀어서 억지로 반지를 빼앗았다. 언제 황금이 더 필요할지 아무도 모르는 일이었다. 반지는 아름다웠고, 로키는 반지를 자기 손가락에 끼었다.

"스스로 주기 싫다면, 힘으로 뺏을 수밖에."

그러자 안드바리가 말했다.

"거저 얻을 수 있는 것은 아무것도 없소."

그러나 로키는 그의 말을 무시했고, 자루를 둘러메고 대장간을 빠져나왔다.

난쟁이가 소리쳤다.

"너는 후회하게 될 것이다. 그 반지와 황금에게 저주를 내리노라. 그것을 취하는 자는 누구든 멸망하게 될 것이다! 누구도 내 보물을 즐기지는 못하리라!"

그러나 로키는 안드바리의 저주를 무시했다. 그리고 난쟁이 세계에서 빠져나와 오딘이 애타게 기다리는 하늘로 올라가 버렸다.

• • •

난쟁이 안드바리는 거절의 상처가 너무 깊었기에 권력을 좇는데 모든 인생을 걸었다. 사랑을 얻을 수 없자, 대신 부를 쌓아서 그것으로 다른 사람들을 지배하고자 한 것이다. 그러나 그는 부를 통해 행복을 얻지 못했고, 부마저 다른 무뢰배에게 빼앗기고 말았다. 이 신화는 물질에 종속된 인간 세계의 어두운 단면을 보여 준다. 오늘날에도 경제, 금융, 정치를 막론하고 그러한 모습을 쉽게 볼 수 있다. 가족 내에서도 유산이나 재산분할을 둘러싸고 비슷한 일이 일어나는 것을 볼 수 있다. 안드바리는 개인의 실망을 분노로 표출하면서 동료에 대한 정을 모두 잃어버린 인간의 표상이다.

앞서 지크프리트의 이야기를 통해 황금의 상징성을 이미 알아보았다. 강바닥에 깔려 있는 자연 상태의 황금은 각 개인의 내면에 잠재된 선천적 재능을 상징한다. 또한 황금은 천연자원을 상징한다. 천연자원은 자연 그대로 머물러 있을 수도, 또는 문명의 발전이나 파괴를 위해 쓰일 수도 있다. 안드바리는 스스로 못생겼다고 믿었기에 사랑을 포기하고 황금만 사랑하겠다고 공언했다. 그의 추한 외모는 그의 내면을 상징한다. 그는 요정의 경멸에

신화로 읽는 심리학

대해 증오와 분노로 대응한다. 우리에게 그런 추한 면이 있다고 해서, 꼭 추한 행동을 할 필요는 없다. 우리는 살아가면서 원하는 것을 언제나 얻을 수는 없다. 안드바리는 요정의 장난을 무시할 만큼 자신감도 관용도 갖지 못했다. 그는 요정을 만나기 전에 이미 마음에 상처를 입은 상태였다. 모든 잘못을 과거의 상처 탓으로 돌릴 수는 없다. 깊은 상처에 대해 우리는 증오심으로 반응할 수도, 이해심으로 반응할 수도 있다. 우리에겐 선택권이 있다. 그리고 스스로의 선택으로 미래를 만들어 갈 수 있다.

안드바리는 부정직한 방법으로 황금을 모았기에, 신에게서 아무런 동정심도 받지 못했다. 오딘은 황금이 필요해지자 아무런 주저 없이 안드바리의 동굴을 털었다. 안드바리 역시 도둑이었기 때문이다. 난쟁이는 내면의 어둠을 따름으로써 불행을 자초했다. 종교에서의 상벌이 아니더라도, 이를 충분히 이해할 수 있다. 행동에는 결과가 따르며, 우리가 남에게 행한 대로 남도 우리에게 되갚는다. 안드바리는 사랑으로 남을 대하지 않았기에, 그 역시 사랑받지 못했다. 그는 다른 난쟁이를 종으로 부렸기에, 불의 신로키 역시 그의 금을 빼앗고 그를 종으로 부렸다.

우리는 살면서 호된 교훈을 얻기도 한다. 이 신화에는 중요한 교훈이 담겨 있다. 부와 권력을 좇는 것은 마음의 고통으로 왜곡되어 나타난 부산물이라는 것이다. 이런 경우, 부와 권력을 위해서라면 인간관계의 단절도 불사한다. 이를테면 '악마와의 계약'인

셈이다. 다만 이 악마는 우리의 마음에 숨어 있다.

우리는 스스로를 되돌아볼 줄 알아야 한다. 우리는 아랫사람들을 어떻게 대하는가? 또, 돈을 거래할 때 얼마나 정직한가? 거절하기 힘든 제안을 앞에 두고 얼마나 원리 원칙을 준수하는가? 행복하지 않다는 핑계로 다른 사람에게 분노를 쏟아내지는 않는가? 그러한 행동에는 반드시 응분의 대가가 따르기 마련이다. 로키가 금을 빼앗지 않았다 해도, 안드바리는 어두운 동굴 속에서 친구도 없이 외롭게 살았을 것이다. 안드바리의 이야기를 통해 돈이 악의 근원이 아니라, 돈을 잘못 사용하는 우리의 태도가 그 근원임을 배울 수 있다.

12장

책임감을 가져라

성취에는 위험과 보상뿐 아니라, 책임감이 따른다. 권력을 좇는 것은 단순히 보상을 얻거나 원하던 것을 손에 넣는 것과는 차원이 다르다. 권력은 남을 어떻게 대하는지, 무엇을 소중하게 여기는지와 관련이 있다. 요컨대 권력은 일종의 봉사다. 신화에는 권력의 부침에 관한 이야기, 특히 신과 관련된 이야기가 많이 나온다. 권력을 잘 사용하려면 겸손과 지혜를 겸비해야 한다. 또한 아랫사람에 대해 존경심을 가져야 한다.

미노스 왕과 황소

행동에는 책임이 따른다

이 유명한 그리스 신화에는 신과의 약속을 지키지 않고, 힘을 함부로 사용할 때 어떤 일이 일어나는지 생생하게 그려져 있다. 흔히 권력은 부패한다고 한다. 그렇다면 왜 부패할 수밖에 없을까? 여기에는 힘을 가진 자가 부패로 인해 패가망신하는 모습이 담겨 있다. 미노스가 내린 선택과 그로인한 결과를 통해 대의를 지키는 것이 얼마나 중요한지 배울 수 있다.

한번은 하늘의 제왕 제우스가 아리따운 공주 에우로페를 보고 흑심을 품었다. 그러나 소녀는 쉽게 마음을 주지 않았다. 결국 제우스는 흰 소로 위장하여 바다 건너 크레타 섬에 들어갔다. 그러고는 그녀를 겁탈했는데, 그녀가 너무나 매력적이었던 나머지 제우스는 거듭 그녀를 찾아갔다. 바람둥이 제우스로선 매우 이례적인 짓이었다. 에우로페는 그로 인해 미노스, 라다만티스, 사르페돈 세 아들을 낳았다. 이후 에우로페에게 연정을 품은 크레타 왕 아스테리오스가 그녀와 결혼하고 세 아들을 양자로 삼았다.

세월이 흘러 아스테리오스가 죽자, 왕위를 두고 형제간에 다툼이 일어났다. 장자인 미노스는 바다의 신 포세이돈에게 계시를 보여 달라고 기도했다. 포세이돈은 미노스가 왕위를 잇는 것이

신의 뜻임을 증명하기 위해 바다에서 황소를 보내겠다고 약속했다. 미노스는 자기의 왕권이 포세이돈에게서 온 것임을 인정하는 증표로써 황소를 다시 신에게 바치겠다고 약속한다. 즉, 만인 앞에서 스스로를 위해 권력을 갖고자 하는 게 아니며, 또한 권력을 정의롭게 사용하겠노라고 공표한 것이다.

포세이돈은 약속을 지켰고, 멋진 흰 소가 바닷속에서 떠올랐다. 그러나 왕위를 차지한 미노스는 약속을 저버렸다. 탐욕과 허영심에 사로잡힌 그는 신에게 약속한 제물을 바치지 않을 방법을 생각하기 시작했다. 황소는 너무나 훌륭해서 죽이기 아까웠다. 제물로 죽여 버리기보다는 곁에 두고 종우로 삼고 싶었다. 그리하여 그 소를 아껴 두고 다른 좋은 황소를 잡아 제물로 바쳤다. 그러나 이것은 치명적인 실수였다. 신의 진노를 부른 것이다. 포세이돈은 미노스의 아내 파시파에를 바다에서 올라온 황소에게 정신없이 빠져들게 만들었다.

파시파에는 장인 다이달로스의 도움으로 불타는 욕정을 해소했다. 다이달로스는 나무로 마치 살아 있는 것 같은 암소를 만들었고, 파시파에는 이 나무 암소에 몸을 숨겼다. 황소는 가짜 암소에 속아 파시파에와 정을 통했다. 이 비정상적인 결합으로 태어난 인물이 인간의 몸에 황소의 머리를 가진 미노타우로스였다. 이 괴물은 오직 동정인 인간의 살만을 먹었다. 이 수치스러운 괴물을 숨기기 위해 미노스는 다이달로스에게 아무도 빠져나올 수

신화로 읽는 심리학

없는 거대한 미로를 만들라고 주문했다. 그리고 매년 아테네에서 아홉 명의 소년과 소녀를 잡아와 미노타우로스의 먹이로 주었다. 해를 거듭할수록 미노스의 시름은 깊어 갔고, 마침내 아테네의 영웅 테세우스가 나서서 크레타 섬으로 향했다. 테세우스는 미노스의 딸 아리아드네의 도움으로 미노타우로스를 죽이고, 끔찍한 저주로부터 크레타를 해방시켰다. 이후 슬픔과 죄책감에 시달리던 미노스가 죽자, 테세우스는 크레타와 아테네의 통치자가 되었다.

· · ·

모든 행동에는 책임이 따르며, 권력자의 행동에는 더 큰 책임이 따른다. 미노스는 꽤 괜찮은 왕이었다. 폭력이나 반역으로 왕위에 오르지도 않았고, 겸손하게 신을 공경했으며, 그들에게 칭찬도 받았다. 고대 신화에서 왕은 신의 대리자로 그려지며, 신의 은총으로 백성을 다스려야 했다. 그리고 신에게 충성을 맹세함으로써 왕권을 보장받았다. 지금이야 이러한 통치의 덕목이 거의 잊혔지만, 여전히 통치자에겐 불가사의한 무언가가 있다. 어떤 불가사의한 힘에 의해서 정직한 통치자에게 통치권이 주어지는 것 같다.

그러나 미노스는 점차 탐욕과 허영심에 무너졌다. 개인의 욕망을 위해 권력을 남용하는 자들 역시 마찬가지다. 권력을 쟁취한 사람은 처음에 가졌던 이상을 잊어버리고 오만에 빠져 스스로를 높이는 경향이 있다. 역사를 보나, 주위를 보나 권력을 잡은 후 예전의 자기를 잊는 사람은 수없이 많다. 바다의 신 포세이돈은 미노스가 왕위에 오르도록 도와주었고, 미노스는 마땅히 그에게 경의를 표해야 했다. 그러나 미노스는 원하던 권력을 얻자, 이에 만족하지 못하고 더 많은 욕심을 부렸다. 그러다 신을 우습게 여기는 치명적인 실수를 저지르고 만다. 당연히 신은 극도로 분노했다. 지금은 신의 심판을 믿지 않지만, 여전히 사람들은 묘한 방법으로 자기의 행동에 대한 응분의 대가를 치르고 있다.

미노타우로스는 미노스의 왕국과 미노스의 가슴속에 잠재된 맹목적이고 야만적인 그 무엇을 상징한다. 이 괴물은 타락을 통해 인간이 짐승으로 변해 가는 과정을 잘 보여 준다. 우리 역시 탐욕과 오만을 통해 인간성을 상실하고, 우리보다 약한 이를 짓밟는다. 미노타우로스는 젊은이의 살을 먹는다. 우리 역시 권력에 중독되어 인간성을 잃으면 나와 다른 사람을 파괴하게 된다. 단지 약하고 반항하지 못한다는 이유만으로 아이들을 함부로 대하거나 학대한다. 또한, 우리에게 빚을 졌거나 약점이 잡힌 사람들을 은근히 괴롭히면서 즐긴다. 사업을 잘하다가 무리한 욕심을 부려 한순간에 망한 사람들의 이야기를 수도 없이 들어왔을 것이다. 또, 헛된 욕망을 채우기 위해 더러운 짓을 일삼다가 결국에

신화로 읽는 심리학

는 공개적으로 망신을 당하는 경우도 더러 있다. 물론, 그것이 공개적으로 드러나지 않을 수도 있다. 사람들의 시선을 용케 피하고, 마음속 깊은 곳에 은밀하게 감춰 두는 경우도 있다. 그러나 하느님의 심판은 더딜지언정 몸서리칠 만큼 철저하다.

정의롭게 힘을 사용하는 것은 사람들에게 잘 보이기 위한 행동이 아니다. 그것은 하느님(우리가 뭐라고 부르든 간에)을 향한 우리의 헌신이다. 우리의 헌신이 진실할수록, 우리는 새로운 마음의 힘을 얻는다. 인기를 얻기 위해 헛된 약속을 남발한다면, 다른 사람을 속일 수 있을지는 모르지만, 자기 자신을 속이지는 못한다. 결국 양심의 가책을 받아 스스로 무너질 수밖에 없다.

아서 왕의 평시 군대

목표를 이룬 뒤에 일어나는 일

주로 아서 왕과 왕비의 대화로 이뤄진 짤막한 이 이야기에는 인간의 본
성에 대한 심오한 진리가 담겨 있다. 특히 우리가 원하는 것을 얻고 난 뒤
어떤 일이 일어나는지를 잘 보여 준다. 우리의 인격은 포만감이 아니라 몸
부림을 통해서 다듬어진다.

오랜 격변의 세월 끝에 아서 왕은 평화를 이루었다. 그는 막대
한 자원과 군대를 동원하여 적들을 궤멸하거나 적과의 화해를
도모했고, 마침내 브리튼 전역의 군주가 되었다. 이를 위해 아서
는 최고의 기사와 전사들을 끌어모았다. 그들은 모두 명성에 걸
맞게 왕을 위해 용감히 싸웠다.

마침내 평화를 이끌어 낸 아서 왕은 이제 군대를 어찌해야 할
지 고민에 빠졌다. 분쟁의 불씨는 언제나 살아 있는 법이기에 군
대를 전면적으로 해체할 수는 없었다. 그러나 전쟁도 없는 상황
에서 군대를 예전처럼 유지하는 것도 쉽지 않았다. 쓰지 않는 검
은 쉽게 녹이 스는 법이니 말이다.

아서는 전쟁이 아니라 평화가 사람을 망치며, 위험이 아니라 안
전이 사람을 겁쟁이로 만들고, 결핍보다는 풍요가 두려움을 부

신화로 읽는 심리학

른다는 사실을 배워야 했다. 그는 그토록 원했던 평화를 이루고 난 뒤에 분쟁 때보다 더 큰 아픔을 맛보아야 했다. 아서 왕은 용맹스럽게 전쟁터를 누비던 기사들이 무료감에 지쳐서 작은 일에도 화를 내고 공격적으로 변하는 모습을 걱정스럽게 지켜보았다.

그가 가장 신임하는 란슬롯마저 상대할 적수가 없어지자 지쳐가기 시작했다. 그는 마치 사냥감을 잃어버린 야수와 같았고, 점점 인내심을 잃고 분노를 드러냈다. 몸은 점점 야위고, 성격도 거칠어져 갔다.

란슬롯을 사랑했던 여왕 귀네비어는 스스로 무너져 내리는 그를 보고 슬퍼했다. 그녀는 란슬롯과 젊은 기사들의 문제를 아서 왕에게 이야기했다.

아서가 대답했다.

"뭐가 문제인지 모르겠소. 그들은 잘 먹고, 잘 자고, 마음껏 정을 통하오. 예전처럼 굶주림과 혹독한 훈련과 고통을 감내해야 할 필요도 없소. 그런데 만족은커녕 불평만 늘어가오."

그러자 여왕이 말했다.

"그들에겐 지금이 더 고통스러워요."

아서가 물었다.

"무슨 뜻이오?"

"그들은 할 일이 없어요. 오랜 꿈을 이루고 난 뒤에 더 이상 이뤄야 할 목표가 사라졌어요. 꿈이 이뤄지자 공허가 밀려온 것이죠. 아무도 그들을 필요로 하지 않아요. 사나운 개도, 빠른 말도, 아름다운 여인도, 용맹스러운 기사도 할 일이 없어지면 녹슬기 마련이죠. 란슬롯 경도 버릇없는 아이처럼 불평을 늘어놓고 있어요."

그러자 왕이 외쳤다.

"어찌해야 된단 말이오? 기사도가 무너져 내렸소. 암흑기에 나는 평화를 위해 모든 것을 바쳐 싸웠소. 이제 우리는 평화를 이루었소. 그런데 지금은 오히려 다시 전쟁이 일어나기를 내심 바라기까지 하오."

귀네비어 여왕이 말했다.

"전하만 그렇게 생각하는 게 아니에요. 평화가 찾아온 것은 사실이에요. 하지만 모든 사람에겐 작은 아픔들이 있기 마련이죠. 결국 평화란 작은 전쟁들의 결집체 같은 것이에요. 우리 주위에는 늘 작은 전쟁들이 있답니다. 사소한 문제로 이웃을 때리거나 이웃을 시샘하여 해치기도 하지요. 가족 간에도 다툼이 끊이지 않습니다. 군대가 동원되기에는 너무나 사소한 다툼이지만, 어느 한 사람이 해결하기엔 너무 큰 문제죠. 기사들에게 필요한 건 도전할 수 있는 목표입니다."

"젊은 기사들은 원정 같은 것을 하찮게 여기오. 늙은 기사들은 이미 참혹한 전쟁을 너무 많이 겪었소."

"위대한 목표를 위해 매진하는 것도 중요하지만, 나태에 빠지지 않는 것도 중요합니다. 사람들은 원대한 목표를 이루고 싶어 하지만, 혼자서 모든 것을 해낼 수는 없지요. 최고의 기사라도 마찬가지입니다. 우리는 작은 일들에 대해서 전쟁을 선포해야 합니다. 공동체를 은밀하게 압살하는 작은 악들을 발본색원해야 합니다. 비록 눈에 띄는 일은 아니겠지만, 이러한 전투를 위해 군대를 동원해야 합니다. 그러한 군대를 '왕의 정의 군대'라고 부르면 어떨까요? 모든 기사는 그 일원으로서 정의의 수호자가 되는 겁니다. 모든 사람이 참여할 수 있지요. 그러면 누구라도 원대한 목표를 이루는 일에 동참할 수 있을 겁니다."

왕비의 말에 아서 왕이 대답했다.

"이 전쟁을 어떻게 시작해야 할지 모르겠소."

"최고의 기사 란슬롯 경부터 부르세요. 그리고 최악의 기사와 함께 임무를 맡기세요. 그의 조카 라이오넬 경이 적임자로 보이네요. 가장 게으르고 쓸모없는 인간이니까요. 숙부를 보고 뭔가 배우는 게 있겠지요."

아서가 웃으며 말했다.

"최악과 최고의 만남이라. 그야말로 강력한 조합이겠군. 천하무적의 동맹이야."

그러자 여왕이 대답했다.

"그러한 동맹을 통해서만 전쟁을 이길 수 있습니다."

그리하여 여왕의 충고가 실제로 시행되었다. 이제 기사들에겐 새롭게 도전할 목표가 생겼다. 이 전쟁은 결코 끝나지 않았다. 싸워야 할 적이 하나의 집단이 아니라, 인간의 마음에 감춰진 작은 사악들이었기 때문이다.

· · ·

위대한 목표를 이룬 후에 깊은 슬럼프에 빠지는 경우가 많다. 나태해지면 마음으로부터 부패해질 위험이 커진다. 아서는 이러한 진리를 어렵게 깨달았고, 란슬롯과의 불륜으로 근심하던 귀네비어는 이미 알고 있었다. 오랜 역경 끝에 목표를 이루고 난 뒤에는 당연히 만족과 평안을 누릴 것 같다. 하지만 그 반대인 경우가 적지 않다. 힘들게 정상에 오르고 난 뒤 바라보는 풍경은 오히려 황량하기 짝이 없다. 목표가 무엇이든 간에 우리는 더 많은 것을 쟁취해야 한다는 강박에 시달린다. 그러나 이 이야기에는 인간의 마음속에 숨겨진 비밀이 들어 있다. 우리가 진정 신나게 사랑하고 내 전부를 던지는 대상은 우리가 손에 넣고 싶어 하는 그 목표가 아니라, 그것을 얻기 위한 몸부림 자체다. 비록 인정하기는 싫겠지만, 우리의 최선을 끌어내는 것 역시 바로 그 몸부림이다.

부와 명성을 쌓은 이들이 정서적, 육체적으로 피폐해지고, 급기야 영혼의 암흑에 빠지는 경우를 종종 볼 수 있다. 아서의 기사들은 온갖 역경에 맞서 최선을 다해 싸웠던 아서의 단면을 상징한다. 그러나 싸워야 할 대상이 사라지고 나면, 끓어오르는 의욕을 어떻게 분출해야 할까? 평화로운 때에 군대를 유지하는 것은 심각한 문제가 될 수 있다. 더 이상 싸워야 할 대상이 없어지면, 군인의 왕성한 사기는 급격히 저하되기 마련이다. 군인만이 그렇지는 않다. 의욕이 넘치는 사람은 누구든 목표를 달성한 뒤에 찾아오는 공허감에 빠질 위험이 크다.

귀네비어는 유일한 해답을 알았다. 삶의 의욕을 재충전하고, 미래에 대한 꿈을 재장전하기 위해서는 새로운 목표를 찾아야 한다. 그러나 그 목표는 개인적 야망 그 이상이어야 한다. 우리는 모두 공동체의 일원이며, 공동체에 기여해야 함을 깨닫는 것이다. 아서 왕의 평화는 그가 중년이 되어서야 이뤄졌다. 우리는 개인적인 도전과 성취를 경험하고 난 뒤에야 비로소 우리가 보다 큰 공동체의 일원임을 깨닫게 된다. 권력에는 책임이 따르며, 목표를 이룬 뒤에는 스스로를 되돌아보며 내가 이룬 것이 누구인지, 무엇을 위한 것이었는지 곰곰이 따져 보아야 한다.

솔로몬의 판결

책임감은 지혜로부터 온다

성경에 나오는 솔로몬의 이야기는 운 좋게 권력의 지위에 올랐을 때 반드시 지혜와 겸손을 겸비해야 함을 잘 보여 주는 예다. 솔로몬은 머리뿐 아니라, 마음으로 백성을 다스렸다. 그는 오만과 탐욕을 멀리했기에 하느님에게서 지혜를 선물로 받았다. 이런 점에서 그는 고금을 막론하고 매우 드문 인물이라 할 수 있다.

부왕 다윗이 죽자, 솔로몬이 뒤를 이어 이스라엘의 왕위에 올랐다. 그러자 솔로몬의 꿈속에 하느님이 나타나 이렇게 물었다.

"내가 너에게 무엇을 해줬으면 하느냐?"

그러자 솔로몬 왕이 대답했다.

"당신께서는 제 아버지인 다윗에게 은혜를 베푸셨습니다. 그러나 저는 어린아이에 지나지 않습니다. 그러므로 저에게 지혜를 주시어 백성을 다스리고 선악을 분별하게 하옵소서."

하느님은 솔로몬의 간청을 마음에 들어 했다.

"지혜를 원하는구나. 스스로를 위해서 장수와 부귀를 구하지도 않고, 원수를 죽여 주기를 구하지도 않고, 오직 사람들의 말을 듣고 가릴 줄 아는 지혜를 구하였노라. 네 말대로 내가 너에게 지혜롭고 총명한 마음을 주겠노라."

그리고 솔로몬이 꿈에서 깼다.

그 후 두 창녀가 솔로몬 앞에서 와서 섰다. 한 계집이 이렇게 말했다.

"나와 이 계집은 한 집에 삽니다. 내가 아기를 낳고 사흘이 지난 후에, 이 계집도 해산하여 저와 함께 있었지요. 우리 둘 외에는 집에 다른 사람은 없었습니다. 그런데 밤에 저 계집이 자기 아들 위에 누워 결국 아들을 죽이고는 제가 잠든 사이에 제 아들을 내 곁에서 가져갔습니다. 그러고는 제 아들을 자기 품에 누이고 죽은 아들을 제 품에 뉘었나이다. 새벽에 내가 젖을 먹이려 일어나 보니 아기가 죽어 있었는데, 아침에 자세히 보니 제가 낳은 아기가 아니었습니다."

그러자 다른 계집이 말했다.

"아니야. 살아 있는 아기가 내 아들이고, 죽은 아기가 네 아들이야."

처음 이야기를 꺼냈던 계집이 다시 말했다.

"아니야. 죽은 아이가 네 아들이고, 살아 있는 아기가 내 아들이야."

그들은 왕 앞에서 그렇게 계속 다투었다.

그러자 솔로몬이 말했다.

"서로 살아 있는 아기는 내 아들이요, 죽은 아기는 네 아들이라 하는구나. 칼을 가져오너라."

종들이 칼을 왕 앞으로 가져왔다.

솔로몬은 이렇게 말했다.

"살아 있는 아기를 둘로 나눠 반씩 나눠 주겠노라."

그러자 처음 말한 계집이 부르짖었다.

"왕이시여. 살아 있는 아들을 저 계집에게 주시고, 아기를 죽이지 마시옵소서."

반면, 다른 계집은 이렇게 말했다.

"내 아기도 네 아기도 아니라면 나눠 갖자꾸나."

그 말을 들은 왕이 판결을 내렸다.

"살아 있는 아들을 처음 이야기를 꺼냈던 계집에게 주고, 아기는 결코 죽이지 말라. 저 계집이 아기의 어미니라."

온 이스라엘 사람들이 왕의 판결을 듣고 그를 경외하였다. 하느님의 지혜가 그에게 있음을 보았기 때문이다.

・ ・ ・

정치적, 경제적, 사회적, 정서적 권력을 막론하고 권력에는 큰 책임이 따른다. 성경 속 솔로몬 이야기에서 이를 확인할 수 있다. 솔로몬은 무엇보다 백성 없이는 왕도 없음을 먼저 깨달았다. 중요한 것은 스스로의 영광이 아니라 백성이었기에, 그는 하느님이 소원을 묻자 백성을 잘 다스릴 수 있도록 지혜를 구했다. 그러나 슬프게도 권력자의 위치에 있는 수많은 사람들은 솔로몬이 보여 준 겸손한 태도를 갖추지 못한다. 만약 그들이 솔로몬의 지혜를 조금이나마 갖췄다면, 우리가 사는 세상은 어떻게 달라졌을까?

솔로몬의 판결은 전쟁 선포, 이자율 조정, 세금 인상 등에 관한 것이 아니었다. 아들을 잃은 한 여인과 또 다른 여인의 다툼에 관한 것이었다. 이것이 진정한 통치의 모습이다. 다른 사람의 마음에 관심이 없다면 통치자의 자리에 오를 자격이 없다. 높은 지위에 오르면 점차 주위의 일에 무관심해지고, 다른 사람의 감정에 무감각해지는 경우가 많다. 세속적인 목표를 이룬 이들은 일상 속에서의 인간성을 잊고 만다. 더 이상 어린아이를 위해 노심초사하거나, 기르던 짐승의 죽음에 슬퍼하거나, 저녁노을의 아름다움에 취하지 못한다. 솔로몬의 지혜는 군사력이나 경제력이 아니라, 사랑의 마음에서 비롯된 것이다. 그는 살아 있는 아기의 어미가 아기를 살리기 위해 결국 포기할 것임을 분명히 알았다.

이 세상은 완벽하지 않으며, 인간도 완전하지 않다. 솔로몬의 지혜는 우리가 얻을 수 있는 것이 아니다. 단지 우리가 어떤 결정을 내릴 때, 그 순간 잠시나마 빌릴 수 있을 뿐이다. 우리는 중요한 직책에 오를 때, 무엇을 위해 또 누구를 위해 봉사하는지를 분명히 기억해야 한다. 솔로몬은 지혜로운 판결을 통해 모든 백성의 경외심을 얻었고, 아무런 반발 없이 왕위에 오를 수 있었다.

권력자의 지위에 오르고도 끊임없이 자리를 잃을까 근심하는 이들이 명심해야 할 점이다. 겸손과 진정한 봉사의 정신이 깃들지 않은 권력은 오래 지속될 수 없다.

5

인생의 통과의례

고통의 원인, 종교적 존재의 탐구, 죽음의 수수께끼와 같은 문제들은 유사 이래로 철학, 신학 등의 주제였다. 신화는 이러한 인생의 통과의례에 관해 깊은 통찰을 제공한다. 또, 해답을 찾기 어려운 문제에 대처할 수 있도록 도움을 준다. 인간은 삶의 고비를 통해 성장하지만, 아픔 속에서 긍정적인 의미를 찾기란 결코 쉽지 않다. 때문에 그런 고비의 순간에 담긴 깊은 의미를 이해하지 못한 채 좌절하고 상심하는 경우가 많다. 세상의 불가사의는 이해하기가 무척 어렵다. 우리는 신화에 기록된 초월적 힘과의 만남을 통해서 세상을 보다 폭 넓게 이해할 수 있다. 이러한 가르침은 때때로 과학이나 종교에서의 교훈보다 더 효과적이다. 인간에겐 위대한 힘이 있다. 가장 어려운 순간에 담긴 의미를 깨달을 때 비로소 이러한 힘을 실체화할 수 있다.

13장

삶에 고난이 찾아올 때

이별과 상실은 인간이라면 누구나 경험하는 아픔이다. 이러한 고통 없이 살아가는 사람은 아무도 없다. 종교는 그동안 왜 우리가 원하지 않거나 부당하다고 여기는 고통을 당해야만 하는지에 대한 해답을 주기 위해 노력해 왔다. 비록 만족스럽지는 않지만, 그러한 대답을 통해 아픔을 다소 덜어 내기도 하였다. 한편, 신화는 우리가 왜 고통을 당하는지, 어떻게 하면 고통을 피할 수 있는지에 대해 해답을 주지 않는다. 단지 이야기를 통해, 극심한 고통 속에 깊은 의미가 있으며, 이를 통해 우리가 바뀔 수 있음을 간접적으로 알려 줄 뿐이다. 신화 속 이별과 상실의 이야기를 통해 우리는 나만 그런 고통을 당하는 게 아님을 깨닫게 된다. 신화의 깊은 의미를 이해한다면, 고통의 유일한 치료제가 인생의 수수께끼에 대한 가르침이 아니라, 인간의 고통에 대한 공감과 동정에 있음을 알 수 있다.

욥의 시련

고통의 수수께끼

성경에 나오는 욥의 이야기를 통해 인생은 불공평하며, 반드시 선에는 상이 따르고 악에는 벌이 따르는 것이 아님을 보게 된다. 욥은 영문을 모른 채 극심한 고통에 빠졌지만, 끝까지 하느님에 대한 믿음을 저버리지 않았다. 그가 왜 그런 시련을 겪어야 했는지 알 수 없지만, 욥은 끝까지 하느님의 지혜에 대한 믿음 즉, 삶에 대한 신뢰를 저버리지 않았다.

옛날, 우스 땅에 욥이라는 사람이 있었다. 그는 순전하고 정직하여, 하느님을 경외하며 악을 멀리했다. 일곱 아들과 세 딸을 둔 그는 많은 가축을 거느린 큰 부자이자, 동방에서 가장 위대한 사람이었다.

그러던 어느 날, 욥에게 재앙이 닥쳤다. 하루는 천사가 하느님 앞에 섰는데, 그중 사탄도 있었다. 하느님이 사탄에게 어디서 왔느냐고 묻자, 사탄은 이렇게 대답했다.

"땅을 여기저기 두루 돌아다니다가 왔나이다."

하느님이 사탄에게 말했다.

"혹시 욥을 눈여겨보았느냐? 그처럼 순전하고 정직한 자는 땅 위에 없느니라."

그러자 사탄이 대답했다.

"욥이 어찌하여 하느님을 두려워하겠습니까? 당신께서 그가 하는 모든 일에 복을 내려 주시지 않았습니까? 그가 가진 것을 한번 쳐보십시오. 그리하면 하느님을 욕할 것입니다."

하느님이 사탄에게 이렇게 말했다.

"좋다! 그의 소유물을 모두 네 손에 주겠노라. 대신 그의 몸에는 손을 대지 말거라."

사탄은 만족해하며 하느님 앞에서 물러났다.

이후 욥에게 불행이 휘몰아쳤다. 소와 나귀와 낙타를 모두 강탈당했고, 그의 종들은 칼에 맞아 죽고 말았다. 하늘에서 불이 떨어져 양들이 모두 불타기도 했다. 또, 가족이 함께 모여 밥을 먹을 때, 큰 바람이 휘몰아쳐 집이 무너지고 그의 자녀가 모두 죽고 말았다.

욥은 옷을 찢고, 머리를 밀고, 땅바닥에 몸을 던졌다. 그러고는 이렇게 말했다.

"모태에서 벌거벗고 태어났으니, 죽을 때도 알몸으로 돌아가겠습니다. 하느님께서 주신 것을 스스로 가져가시지만, 하느님을 찬양하겠나이다."

사탄의 말이 틀렸다. 욥은 재앙 속에서도 하느님을 결코 저주하지 않았다.

사탄이 다시 하느님 앞에 섰고, 하느님은 이렇게 말했다.

"욥을 보았느냐? 그만큼 온전하고 진실한 자는 세상에 없느니라. 네가 나를 부추겨 까닭 없이 그를 치게 하였으나, 모두 헛일이었다."

그러자 사탄이 대답했다.

"사람이란 제 목숨을 건지기 위해서라면 내놓지 못할 것이 없습니다. 이번에는 그의 뼈와 살을 쳐보십시오. 그리하시면 정녕 하느님을 욕할 것입니다."

사탄의 말에 하느님이 이렇게 말했다.

"좋다! 너에게 이걸 맡겨 보겠노라. 하지만 그의 목숨만은 건들지 말거라."

사탄은 하느님 앞에서 물러가 욥을 치고는 그의 발바닥에서 정수리까지 악창이 나게 했다.

욥은 잿더미 가운데에 앉아 하느님께 기도했다. 그의 아내가 그에게 이렇게 말했다.

"아직도 요지부동입니까? 하느님을 욕하고 죽으셔요."

그러자 욥이 대답했다.

"어리석은 여인처럼 말하다니요! 우리가 하느님에게서 복을 받았는데, 재앙은 어찌 거절하겠소?"

욥은 극심한 고통 가운데서도 하느님을 결코 저주하지 않았다.

욥의 친구들이 위로하고자 그를 찾아왔다. 그러나 그들은 아무런 위로를 주지 못했다. 그들은 하느님을 이해하는 듯 말했지만,

이는 전혀 사실이 아니었다. 욥이 자기도 모르는 사이에 죄를 지어서 벌을 받은 것이라는 그들의 말은 욥에게 아무런 위로가 되지 못했고, 오히려 슬픔만 더해 준 꼴이 되었다.

하느님은 그들의 말에 화를 내며, 폭풍 가운데서 욥에게 이렇게 말했다.

"부질없는 말로 나의 뜻을 가리려는 자가 누구냐? 내가 땅의 기초를 놓을 때에 너는 어디 있었느냐? 네가 하늘의 법도를 아느냐?"

하느님은 계속 이러한 질문을 욥에게 던졌다.

그러자 욥이 대답했다.

"미천한 제가 하느님께 무엇이라 대답하겠습니까? 손으로 입을 가릴 뿐이옵니다. 한두 번 그런 말은 했지만, 다시는 그 말을 하지도, 그런 질문에 대답하지도 않겠나이다."

그 후에 하느님은 사탄이 욥을 치기 전보다 더 많은 복을 욥에게 내렸다. 그는 다시 일곱 아들과 세 딸을 두고 140년을 살며 4대손을 보았다. 그렇게 오래 살다가 늙어 죽었다고 한다.

· · ·

디즈니 동화에서와는 달리 실제로는 악한 자가 벌을 받지 않고, 선한 자가 부당하게 당하는 경우가 있다. 젊은이들이 병마에 쓰러지고, 무수한 살인을 저지른 독재자가 장수를 누리기도 한다. 이러한 문제는 수천 년간 종교적 논쟁거리가 되어 왔다. 어떤 종교의 지도자도 선을 명확하게 정의 내리지 못했지만, 인간은 삶의 공식을 발견하여 여러 문제를 피해 왔다.

욥의 이야기를 통해서 배울 수 있는 것은 고통의 원인이 단순히 죄에 따른 징벌이 아니라는 점이다. 욥은 죄를 짓지 않았지만 고통을 겪었다. 하느님과 사탄의 대화를 통해서 우리는 이 세상에 도덕 이상의 비밀이 있음을 알 수 있다. 하느님이 욥을 사탄에게 넘겨 준 이유에 대해서는 명확한 설명이 없다. 다만 사탄이 하느님께 욥에 주는 은총을 거두면 그는 하느님을 믿지 않을 거라고 도전했다는 사실만 알 수 있을 뿐이다. 욥은 하느님의 본성을 의심하지 않았다. 하느님은 하느님 그 자체이기 때문이다. 그래서 고통의 원인을 찾기 위해 자기의 죄를 아무리 살폈지만, 찾을 수 없었다. 고통에는 이유가 없다. 고통은 삶의 일부분이다. 하느님을 산타클로스처럼 생각하는 사람이라면 이를 받아들이기 어려울 것이다. 우리는 세상의 불가사의 앞에 겸손해져야 하며, 살면서 겪는 아픔과 상실, 그리고 의문을 있는 그대로 받아들일 줄 알아야 한다.

욥의 친구들은 좋은 의도로 그에게 충고했지만, 고통에 대해 얄팍하게 이해했을 따름이었다. 그들은 욥의 고통 받는 마음을 전혀 움직이지 못했다. 사실 그들은 욥의 아픔을 잠재움으로써 자기의 두려움을 감추려 하였기에, 욥에게 별다른 도움이 되지 못한 것이다. 고통 받는 이와 함께 우는 데에도 적당한 시기와 법칙이 있다. 고통당하는 사람 곁에서 아무 말 없이 함께 있어 주는 것만이 진정한 위로가 된다. 또한, 세상의 불가사의에 대해 인간적인 해답을 제시하는 것은 신에 대한 모독이 될 수 있다.

이야기의 말미에 욥은 재산을 회복하고, 새로운 자녀들을 얻는다. 그러나 죽은 자녀들은 돌아오지 않았다. 우리는 과거를 지우거나 과거의 상처를 완전히 잊을 수 없다. 욥은 시련을 통해서 새롭게 태어났으며, 우리 역시 그래야 한다. 욥처럼 극단적인 고통을 겪지는 않을지도 모른다. 그러나 우리 역시 부당하고 생각되는 고통을 겪을 것이며, 뜻하지 않은 상실을 경험하게 될 것이다. 욥의 이야기는 우리에게 이성으로 설명하기 어렵다 해도 하느님과 세상에 대한 신뢰를 잃지 말아야 함을 가르친다. 그래야만 우리가 고통과 상실을 통해 새롭게 거듭날 힘을 얻을 수 있기 때문이다.

신화로 읽는 심리학

오르페우스와 에우리디케

슬픔에 대처하는 법

오르페우스와 에우리디케의 슬픈 이야기를 통해 상실이 주는 고통과 상실을 멈추려는 헛된 시도에 대해 알아보자. 상실에 대처하는 쉬운 해결책은 없다. 그러나 신화를 통해서 상실의 아픔을 승화시키는 불가사의한 방법에 대해 작은 실마리를 얻을 수 있다.

오르페우스는 아름다운 음악을 연주하는 자로 명성이 드높았다. 그는 뮤즈 칼리오페와 트라키아 왕 오이아그루스의 아들로 알려졌지만, 혹자는 그가 태양신 아폴론의 아들이라고 말했다. 아무튼 그는 아폴론에게서 황금 리라의 연주법을 배웠는데, 그 연주가 너무나 황홀했기에 흐르는 냇물도 멈췄으며, 바위와 나무조차 들썩였다고 한다.

돌에게조차 생명을 불어넣는 연주로 그는 에우리디케의 마음을 얻었고, 행복한 결혼 생활을 시작했다. 그러나 에우리디케가 독사에게 물려 죽고 만다. 비통에 빠진 오르페우스는 구슬픈 가락을 연주하였고, 장례식에 참석한 모든 사람의 심금을 울렸다. 에우리디케가 없는 삶은 무의미하였기에, 오르페우스는 살아 있는 자의 출입이 금지된 하데스의 문을 찾아갔다.

오르페우스의 연주가 너무나 치명적이었기에, 죽은 자의 영혼을 스틱스 강 너머로 옮겨 주는 사공 카론은 오르페우스의 혀에 동전이 있는지 확인하는 것을 잊어버렸다. 연주에 홀린 늙은 뱃사공은 아무런 의심 없이 산 자와 죽은 자의 세계를 가르는 검은 강을 노 저어 갔다. 오르페우스의 연주가 너무나 감동적이었기에 죽음의 문을 가로지르는 철장마저 저절로 열렸고, 죽음의 통로를 지키는 머리 셋 달린 개 케르베로스마저 입을 다물고 주저앉았다. 그리하여 오르페우스는 아무런 제재 없이 명계冥界로 들어섰다. 타르타로스[13]에서 끝없이 고통 받던 영혼들은 잠시나마 위로를 얻었고, 지하 세계의 군주 하데스의 굳은 마음마저 잠시 부드러워졌다. 죽은 자들의 왕과 왕비 앞에 무릎 꿇은 오르페우스는 가장 신비한 멜로디를 연주하면서 부디 에우리디케가 산 자들의 땅으로 돌아갈 수 있게 해달라고 간청했다. 지하 세계의 여왕 페르세포네가 남편의 귓가에 무언가를 속삭였고, 이내 깊은 목소리가 들렸다. 오르페우스는 연주를 멈췄고, 지하 세계의 모든 존재가 하데스의 결정을 듣기 위해 숨을 죽였다.

"그렇게 하여라, 오르페우스! 지상 세계로 돌아가도 좋다. 다만 에우리디케는 너의 그림자를 밟고 따라가야만 한다. 가다가 멈춰도 안 되고, 말을 해서도 안 되며, 무엇보다 바깥세상의 공기를

---

13 그리스 신화에 나오는 태초의 신으로, 아이테르와 가이아 사이에서 태어났다. 그리스 신화에서 태초의 신은 그 자체로 자연물이나 장소를 상징하는데, 타르타로스 역시 일반적으로 지하 세계의 가장 밑에 있다는 나락(奈落) 또는 심연을 의미한다.-편집자주

마시기 전까지는 절대 뒤를 돌아봐서는 안 된다. 만약 뒤를 돌아 보면, 다시는 그녀를 볼 수 없을 것이다. 즉시 떠나라. 뒤에서 아무 소리가 들리지 않는다 해도 믿고 전진해야 한다."

오르페우스는 감사를 표한 후에 지상 세계로 인도하는 희미한 빛줄기를 따라 발걸음을 옮겼다. 빛을 따라 나아가는 동안 사방은 온통 침묵에 휩싸였고, 자신의 발자국 소리만 울려 퍼질 뿐이었다. 그런데 막 지상 세계로 발을 내딛으려는 순간, 그는 불현듯 의심이 들었다. '혹시 하데스가 나를 속인 것은 아닐까?' '만약 에우리디케가 뒤에 없으면 어쩌지?' 의심을 떨칠 수 없었던 그는 결국 뒤를 돌아보았다. 바로 그 순간, 에우리디케가 팔을 앞으로 내민 채 뒤로 사라져 갔다. 그러고는 지하 세계의 문이 닫혀 버렸다. 그는 홀로 태양이 빛나는 지상 세계로 돌아왔다. 하지만 그에게 더 이상 태양은 빛나지 않았다.

이후 오르페우스는 사제가 되어 트라키아 백성에게 죽음의 불가사의를 가르쳤으며, 또한 잘못된 인신 제사의 해악에 대해서 설파했다. 그는 음악을 통해서 많은 사람에게 기쁨을 선사했고, 그들의 상처를 치유했지만, 정작 자기의 절망은 치유하지 못했다. 그는 사람들의 숭배를 받았는데, 결국 이를 못마땅하게 여긴 디오니소스의 노여움을 사서 비참하게 죽고 말았다. 디오니소스를 따르는 미친 여자들이 그의 사지를 찢어 버렸고, 뮤즈들은 그의 찢긴 사체를 올림포스 산 기슭에 묻었다. 그곳의 '나이팅게일'들은 이후 세상에서 가장 아름다운 목소리로 노래하게 되었다.

• • •

오르페우스의 신화는 모두의 심금을 울린다. 죽음을 속여 잃어버린 사람을 되찾을 수 있을 거란 희망을 품어 보았지만, 그 희망은 결국 산산이 부서지고 말았다. 오르페우스는 너무나 뛰어난 재능을 가졌고, 그래서 누구나 죽음을 피할 수 없다는 원칙의 예외가 되는 행운을 누렸다. 우리는 종종 자신의 재능으로 상실감과 슬픔으로부터 벗어나고픈 망상을 품곤 한다. 그래서 완벽한 작품을 만들고, 부와 권력을 쟁취하며, 엄청난 미모를 가꾸고, 선과 덕을 쌓기 위해 노력한다. 오르페우스의 음악처럼 우리 역시 특별한 존재가 되고 싶은 것이다. 그러고는 종종 이렇게 말한다.

"누구나 죽지요. 하지만 나와 내가 사랑하는 사람은 예외였으면 좋겠어요. 내게도 그런 일이 일어난다는 게 도저히 믿겨지지 않아요."

우리는 누구나 피할 수 없는 상실의 아픔을 애써 외면하려 한다.

오르페우스와 에우리디케의 이야기는 우리에게 인간이라면 누구나 상실과 죽음의 운명을 피할 수 없음을 일깨운다. 그들 역시 인간이었기에 고통 받고 죽을 수밖에 없었다. 에우리디케의 죽음을 통해 삶은 불공평하며 또한 예측할 수 없음을 배우게 된다.

신화로 읽는 심리학

오르페우스는 음악으로 하데스마저 누그러뜨리며 소원을 이루는 듯 보였다. 그러나 하데스를 결국 믿지 않고 뒤를 돌아봄으로써 모든 것을 잃어버렸다. 그가 뒤를 돌아보지 않았더라면 원하는 것을 얻을 수 있었을까? 그러나 오르페우스 역시 인간이었고, 어느 인간도 보이지 않는 것을 절대적으로 믿을 수 없기에, 실패는 불가피했다. 예수가 십자가에 못 박히는 일화를 통해서도 알 수 있듯 인간은 의심할 수밖에 없는 나약한 존재다. 어둠의 시간이 닥치면 결국 인간의 믿음은 녹아내릴 수밖에 없다.

이 이야기엔 어떤 역설이 담겨 있다. '뒤를 돌아보면 안 된다'라는 것이다. 돌아보는 순간 또다시 비통과 상실의 아픔에 빠지게 된다. 그러나 뒤를 돌아보지 않는다 해서 죽음을 피할 수 있을까? 또한 뒤를 돌아보지 않을 수 있는 사람이 있을까? 에우리디케를 살려 주겠다는 약속을 심리학에서 보면, 뭔가 숨겨진 의미를 알 수 있을지도 모른다. 뒤를 돌아보면서 과거를 되돌리려는 행위는 결국 자신이 겪은 슬픔을 재생하고, 피할 수 없는 운명 앞에서 어찌할 바 모른 채 다시 무기력해지는 것을 의미한다. 그러나 상실을 받아들이고 미래를 바라보면, 우리가 잃어버린 사람은 영원히 우리 곁에 머문다. 왜냐하면 그들과 함께했던 기쁨과 사랑을 기억하기 때문이다. 그러한 기억은 파괴될 수 없기에, 우리 마음속에 영원히 저장할 수 있다. 아마도 에우리디케가 지상 세계로 돌아갈 수 있다는 사실은 실제로 다시 살아난다는 것이 아니라, 오르페우스의 마음속에 살아남는다는 의미일 것이다. 이러한 의미에서, 상실을 곱씹을수록 고통은 지속되며 상실감 또한 배가된다.

　사랑하는 이를 잃고 나면, 어둠 속에서 비통의 시기를 지나는 것은 불가피하다. 비통은 복합적인 과정으로서 분노, 절망, 이상화, 부정, 죄책감, 자기 비난, 타인 비난, 우울, 무감각 등을 포함한다. 또한 이는 일관적이지 않기에, 예상치 않게 아픔이 물밀듯 밀려올 때도 있다. '뒤를 돌아보지 말라'는 하데스의 명령을 이렇게 이해할 수 있다. 뒤를 돌아보면 비통이 멈추고 자연스레 아픔이 치유될 수 있는 가능성이 제한된다. 우리는 예상보다 지나치게 오래 비통해하는 사람을 보면 불편한 감정을 느낀다. 마치 얼마나 오래 비통해할지, 어떻게 비통해할지에 관해 기준을 정해 놓은 것 같다. 그러나 개인에 따라 그 정도가 서로 다르다. 우리는 나만 예외이리라는 맹신을 포기하고, 자연스러운 비통의 과정을 받아들여야 한다. 시간이 오래 걸리더라도, 또 어떤 고통을 겪는다 할지라도 이를 감수해야만 한다. 이러한 방법을 통해서 우리는 사랑했던 사람과 함께 나누었던 사랑을 영원히 간직할 수 있다. 그러면 결국 비통에서 벗어나, 괴로움 대신에 평안을 찾을 수 있다. 또한 우리 안의 생명력이 다시 샘솟게 된다.

케이론

불공평한 세상에 맞서다

세상이 불공평하다는 것은 정말 받아들이기 힘든 일이다. 우리는 종교와 철학을 통해 세상이 불공평하다는 것을 합리화하여 우주에 대한 믿음을 유지하려 한다. 즉, 선한 자는 결국 상을 받고, 악한 자는 결국 벌을 받으리라고 믿는 것이다. 케이론의 신화는 성경 속 욥의 이야기처럼 불공평한 세상에서 오는 아픔과 고통을 말한다. 또한, 불공평한 고통에 반드시 그럴 만한 이유가 있는 게 아님을 일깨워 준다. 만일 우리가 고통을 통해 스스로 바뀔 수 있다면, 고통은 그 나름대로 의미가 있을 것이다.

펠리온 산 꼭대기에 있는 동굴에 지혜로운 켄타우로스 케이론이 살고 있었다. 켄타우로스는 반인반마의 신비한 종족으로 크로노스의 후손이었는데, 크로노스가 말로 변신하여 요정을 겁탈하였기에 그 후손은 반신반마로 태어났다.

대부분의 켄타우로스는 거칠고 야만적이었지만, 케이론은 특이하게도 유순하고 지혜로웠다. 때문에 인간과 친구로 지낼 수 있었다. 하프를 연주할 줄 알았던 케이론은 아름다운 연주와 함께 사람들에게 심오한 조언을 하곤 했다. 그는 약초에 대해서도 박식했고, 인간의 약으로 고칠 수 없는 병도 고칠 수 있었다. 별에 대해서도 조예가 깊어, 천문학을 가르치기도 하였다. 그의 명성을 듣고 수많은 왕의 자제들이 모여들어 그의 제자가 되었다. 그들은 케이론의 가르침을 통해 신을 경외하고, 노인을 공경하며, 고통과 역경 속에서 서로 돕는 법을 배웠다. 또한 음악, 춤, 격투, 권투, 뜀박질, 암벽등반, 사냥법 등도 배웠다. 그리고 하늘의 징조를 읽고 감염을 막는 약초에 대해서도 배웠다. 때문에 케이론의 제자들은 위험에 처해도 의연함을 잃지 않았고, 나태와 탐욕을 멀리했으며, 언제나 용기와 활력을 유지했다. 그들은 모두 강하고 겸손하며 용기와 실력을 갖춘 인재로 성장했다.

케이론의 친구 중에는 용맹한 영웅 헤라클레스가 있었다. 이 영웅은 히드라라는 막강한 괴물과 싸워서 결국은 그를 죽였다. 헤라클레스는 화살촉에 히드라의 맹독이 흐르는 피를 발라서 치명적인 무기로 삼았다. 어느 날, 헤라클레스가 친구 케이론을 만나러 왔다가 야만적인 켄타우로스 무리와 맞닥뜨렸다. 홀로 그들과 격전을 치르는 중에 소란스러운 소리를 듣고 동굴에서 케이론이 나왔다. 케이론은 손을 흔들며 헤라클레스와 켄타우로스 사이에 껴들었다. 그러나 때마침 헤라클레스가 화살을 쏘았고, 예기치 않게 화살은 케이론의 허벅지에 명중하고 만다.

만약 케이론이 사람이나 짐승이었다면 즉사했겠지만, 그는 반신이었기에 영생의 힘이 있었다. 따라서 죽을 수 없었다. 상처로 극심한 통증이 일어나자, 그는 울부짖으며 동굴 속으로 기어들었

신화로 읽는 심리학

다. 히드라의 독을 제어하지 못한 그는 극심한 통증 앞에 어찌할 바를 몰랐다. 죽을 수도 없어서 고통을 안고 살아가는 수밖에 없었다. 고통을 완화하기 위해 열심히 새로운 치료법을 찾았고, 그 중 일부는 다른 환자들에게 큰 도움이 되었지만, 정작 자신의 고통에는 아무런 도움이 되지 않았다.

절망 속에서 케이론은 신들의 왕인 제우스에게 죽음을 간청했다. 그를 불쌍히 여긴 제우스는 그가 지하 세계로 들어갈 수 있도록 허락했고, 케이론은 마침내 극심한 고통에서 해방되었다.

• • •

이 이야기는 받아들이기 쉽지 않다. 케이론처럼 지혜롭고 선한 존재가 아무런 잘못도 없이 고통을 받아야 한다는 사실이 무척 불공평해 보이기에 그렇다. 이런 사건을 실제로 접할 때에 우리는 말할 수 없는 분노에 휩싸이게 된다. '왜 이런 끔찍한 일이 착한 사람에게만 일어나지? 당연히 악한 사람에게 닥쳐야 하는 게 아닌가?' 하고 말이다.

우리는 삶이 공평하다고 믿는 경향이 있다. 그래야만 삶을 통제할 수 있다고 생각하기 때문이다. 선한 사람이 상을 받는다면, 상을 받기 위해 선하게 살 수 있다. 단순하면서도 통제 가능한 법칙이 아닐 수 없다. 그러나 선하게 살았는데도 불행한 사고를 당한다면, 이는 받아들이기가 매우 어렵다. 지진, 가뭄, 홍수와 같은 대재앙은 보다 큰 차원에서 세상이 불공평하다는 것을 보여준다. 아무리 공평한 세상을 원한다 할지라도, 우리는 불공평한 고통의 수수께끼에서 벗어날 수 없다.

불공평한 일이 발생하면, 이유가 무엇이든 그것을 받아들일 수밖에 없다. 물론 처음에는 무언가 비난의 대상을 찾음으로써 고통을 덜어 보려고 할 것이다. 이때 흔히 부모, 사회, 정부 등을 비난한다. 그러나 유일한 해결책은 이해와 연민뿐이다. '연민 compassion '이란 단어는 '함께 고통 받다'라는 라틴어를 어원으로 한다. 우리는 모두 불공평한 고통을 함께 나누며, 이를 통해 다른 사람과 동질감을 느낀다. 비록 불공평한 고통에 관해 그럴 만한 이유를 찾지 못하더라도, 불공평한 고통에는 인간의 내면을 바꾸고 정화하는 힘이 담겨 있다.

인간의 야만성을 순화시키려면 그 대가를 치러야 한다. 물론 그러한 희생은 공평하지 않지만, 그것이 세상의 속성이기에 어쩔 수 없다. 우리가 스스로 보다 나은 사회를 이루기 원한다면, 헤라클레스로 상징되는 의식적 자아와 켄타우로스로 대변되는 파괴적 본능 사이의 갈등은 피할 수 없다. 그 과정에서 불공평한 아픔과 상실이 발생할 수 있다. 보다 넓은 관점에서 바라볼 때만, 이 이야기 안에 담긴 깊은 의미를 엿볼 수 있다.

케이론의 자발적 죽음에는 심오한 상징이 숨겨져 있다. 그는 영

신화로 읽는 심리학

생을 포기하고 죽음을 선택한다. 이 죽음을 심리적인 변신으로 볼 수 있다. 즉, 인간의 한계를 내면으로 수용하는 것이다. 우리는 스스로를 특별하게 여기고, 인생의 고통을 피할 수 있다고 생각할 때, 케이론이 독을 맞은 것처럼 고통을 당한다. 이 독은 지속적인 분노로 인한 삶의 괴로움을 상징한다. 우리가 결국 특별한 존재가 아님을 깨달으면, 인생은 괴로움으로 가득 차게 된다. 불공평한 고통을 맞닥뜨릴 때, '왜 나만 힘들지?'라고 불평하기보다, '모두 겪는 일이겠지?'라고 받아들일 줄 알아야 한다. 케이론은 불사의 능력과 뛰어난 재능으로도 불행을 막지 못했다. 우리 역시 마찬가지다. 우리는 스스로의 한계를 인정하고 고통을 받아들임으로써 새롭게 변화해야 한다. 그렇게 함으로써 평화롭고 평범한 삶을 영위할 수 있다.

비록 켄타우로스는 환상 속의 존재지만, 케이론의 이야기는 사실 인간의 이야기나 다름없다. 우리는 상반과 모순의 복합체이며, 반신반마로서 지혜와 선 그리고 잔인성과 야만성을 모두 가지고 있다. 헤라클레스가 맞서 싸웠던 야만스런 짐승은 우리 안에 있다. 인간 본성 속에 숨어 있는 이 야만성은 결코 완전히 제압되지 않는다. 아무리 지혜로워져도 여전히 야만적으로 변할 수 있는, 우리 모두에게 이런 양면성이 내재되어 있다. 따라서 우리 모두는 불공평한 고통을 당할 수밖에 없으며, 여기에는 따로 치료제가 없다. 한번 더럽혀진 순수성은 다시 복구될 수 없기 때문이

다. 불공평한 세상에 분노하든, 아니면 한계를 수용하고 연민의
길을 선택하든, 선택은 우리 각자의 몫이다.

신화로 읽는 심리학

14장

깨달음을 얻다

종교의 탐구는 수천 년간 문학과 예술의 주제였다. 인간은 초월적인 존재를 향한 억누를 수 없는 열망을 품고, 몸은 죽어 없어져도 영원히 살아남는다는 영혼의 존재를 믿어 왔다. 아마도 이러한 점이 우리와 짐승의 가장 큰 차이점일 것이다. 이러한 탐구는 단순히 신을 향한 열망만을 말하는 것이 아니다. 지식을 향한 탐구이며, 여기에는 종교적 지식뿐 아니라 과학적 법칙도 포함된다. 지식을 향한 탐구의 길은 때때로 양지뿐 아니라 음지로 이어지기도 한다. 또한, 우리 안에 내재된 선뿐 아니라 악도 드러낸다. 다음에 나오는 신화들은 모두 종교의 탐구에 관한 것으로, 인간의 영혼 속 어둠과 빛에 대한 역설을 담았다.

파우스트

악 없이는 선도 없다

인간의 내면에서 벌어지는 선과 악의 전쟁에 대해서 파우스트 박사의 이야기만큼 생생한 묘사는 드물다. 크리스토퍼 말로Christopher Marlowe[14]나 괴테Johann Wolfgang von Goethe의 작품 속 파우스트는 모두 악마에게 영혼을 팔아 버린 한 인간에 관한 중세 설화에 기원을 두고 있다. 파우스트는 결국 쾌락의 헛됨을 깨닫고 참회와 연민을 통해 구원을 얻는다. 이 이야기는 마음의 평화를 얻기 위해서는 빛과 어둠의 양면성을 이해해야 한다는 강력한 메시지를 전한다.

옛날에 파우스트라는 뛰어난 철학자이자 신학자가 있었다. 그는 하느님과 삶의 의미에 관한 학문을 공부했지만, 그것으로 자신의 지적 허영심을 만족시키지는 못했다. 또한 그는 많은 지식을 가진 만큼이나 오만했는데, 스스로의 힘으로 세상의 비밀을 밝혀내려 했다. 모든 칭찬과 명예를 홀로 독차지하기 위해서였다.

그리하여 파우스트는 신학을 포기하고 마법에 매달렸다. 고대 이집트로부터 전해진 흑마법과 연금술로 세상의 비밀을 풀려는

---

[14] 영국의 극작가·시인(1564~1593)으로, 대표작으로 파우스트 전설을 배경으로 한 《포스터스(Faustus) 박사의 비극》이 있다.-편집자주

심산이었다. 그러나 이러한 방법으로도 뜻을 이루지 못하자, 그는 깊은 절망에 빠져 결국 지옥의 혼령을 부르고 만다. 그의 소환을 듣고 서재에 홀연히 검은 개가 등장했는데, 곧 악령으로 변신하더니 스스로를 메피스토펠레스라고 칭했다. 메피스토펠레스는 끊임없이 파우스트의 영혼을 어둠의 세계로 끌고 가려 했다. 반면, 파우스트는 세상의 비밀에 대한 메피스토펠레스의 지식을 얻기 원했다. 그래서 그들은 결국 계약을 맺고 피로 서명하였다. 이 땅에서는 메피스토펠레스가 파우스트를 섬기고, 다음 세상에선 파우스트가 메피스토펠레스를 섬기기로 한 것이다. 메피스토펠레스는 파우스트가 치러야 할 대가가 무엇인지를 명확히 알았지만, 파우스트는 자신이 치를 대가가 영혼을 영원히 포기하는 것임을 제대로 이해하지 못했다.

아주 잠깐 동안 파우스트는 메피스토펠레스의 지식과 마법으로 신이 났다. 그러고는 자신이 신의 비밀에 가까이 다가가게 됐다고 믿었다. 하지만 악령은 점차 그의 의지를 잠식했고, 서서히 그를 쾌락과 오만의 끝없는 나락으로 인도했다. 파우스트는 메피스토펠레스가 사주한 그레첸이라는 소녀에게 욕정을 품었다. 그녀는 곧 파우스트의 아이를 가졌는데, 파우스트로부터 버림받자 갓 낳은 아이를 죽여 버리고, 끝내 사형을 당한다. 파우스트는 스스로를 파멸로 몰아넣은 자기의 잘못에 깊이 참회했다. 비록 메피스토펠레스의 장난에 놀아났지만, 그는 그 소녀를 진심으로 사랑했다. 그리하여 소녀의 영혼은 부패에서 벗어난다. 메피스토펠레스는 이것을 전혀 예상하지 못했는데, 악령이었기에 사랑의 힘을 알지 못했던 것이다.

메피스토펠레스의 강력한 힘 앞에서 파우스트는 오랜 세월 동안 육체적 쾌락과 마법을 섭렵했다. 그는 원하던 지식을 얻었고, 하늘에서 땅속까지 모든 비밀에 통달했다. 그러나 그레첸의 죽음에 대한 죄책감은 점점 커져 갔고, 그의 부패한 마음속에서는 빛에 대한 갈망이 자라기 시작했다. 파우스트가 점점 늙어 가자, 그동안 끈질기게 인내하던 메피스토펠레스는 곧 그의 영혼을 취하리라는 기대에 부풀었다. 그러나 마지막 순간에 파우스트는 자기가 일찍이 맺었던 계약의 실상을 깨닫고, 참회와 사랑과 고통 속에서 마침내 메피스토펠레스의 손아귀를 빠져나왔다. 결국 그는 천상의 세계에 올랐다.

• • •

파우스트의 이야기는 어둠 속에서 빛을 갈망하는 모든 인간을 대변한다. 파우스트는 높은 이상을 향한 갈망과 자기중심적 욕망 사이에서 갈등하는 인간의 표상이다. 원작은 중세 기독교에 바탕을 두고 있으며, 따라서 선과 악의 단순한 구도를 그리고 있다. 파우스트는 탐구하는 영혼으로서 당시의 일방적인 관습을 단호히 거부하는가 하면, 오만하게도 인간의 도덕성을 무시하기도 했다. 파우스트의 오만과 탐욕은 비난받아 마땅하지만, 세상의 비밀을 향한 그의 용기와 결단은 칭찬받을 만하다. 이 이야기에는 선과 악의 역설이 담겨 있다. 선을 이해하기 위해서는 악을 깨달아야 한다는 것이다. 그러기 위해서는 먼저 우리 마음속의 어둠과 대면해야 한다.

기존의 철학에 대한 파우스트의 환멸은 무조건 믿지 못하는 지성의 고민을 대변한다. 진정한 종교의 탐구는 무조건적인 믿음이 아니라, 인생의 역설에 대한 이해에서 비롯된다. 많은 사람들이 유치한 믿음에서 벗어나지 못하는데, 그것은 도덕적 딜레마에 대한 관습적인 해답을 그대로 믿는 게 편하기에 그러하다. 그런 사람은 인생의 의미를 알지 못하며, 부당한 고통과 같은 난제에 부딪히면 마음의 평화를 유지할 수 없다. 그러나 세상의 많은 종교는 그러한 종교의 탐구를 정죄한다. 탐구에는 위험이 따르지만, 또한 영혼과 내면의 세계를 경험할 수 있는 기회를 제공한다.

권력은 부패한다. 이는 물질적 세계뿐 아니라, 종교적 세계에서도 마찬가지다. 새로운 힘을 얻게 된 파우스트는 도덕을 무시하고, 아무런 거리낌 없이 그레첸을 파멸의 길로 이끈다. 그러나 그녀를 사랑하게 되자, 자기의 죄를 완전히 무시하지 못했다. 연민에서 비롯된 조그만 참회의 씨앗이 결국 악마를 속이게 만들었고, 용서와 구원을 끌어냈다. 그는 선한 노력 때문에 구원을 받은 것이 아니라, 사랑과 참회 때문에 구원을 받았다. 흔히 하느님의 눈에 들려면 선한 일을 많이 해야 한다고 생각한다. 그러나 선은 시대와 사회의 도덕 기준에 영향을 받는다. 그러나 사랑과 참회는 종교와 문화를 뛰어넘는다. 이를 통해 우리는 빛과 어둠을 경험하고, 순수한 영혼을 유지할 수 있다. 정직한 종교의 탐구는 내면의 어둠과 파멸로 우리를 이끈다. 이러한 경험과 죄책감을 통해 '은혜'를 경험하도록 하는 것이다. '은혜'는 기독교의 개념으로서, 우리의 내면에서 불가사의하게 발생한다. 이를 통해 선과 악을 이해할 수 있다.

파우스트 박사의 이야기는 도덕에 관한 단순한 이야기가 아니다. 내면으로의 여정에 관한 것이다. 파우스트의 이야기 속 등장인물은 모두 우리 안에 존재한다. 파우스트와 메피스토펠레스는 동전의 양면처럼, 인간의 양면성을 반영한다. 남을 무시하고, 삶을 무가치하게 여길 때, 우리는 자신 안의 악령을 보게 된다. 삶에 환멸을 느낄 때마다 메피스토펠레스를 소환하는 셈이다. 그는 단순한 악마가 아니다. 괴테의 희곡에서 메피스토펠레스는 파우스트에게 이렇게 말한다.

"나는 영원히 악을 원하지만, 선을 행한다."

우리는 내면의 악을 통해서 선으로 향하는 길을 찾을 수 있다.

부처의 깨달음

윤회의 수레바퀴

2부에서 집과 가족을 떠나 운명을 찾아 나선 어린 싯다르타를 살펴보았다. 부처는 몸부림과 고통을 통해 점차 고통의 의미와 인생의 궁극적 목적을 깨닫는다. 부처의 깨달음은 실제 사건일 수도, 종교적 우화일 수도, 신화로 볼 수도 있다. 여기서는 신화로서 무지로부터 윤회의 깨달음으로 나아간 부처의 여정을 살펴보도록 하겠다.

고통의 비밀을 찾기 위해 가족을 버린 싯다르타 왕자는 수도승으로서 여러 종교와 가르침을 두루 섭렵했다. 그러나 깨달음을 얻지 못했다. 계속 떠돌아다니던 그는 강둑에서 6년간 꼼짝 않고 지내며 고행했다. 당시 종교적 유행에 따라, 육체적 욕망을 끊으면 영혼의 생명을 얻으리라 생각한 것이다.

그러나 그는 과도한 고행은 육체를 파괴할 뿐, 영혼을 자유롭게 하기는커녕 오히려 무력하게 만든다는 것을 깨달았다. 싯다르타는 세속에서의 삶을 버리는 것처럼, 금욕주의를 뛰어넘어야 한다고 생각했다. 뼈만 남은 그를 불쌍히 여긴 소녀가 밥이 담긴 그릇을 내밀자, 그는 이를 기꺼이 받았다. 그리고 강에서 몸을 씻었다. 그의 고행에 동참했던 다섯 제자는 배신감을 느끼며 그를 떠났다. 어쩌면 그들은 그의 깨달음이 별 볼 일 없다고 생각했을는지도 모른다.

그 후 싯다르타는 지혜의 나무를 찾기 위해 부다가야라는 곳으로 향했다. 숲을 지날 때에 그의 몸에서 광채가 났고, 새들이 그의 주위를 맴돌고 짐승들이 그를 따랐다. 그는 건초를 깔고 앉아서 이렇게 말했다.

"여기서 내가 깨달음을 얻기 전에 내 몸을 일으킨다면, 내 몸이 말라 가죽과 살이 썩어 없어지리라!"

그가 선언을 마치자 땅이 여섯 번 흔들렸다.

한편, 싯다르타의 결심에 위협을 느낀 마라라는 악마가 그를 방해하고자 자신의 아리따운 세 딸을 보내 싯다르타를 유혹하게 했다. 세 딸은 그 앞에서 노래하고 춤을 췄지만, 싯다르타는 연못에 핀 연꽃처럼 아무런 미동도 보이지 않았다. 악마의 딸들은 결국 실패하고 물러갔다. 그러자 악마는 악마 군대를 보내 보리수를 포위하고 싯다르타를 위협했다. 그러나 싯다르타는 평정심을 잃지 않았고, 악마들은 팔이 얼어붙은 채 꼼짝도 하지 못했다. 마침내 마라는 구름을 타고 내려와 산도 두 동강 낸다는 자신의 끔찍한 무기를 내던졌다. 그러나 이 역시 싯다르타에겐 무용지물이었다. 무기는 곧 화환으로 바뀌었고, 이후 싯다르타의 머리 위에 머물렀다.

악마는 마침내 패배했다. 싯다르타는 보리수 아래에서 미동도 없이 명상에 들어갔다. 밤이 되자, 서서히 그의 마음에 깨달음이 일어났다. 먼저 그는 모든 생명체의 상태를 알게 되었고, 그들이 세상에 다시 태어나는 연유를 깨달았다. 또한, 시대를 거쳐 존재가 나고 죽고 다시 나는 것을 목격했다. 그는 자기의 전생을 기억했고, 인연의 고리를 파악했다. 인간의 고통에 대해 명상하다가 고통의 원인과 고통을 그치는 방법을 깨달은 것이다.

새벽이 되자, 싯다르타는 완벽한 깨달음을 얻고 부처가 되었다. 그러고는 이레 동안 명상한 후에, 보리수 근처에서 다시 4주간 머물렀다. 그의 앞에는 두 길이 있었다. 그는 당장 열반에 들 수도, 또는 잠시 이 땅에 머물면서 깨달음을 나눌 수도 있었다. 악마 마라는 그에게 떠나라고 종용했고, 신들은 그가 머물기를 간청했다. 부처는 결국 '선생'이라는 자기 운명을 받아들였다. 여생 동안 그는 고통과 환생의 비밀을 설파했다. 그러다 여든 살이 되자 노쇠해진 그는 죽음을 준비했다. 그가 강가에 눕자, 곁에 있던 나무에서 곧바로 꽃이 만발했다. 그는 명상에 들어갔고, 황홀경을 거쳐 마침내 열반에 들었다. 그의 시신은 저절로 발화하여 불타올랐는데, 때가 되자 비가 내려 불이 꺼졌다. 그리하여 깨달음을 얻고, 그것을 어두운 세상에 빛을 밝히기 위해 나누었던 싯다르타는 마침내 원래의 자리로 돌아갔다.

·　·　·

　　부처의 각성에 관한 이야기를 통해 많은 불제자가 지혜와 평정심을 얻었다. 이 이야기에 담긴 교훈을 얻기 위해 불교에 귀의할 필요는 없다. 싯다르타는 깨달음을 얻기 위해 처음엔 전통적인 방법을 시도했다. 싯다르타와 같이 굳은 각오로 종교를 탐구하고자 한다면, 관습으로는 만족할 수 없다. 기존의 종교적 규범을 떠나 다른 해답을 구하게 되는 것이다.

　　싯다르타는 육체적 욕구와 욕망을 부인함으로써 종교적 각성을 좇았다. 이 역시 많은 사람이 시도하는 방법이다. 서구 사회에선 예로부터 육체를 악의 뿌리로 인식했고, 육체적 쾌락은 종교적 삶에 방해가 된다고 믿었다. 그러나 싯다르타는 기존의 종교 체계, 즉 금욕주의를 버렸는데, 육체 역시 신이 준 것이므로 육체를 부정하여 신을 찾으려는 것은 어리석고 오만한 일이라고 생각했다. 심리학적으로 극단적인 불균형은 바람직하지 않다. 육체 없이는 영혼도 살 수 없다. 때로는 싯다르타처럼 가혹한 경험을 통해 이러한 사실을 깨닫게 된다. 싯다르타가 밥을 먹고 몸을 씻자, 편협한 제자들은 그를 떠났다. 우리 역시 전통적 가르침에 반기를 들고 나쁘다고 낙인찍힌 짓을 하게 되면, 기존의 종교로부터 멀어지게 된다.

　　지혜를 상징하는 나무는 싯다르타의 이야기뿐 아니라, 다른 신화에도 자주 등장한다. 아담과 하와의 이야기에는 선악을 알려주는 나무가 나온다. 길가메시는 바닷속에서 불사의 나무를 발견했다. 북유럽과 게르만 신화에는 우주를 떠받친다는 세계수 이그드라실Yggdrasil이 등장한다. 예로부터 나무는 생명과 지혜의 원천으로 여겨졌는데, 이는 나무가 인간 내면의 이중성을 반영한다고 보았기 때문이다. 나무는 땅으로 뿌리를 내리지만, 가지는 하늘로 쳐든다. 또한, 나무는 살아 있는 생물로서, 싯다르타는 이 생명체와의 교감을 통해서 종교적 진리를 깨달았다.

악마 마라는 심리학에서 보면 싯다르타 자신의 분신이라고 할 수 있다. 파우스트 이야기의 메피스토펠레스처럼 그는 싯다르타의 어두운 면을 상징하며, 싯다르타를 타락시키려 한다. 그러나 파우스트와는 달리 싯다르타는 내면에 집중함으로써 악마의 유혹을 물리친다. 여기에서 어떤 교훈을 얻을 수 있을까? 싯다르타가 평정심을 유지할 수 있었던 까닭은 전적으로 종교의 탐구에 헌신했기 때문이다. 이는 집중의 문제다. 내면의 악마가 던지는 두려움과 불안의 유혹에 자꾸 흔들린다면 평정심을 유지할 수 없다. 내면의 집중은 금욕주의와는 다르다. 종교적 훈련이라기보다 내면을 대하는 태도에 가깝다. 그래서 부처밖에는 이를 이룬 사람이 없는 것인지도 모른다. 특히 어린 사람이 내면에 집중하기란 정말 어렵다. 사람들의 고통에 공감할 수 있고, 연륜이 꽤 쌓인 중년 이후에야 이러한 내면의 수련이 가능한 것 같다. 싯다르타가 거쳐 간 수행의 각 단계는 인생에서 겪는 각 단계를 상징하며 다음 단계로 가기 위한 필수 과정이다. 그는 모든 것을 버리기 위해 모든 것을 시도해 봐야 했다.

　우리가 부처의 깨달음을 얻기란 쉽지 않다. 부처를 신화의 상징으로 보든, 아니면 종교의 화신으로 보든, 부처는 평범한 인간이라기보다는 하나의 모범이라 할 수 있다. 만약 진지하게 종교를 탐구한다면, 보다 넓은 시각에서 인생을 이해할 수 있을지도 모르겠다.

파르시팔

마침내 성배를 찾다

앞서 집을 떠나 모험에 나선 어린 파르시팔을 만나 보았다. 파르시팔은 성에서 부상당한 왕과 성배의 환영을 보았고, 올바른 질문을 던지지 못했다. 어린아이가 종교적 실체와 조우하는 경우가 종종 있지만, 그 의미를 알 만큼 성숙하지 못한 경우가 많다. 인생의 온갖 풍파를 겪은 파르시팔은 만년에야 비로소 성배의 진정한 의미를 알았다.

어린 파르시팔은 자기가 무엇을 보았는지도 깨닫지 못한 채 성을 떠났다. 숲에서 만난 한 소녀는 그가 성을 방문하고도 아무것도 깨닫지 못했다는 사실에 경악했다.

"불쌍한 인간이구나! 질문만 했더라면 많은 것을 이룰 수 있었으련만. 병든 왕은 몸이 낫고, 모든 일이 잘 풀렸을 텐데. 이제 어려운 일들을 피할 수 없게 되었네요. 정말 어리석은 행동이었어요."

수치심을 느낀 파르시팔은 계속 길을 걸어갔다. 그러다 지옥에서 나온 듯한 추악한 여자를 만났다. 그녀의 손에는 채찍이 들려 있었다. 그녀 역시 성배에 대해 묻지 않은 것을 두고 파르시팔을 꾸짖었고, 많은 사람이 네 이기심과 어리석음으로 고통 받을 것

신화로 읽는 심리학

이라고 경고했다.

그 후 파르시팔은 5년간 떠돌아다니며, 그새 하느님을 완전히 잊어버렸다. 그는 단지 폭력과 모험만을 찾아 다녔다. 그러던 어느 날, 그는 맨발에 참회복을 입은 세 명의 기사와 그 부인들을 만났다. 그들은 수난일[15]에 갑옷을 입은 채 돌아다니는 파르시팔을 보고 놀랐다. '이날은 무기를 갖고 다니지 못한다는 걸 모르나?' 하고 말이다. 그들은 막 은거 중인 성자를 만나 죄를 고하고 면죄를 받은 참이었다. 이 말을 들은 파르시팔은 눈물을 흘리며 그 은자를 만나고 싶어 했다. 마침내 늙은이를 만난 그는 5년간 자신이 하느님을 잊고 악행을 일삼았다고 고백했다. 은자가 그 이유를 묻자, 예전에 피셔 왕을 찾아갔다가 성배를 본 적이 있었는데, 그에 대해 아무것도 묻지 않았다고 대답했다. 그때의 잘못으로 엄청난 고생을 했고, 그래서 하느님에 대한 믿음을 버렸다고 했다.

파르시팔의 이야기를 듣고 난 은자는 그의 죄를 용서해 주었고, 파르시팔은 다시 길을 떠났다. 아직 결정적 질문을 던질 준비는 되지 못했지만, 그는 희망을 되찾았다.

이후 파르시팔은 다시 한 번 성배의 성을 찾아가 과거의 실패를 만회하리라고 결심했다. 그러던 어느 날, 그는 상수리나무 아래에 앉아 있는 한 처녀를 만났다. 자신을 친절하게 대한 파르시

---

15 부활절 직전의 금요일로, 예수가 십자가에 못 박혀 죽은 날을 뜻한다.—편집자주

팔에게 그녀는 마법의 돌이 박힌 반지를 주었다. 덕분에 그는 유리로 된 요상한 다리와 배배 꼬인 위험한 다리를 무사히 건널 수 있었다. 다음 날 아침, 숲에서 길을 잃은 파르시팔은 하느님에게 성배의 성으로 인도해달라고 기도했다. 그러다 저녁 무렵, 멀찍이서 불을 환하게 밝히는 마법의 나무를 발견했다. 거기서 만난 사냥꾼은 성배의 성이 멀지 않은 곳에 있다고 말했다. 마침내 파르시팔은 성에 도착했다. 시종들은 그를 자줏빛 의자에 앉아 있는 왕에게로 인도했다. 이제 그는 병든 왕에게 연민을 느끼고, 왕의 고통에 공감할 줄 알았다. 파르시팔은 왕에게 지난 세월 동안 겪었던 일에 대해 솔직하게 털어놓았다. 그리고 결국 왕에게 무엇이 가장 당신을 괴롭게 하며, 성배는 누구를 위한 것이냐고 물었다. 이 질문을 들은 왕은 자리에서 튀어 올랐고, 곧 병이 나았다. 파르시팔을 꽉 껴안은 왕은 그에게 내가 네 조부이며, 자신은 앞으로 사흘만 살게 될 것이라고 말했다. 그리고 파르시팔이 왕관을 쓰고 왕국을 다스리게 될 것이라고 했다.

그리하여 어려서 집을 떠났던 파르시팔은 고통과 봉사를 통해 마침내 성배가 죽지 않는 영혼의 상징임을 깨달았고, 그 의미를 찾음으로써 자기의 어둠을 용서받고 빛의 도구가 될 수 있었다.

　　　　　　　　　　　　　　　　　　　　신화로 읽는 심리학

···

  이 이야기의 주인공은 영웅처럼 대범하게 성배의 성을 다시 찾지 않았다. 파르시팔은 여인들과의 만남을 통해 한 걸음씩 성으로 나아갔다. 이것에는 중요한 교훈이 담겨 있다. 종교의 탐구가 금욕주의나 현세 부정이 아니라, 인간관계를 통해 이뤄진다는 점이다. 우리는 타인과의 감정적 교류를 통해 자기의 우선순위를 발견하며, 연륜이 깊어짐에 따라 참회를 통해 영혼의 깊은 울림을 경험하게 된다.

  성배 신화는 다양한 해석을 낳았는데, 나름대로 모두 의미가 있다. 심리학에서 보면, 이는 내면의 여정이자, 기독교 문화와 연관되어 있다. 성배를 찾아가는 여정은 자신의 잘못을 뉘우치고 타인의 감정에 공감하는 것으로 이뤄진다. 파르시팔은 연민을 통해 병든 왕을 올바르게 대할 수 있었다. 우리 역시 연민을 통해 우리 주위의 고통 받는 이에게 작게나마 한 줄기 빛을 비출 수 있다. 병든 왕과 성배는 모두 파르시팔의 내면을 반영하며, 동시에 우리 내면의 상징이기도 하다. 왕은 종교가 가져다준 허무를 상징하며, 성배는 허무의 유일한 치료제로서 다른 사람들과의 연결을 상징한다. 연민을 반드시 종교로 표현할 필요는 없다. 우리는 타인의 아픔과 기쁨에 공감할 때 비로소 불가사의한 일체감을 느낄 수 있으며, 이를 통해 진정한 변화를 경험하게 된다. 이 이야기에서는 삶의 의미와 연민이 불가분의 관계에 놓여 있었다.

마지막에 병든 왕은 치유되지만, 스스로 죽음을 받아들이고 손자에게 왕위를 물려준다. 케이론의 이야기에서와 마찬가지로 죽음은 변화의 상징으로 그려진다. 과거에 입었던 상처가 치유되고, 새로운 희망이 삶의 동기가 된 것이다. 그토록 아파했던 고통은 이제 사라지고, 희망찬 새 삶을 열게 되었다. 어린 파르시팔은 미숙하게 행동했지만, 그것은 어린아이라면 당연한 것이었다. 그는 점점 나이 들어가면서 위대한 기사가 되려는 욕망을 버리고 종교를 탐구하기 시작했다. 우리 역시 늙어 가다 보면 어느 순간 성공과 부를 쌓는 데 싫증을 내고, 삶의 진정한 목적에 관심을 갖게 되는지도 모른다.

신화로 읽는 심리학

15장

마지막 여정

능력, 노력, 열망, 성취에 상관없이 죽음은 모두에게 찾아온다. 강자와 약자, 현자와 우자, 부자와 빈자, 선자와 악자 모두 죽음 앞에 공평하다. 죽음은 인생의 불변의 대상이자, 또한 수수께끼이다. 아무리 과학기술이 발전해도 죽은 후에 어떤 일이 일어나는지 아무도 그 비밀을 풀지 못했다. 인류는 몸이 죽은 후에도 무언가 살아남는다는 신념을 견지해 왔으며, 신화에는 죽음에 대한 인간의 두려움과 환상이 잘 그려져 있다. 종교는 사후 세계에 대한 해답을 주고자 하였으며, 특정 교리를 믿으면 바람직한 사후가 보장된다고 가르쳤다. 반면 신화는 은유와 상징을 통해 우리에게 메시지를 준다. 아무것도 보장하지는 않지만, 죽음의 의미에 대해서 이야기함으로써 죽음이 인생의 일부이자 피할 수 없는 것임을 일깨운 것이다. 다음의 세 신화는 모두 죽음을 주제로 한다. 죽음에 관한 해답을 주지는 않지만, 대신 죽음이 주는 역설에 관해 이야기하고 있다. 또한, 이 땅에서의 짧은 삶이 또 다른 영원한 삶과 연결되어 있음을 일깨워 준다.

마우이와 죽음의 여신

피할 수 없는 죽음

다음의 뉴질랜드 마오리 족의 신화를 통해 아무리 똑똑하고 용감한 사람이라도 결국엔 죽음을 피할 수 없다는 것을 배울 수 있다. 죽음을 부인하고 피하려 할수록 더욱 파국으로 치닫기 때문이다. 주인공 마우이Maui는 다른 신화 속 영웅들처럼 오만하며 인간의 한계를 받아들이지 않았다. 그러나 결국 자연 앞에 무릎 꿇고 말았다.

어느 날 저녁, 위대한 영웅 마우이가 평소답지 않게 풀이 죽어 있었다. 침울해하는 모습을 보고는 그의 아버지가 걱정이 되어 그에게 왜 그러냐고 물었다.

그러자 마우이가 대답했다.

"왜 우리가 이야기하는 이 순간에도 인간은 죽음의 길로 걸어갈 수밖에 없지요?"

아버지는 이렇게 대답했다.

"아들아, 모든 사람은 죽는다. 과일이 익으면 나무에서 떨어지듯, 사람은 누구나 밤의 여신 히네누이테포Hinenuitepo의 품에 안긴단다."

그 말을 들은 마우이는 자리에서 일어나 서성거리기 시작했다.

"왜 꼭 그래야만 하죠? 만약 죽음을 죽여 버리면, 사람은 영원히 살 수 있지 않을까요?"

그러자 아버지의 얼굴이 어두워졌다.

"내 말을 새겨들어라. 그런 생각은 위험하단다. 누구도 죽음을 이기진 못해."

"그건 보통 사람들의 경우가 아닙니까? 저라면 어떻겠습니까?"

아버지는 수심이 잠겨 깊은 한숨을 내쉬었다.

"사랑하는 아들아, 너 역시 보통 인간과 마찬가지로 죽어야만 한단다."

"저는 평범한 사람이 아닙니다. 어머니는 제가 영원히 살 것이라고 하셨어요. 누구도 제가 해낸 일을 하지 못했습니다. 저는 불을 이겨 냈고, 태양을 굴복시켰으며, 바다에서 땅을 건져내었습니다. 죽음 역시 이겨 낼 수 있지 않을까요?"

그러자 아버지가 격양된 목소리로 말했다.

"너는 천상이 아니라 지상에 살고 있다. 너의 재주는 천상의 일에 큰 도움이 되지 않아. 네 어머니가 그런 예언을 한 것은 사실이지만, 내가 너를 물속에 집어넣고 세례를 줄 때에 모르고 주문을 빼먹었단다. 그래서 예언이 무용지물이 되었지. 그래서 너도 다른 사람처럼 여신 히네누이테포의 손에 죽을 수밖에 없단다. 그녀는 상상을 뛰어넘는 끔찍한 존재로서 눈은 불꽃같고, 머리털은 해초 같으며, 이빨은 흑요석처럼 날카롭고, 웃음은 창꼬치 고

신화로 읽는 심리학

기처럼 징그럽단다. 또, 괴물 같은 몰골을 하고 있는데, 몸은 늙은 여자의 모습이란다."

하지만 마우이는 이미 계획을 짜고 있었고, 그의 아버지는 그것을 눈치챘다. 그러나 더 이상의 충고는 무의미하다는 걸 알았기에, 마우이를 위해 울 뿐이었다.

"늘그막에 얻은 막내아들아, 잘 가거라. 너는 진정 죽기 위해 태어났구나."

그러나 마우이는 전혀 개의치 않았다. 숲 속으로 들어간 그는 친한 친구인 공작비둘기들에게 자신의 계획을 털어놓았다. 새에게 도움을 요청한 그는 새들과 함께 자신만만하게 숲을 떠났다. 점차 잠자고 있는 죽음의 여신에게 가까워지자, 새들은 지저귐을 멈췄고, 사방은 쥐 죽은 듯이 조용해졌다. 무겁게 가라앉은 분위기 속에서 마우이는 여신이 잠든 곳을 둘러싼, 이끼 낀 나무 밑을 지나갔다. 그때, 마우이는 아버지가 얘기한 대로 끔찍한 몰골을 한 그녀를 보고 한기를 느꼈다. 잠이 들은 그녀는 끔찍한 눈을 반쯤 감고 있었는데, 축 처진 턱 사이로 날카로운 이빨이 슬쩍 보였다. 그녀가 거칠게 숨을 내쉬자, 사방으로 냉기가 퍼졌다.

마우이는 손짓으로 새들에게 멈춰 서라는 신호를 보내며, 나지막이 속삭였다.

"작은 친구들아, 저기에 밤의 여신 히네누이테포가 잠들어 있다. 명심해, 내 목숨은 너희 손에 달렸어. 내가 그녀의 몸 안에 들어가면, 그녀의 몸을 완전히 통과하여 입으로 빠져나올 때까지 절대로 웃으면 안 된다. 정 웃고 싶으면, 내가 빠져나온 다음에 웃어라. 그전에 너희들이 웃으면, 나는 죽고 말 거야."

그러자 새들은 겁에 질렸고, 그에게 계획을 포기하라고 간청했다. 그러나 마우이는 코웃음을 치며, 어떠한 경우에도 절대 웃지 말라고 재차 강조했다. 그러고는 여신에게 다가갔다. 마우이는 잽싸게 옷을 벗고 알몸이 된 채로 음흉한 미소를 지으며, 몸을 굽혀 머리부터 그녀의 몸속으로 들이밀었다. 곧 그의 어깨와 가슴이 사라졌다. 새들은 마우이의 재빠른 행동에 깜짝 놀랐다. 어떤 새들은 눈을 감았고, 다른 새들은 깃털 사이로 몰래 훔쳐보기도 했다. 또 어떤 새들은 터져 나오려는 웃음을 가까스로 참았다. 킥킥대는 소리가 점점 커지자, 여신이 꿈틀거렸다. 새들은 기겁하고는 물러나 숨을 참았다. 여신은 다시 잠에 빠졌고, 새들은 다시 마우이를 지켜보았다. 이제 그는 여신의 목구멍까지 머리를 디밀고 있었다. 새들은 웃음을 참으며 이제 마우이의 승리가 멀지 않다고 생각했다. 그때, 마우이의 머리가 여신의 입으로 나왔다.

그 모습을 본 공작비둘기들은 결국 참지 못하고 웃음을 터뜨리고 말았다. 순간 잠에서 깨어난 여신은 곧 사태를 파악했다. 그녀가 자신의 허벅다리를 조이자, 마우이의 몸은 두 동강이 나고 말았다. 그리하여 죽음을 정복하려 했던 마우이의 도전은 웃음 속에 허망하게 끝나고 말았다. 결국 인간은 히네누이테포의 마수에서 끝끝내 벗어나지 못했다.

• • •

마우이의 우스꽝스러운 비극을 통해 죽음을 죽이려는 시도가 허망하다는 것을 알 수 있다. 죽음에 관한 공포와 죽음을 극복하려는 소망은 시대와 장소를 막론하고 보편적인 현상이다. 인간은 아무리 실패하더라도 언젠가는 불사의 비밀을 발견하리라는 희망의 끈을 놓지 않는다. 만병통치약의 소문을 듣고 의사에게 달려가기도 한다. 또는 먼 미래에 소생할 수 있으리라고 믿기도 한다. 식이요법과 운동에 매달리고, 종교의 기적에 희망을 걸기도 한다. 우리 역시 마우이와 다르지 않다.

죽음을 이기려고 애쓰기보다는, 주어진 삶을 최대한 풍성하게 누리는 편이 훨씬 더 생산적이다. 또한 죽음에 대한 두려움은 삶에 대한 두려움과 다르지 않다. 우리의 한계를 인정하지 않고 지금을 누리지 못한다면 진정한 삶을 산다고 볼 수 없다. 삶이라는 선물을 낭비하는 것이야말로, 죽음을 두려워하는 것이나 다름없다.

마우이가 죽음의 여신을 정복하려 썼던 이상한 방법은 자궁으로 돌아간다는 이미지를 상징한다. 마우이는 어머니의 몸에서 태어날 때 지났던 길을 거슬러 그녀의 몸으로 들어갔다. 고대 마오리 신화에서는 삶과 죽음을 같은 것으로 보았다. 현대 심리학도 최근에 비슷한 주장을 하고 있다. 우리가 태어날 때 빠져나오는 그곳과 사후에 추구하는 불멸은 서로 비슷하다. 불멸에 대한 열망은 자궁으로 돌아가려는 열망과 같은 셈이다. 마우이는 이러한 행동으로 영생을 좇았지만, 사실은 죽음을 바란 것이다. 불멸은 정적인 장소이며, 그곳에선 아무 일도 없고 아무것도 자라지 않는다. 이는 아담과 하와가 순수했을 때 지냈던 원형 낙원과 같다. 이것 또한 세상 밖으로 나오기 전 자궁의 양수와 같다. 많은 사람이 이런 삶을 원한다. 정적이고 변하지 않으며, 갈등도 없고 영원히 똑같은 삶을 사는 것을 말이다. 이는 일종의 삶 속의 죽음이다. 불사에 대한 마우이의 열망은 평범한 삶에 대한 거부였다. 따라서 그의 죽음은 불가피했다. 왜냐하면 그가 진정으로 원한 것은 죽음이었기 때문이다. 비록 그가 많은 업적을 이룬 영웅이라도, 한낱 인간에 지나지 않는다. 불가사의한 공식을 찾기만 한다면, 자궁 속과 같은 행복을 얻을 거라고 꿈꾸는 인간 말이다.

마우이의 어머니는 그의 영생을 예언했다. 그러나 아버지가 실수를 저질러 아들의 불사를 보장한 주문을 잊어버렸다. 마우이의 아버지는 이것을 시인함으로써 자기가 불완전한 인간임을 인정했다. 그러나 마우이는 그러지 않았다. 그는 오만했고, 불가능을 좇았다. 신화에선 늘 그렇듯이, 그의 오만은 신의 질타를 받았다.

한편, 새들의 웃음에는 여러 의미가 있다. 새들은 불사를 향한 우리의 열망이 헛되다는 것을 알고 있었다. 그래서 우리가 불사를 좇을 때 하늘이 웃는 소리를 들은 것이다.

에르와 생사의 경계

죽음은 또 다른 시작이다

에르Er 신화는 플라톤의 《국가론》에 등장한다. 여기서 소개하는 에르 신화에서는 죽음과 사후 세계에 관한 깊은 통찰을 전한다. 사후 세계에 관해 무엇을 믿든지 간에, 에르의 이야기를 통해서 우리는 우주의 단일성과 규칙성, 그리고 조화성을 깨닫게 된다. 이 이야기에 따르면 죽음이란 거대한 연속성의 한 단계일 뿐이다.

용맹한 전사 에르가 죽자, 사람들은 그의 시신을 화장하기 위해 쌓아놓은 장작더미 위에 누였다. 그런데 열이틀이 다 되도록 시신이 썩지 않다가 에르가 깨어났다고 한다. 깨어난 그는 친구들에게 자신이 경험한 사후 세계에 대해서 이야기해 주었다.

에르는 자신의 영혼이 몸을 빠져나가더니 다른 영혼들과 함께 신비한 곳으로 갔다고 말했다. 거기엔 땅속으로 들어가는 두 개의 틈과 하늘로 올라가는 두 개의 통로가 있었다. 그리고 심판관들이 사람들에게 판결을 내리고 있었다. 바른 영혼은 복이 적힌 종이를 받고, 하늘로 올라갔다. 반면, 그른 영혼은 악이 적힌 종이를 받고 땅속으로 내려갔다. 에르의 차례가 되자, 재판관들은 그에게 산 자의 세계로 돌아가서, 죽은 자의 세계에서 보고 들은 것을 증언하라는 판결을 내렸다.

그는 죽은 자가 일부는 하늘로, 일부는 지하 세계로 가는 것을 보았다. 그러고는 지하 세계로 이르는 다른 통로를 통해서 악취와 먼지에 쌓인 음지로 올라왔는데, 그곳은 하늘로 이르는 통로에서 내려온 사람들을 만나는 곳이었다. 거기서 영혼들은 생전에 알던 사람들을 알아보고 서로 소식을 전했다.

선인은 기쁨이 충만했고, 악인은 천 년간 자기가 저지른 짓을 눈물로 탄식했다. 각자가 생전에 한 짓의 열 배를 보상으로 받았다. 악인은 가혹한 형벌을 받았고, 선인은 풍성한 보상을 받았다.

다시 산 자의 땅으로 돌아가게 된 사람들은 이곳에 잠시 머물다가 무지개처럼 생긴 빛의 기둥을 향해 떠났다. 이 빛의 기둥은 하늘과 땅을 떠받치는 축이었다. 공중에는 필연의 여신의 실타래가 걸려 있었는데, 그녀는 이 실타래를 돌려서 여덟 빛깔이 나오는 원을 만들어 냈다. 이 원들은 해, 달, 행성, 별들이 다니는 길이었다. 각 원에는 세이렌[16]이 있었는데, 각각 단음으로 노래를 부르자 여덟 목소리가 화음을 이뤄 천체의 음악을 만들어 냈다. 필연의 여신의 보좌 옆엔 운명의 여신인 세 딸, 라케시스Lachesis, 클로토Clotho, 아트로포스Atropos가 서 있었다. 세 자매는 세이렌과 박자를 맞춰 노래를 불렀다. 라케시스는 과거를, 클로토는 현재를, 아트로포스는 미래를 노래했으며, 때때로 실타래를 돌려서 노래가 끊이지 않게 했다.

---

16 그리스 신화에 나오는 바다의 요정으로, 여자의 얼굴과 새의 모습을 한 존재를 말한다.−옮긴이주

각 영혼은 라케시스 앞에 섰는데, 그녀의 무릎에는 그들이 뽑을 운명이 놓여 있었다.

"유랑하는 영혼들이여, 이제 그대들은 새로운 몸속으로 들어가게 될 것이다. 각자 순서를 정해 자기 운명을 뽑아도 좋다만, 번복할 수는 없다. 덕을 존경하는 자에겐 덕이 함께할 것이며, 덕을 경멸하는 자에겐 덕이 떠날 것이다. 네 운명은 네 책임이며, 신의 책임이 아니다."

먼저 영혼들은 누가 먼저 제비를 뽑을지를 정했다. 에르는 곁에서 그 모습을 지켜보았다. 전령은 인생의 여러 모습을 펼쳐 보였다. 압제, 극빈, 명성, 미, 부, 가난, 건강, 질병 등이었다. 인간의 삶뿐 아니라 짐승의 삶도 보여 주었다. 운명의 시종인 전령은 성급하게 결정을 내리지 말라고 충고했다.

그러나 첫 영혼은 성급하게 부와 권력의 삶을 선택했다. 그러나 이 운명을 자세히 들여다본 후, 자녀까지 잡아먹는 운명임을 알게 되었다. 그러자 그는 비통하게 울부짖으며 자신의 어리석음을 깨닫는 대신, 운명과 신을 비난했다. 이 영혼은 엘리시움[17]에서 왔으며, 전생에 바른 삶을 살았다. 그는 살면서 마음의 지혜보다는 관습에 의존했다. 실제로 엘리시움에서 온 많은 영혼이 잘못된 결정을 내렸는데, 그들은 겉으로는 선하지만, 악을 경험하지 못했다. 반면, 지하 세계에서 풀려난 자들은 고통을 통해서 진정한 연민과

---

17 Elysium, 그리스 신화에서 말하는 극락으로, 선량한 사람들이 죽으면 가는 곳이다.-옮긴이주

친절을 배운 경우가 많았다. 그리하여 대부분의 영혼이 선한 운명을 악한 운명과 바꾸거나, 악한 운명을 선한 운명과 바꾸었다.

에르는 영혼들이 전생의 경험을 토대로 선택을 내리는 모습을 보고는, 연민과 동시에 재미를 느꼈다. 오르페우스는 마치 자기를 찢어 버린 여자들을 증오하기라도 하듯, 백조의 몸을 선택했다. 아가멤논 역시 전생의 운명으로 고통을 당하였기에, 독수리의 삶을 선택했다. 마지막으로 오디세우스의 차례가 되었다. 그는 전생의 불행을 기억하고는 조심스럽게 다른 이들이 모두 경멸했던 '단순한 삶'을 선택했다. 그러고는 자신이 첫 차례였어도 똑같은 선택을 했을 것이라고 외쳤다.

결정을 내린 영혼들은 순서대로 라케시스 앞을 지나갔고, 그녀는 그들이 각자 인생을 살아가는 동안 그들을 도와줄 후견인을 붙여 주었다. 이후 영혼은 클로토에게 인도되었고, 그녀는 실타래를 돌려서 그들의 선택을 확정했다. 아트로포스는 손가락으로 실을 꼬아서 클로토가 짠 실이 끊어지지 않게 했다. 마지막으로, 각 영혼과 그 후견인은 필연의 여신의 보좌 앞에 머리를 조아렸다. 그 후에 그들은 레테[18] 평원을 지나, 망각의 강가에서 밤을 지냈다. 그 강물은 어떤 그릇으로도 뜰 수 없어 각자 강물에 얼굴을 대고 물을 마셔야 했다. 대부분이 급하게 물을 들이켜 과거의 기억을 상실

---

18 Lethe, 그리스 신화에 등장하는 사후 세계의 강 중 하나로, 죽은 자가 그 강물을 마시면 자기의 과거를 모두 잊어버린다고 한다.-편집자주

해 버렸다. 그 후에 잠이 들었다가, 자정쯤 천둥소리와 지진에 깨어났다. 그리고 별똥별처럼 각자가 다시 태어날 곳으로 흩어졌다.

에르는 레테의 물을 마시지 않았다. 하지만 그는 자기가 어떻게 예전의 몸으로 다시 돌아오게 되었는지 알지 못했다. 문득 눈을 뜨고는 자기가 살아 있음을 깨달았고, 장작더미 위에서 몸을 일으켰던 것이다.

• • •

에르 신화는 플라톤이 자기의 사상을 전달하기 위해 만들었다고 전해지기도 한다. 그러나 하늘의 것이 땅에 반영되고, 모든 행동에는 원인과 결과가 있다는 사상은 플라톤이 만든 것이 아니다. 이는 우주에 대한 고대 신화의 사상이다. 각 영혼은 스스로에게 책임을 져야 하며, 어떤 상황이나 신을 비난해선 안 된다. 우리 역시 레테의 강물을 너무 깊이 들이마시고, 과거를 잊어버릴 수도 있다. 현재의 뿌리는 과거에 있으며, 그 과거는 전생일 수도 아니면 조상의 영향으로 이뤄졌을 수도 있다. 인류의 절반이 환생을 믿으며, 서구의 유대교와 기독교는 이를 동양의 전유물로 여긴다. 그러나 플라톤은 그리스인이었으며, 그가 제시한 신화는 서양인에게도 낯선 것이 아니다. 중요한 것은 개인의 책임과 선택을 삶의 중심으로 놓았다는 것이다.

에르 신화는 죽음을 삶의 전주곡으로, 그리고 삶을 죽음의 전

신화로 읽는 심리학

주곡으로 묘사한다. 삶과 죽음은 인생이라는 책의 서로 다른 장이다. 죽음은 통과의례이며, 인생의 한 장이 끝남을 의미한다. 이 신화에는 분명한 교훈이 담겨 있다. 악인은 지하에서 고통당하고, 선인은 천상에서 행복을 누린다. 그러나 그들은 그곳에서 영원히 머물지 않으며, 죽은 자가 받는 상과 벌도 역설적인 의미를 내포하고 있다. 우리는 실수에 따른 고통으로 지혜를 배우며, 고통의 의미를 깨닫지 못해서 실수를 하기도 한다. 선인은 악에 무지한 탓에 악을 불러올 수 있고, 악인은 악행의 결과로 바뀔 수 있다. 환생을 믿는 이들은 이 이야기를 통해 현재를 어떻게 살아갈지에 대한 지혜를 배운다. 우리는 현재와 과거를 통해 미래를 창조한다. 이것은 한 번의 인생을 믿는 사람에게도 도움을 준다. 우리는 살아가는 동안 고통을 부르거나 당하기도 한다. 또, 지혜를 배워서 바른 선택을 할 수도, 말로만 선한 척하면서 잘못된 선택을 내릴 수도 있다.

에르 신화는 해답보다 오히려 우리에게 질문을 던진다. 이 신화의 출처가 어딘지, 플라톤이 이 이야기를 자신의 저작에 포함한 연유가 무엇인지 우리는 알지 못한다. 그러나 이 신화를 통해서 우리는 죽음에 대한 중요한 깨달음을 얻을 수 있다. 우리가 스스로의 행동에는 결과가 따르고, 삶이 서로 연결되어 있음을 깨닫지 못하면, 결국 죽음을 두려워할 수밖에 없다. 아무것도 하지 않은 채 무작정 어둠 속으로 들어가야 하기 때문이다. 에르 신화는 죽음에 대한 시각이자, 동시에 어떻게 살지에 대한 계시이다.

인드라와 개미들의 행진

인생이라는 끝없는 연극

인드라와 개미의 행진을 담은 힌두교의 이야기는 삶의 연속성을 잘 보여 준다. 삶의 고통을 없애 주고, 사후에 보상을 보장한다는 그런 내용보다는 만물의 성쇠가 잘 묘사되어 있다. 또, 영원과 시간의 진정한 속성을 잘 보여 주고 있다. 신들의 제왕조차 겸손해지는 그것의 본성에 대해서 말이다. 이 이야기를 통해 끝없이 이어지는 인생이란 연극에서 우리의 역할이 무엇인지를 깨달을 수 있다.

신들의 제왕 인드라는 하늘의 모든 물을 배 속에 넣었다는 거대한 용을 베었다. 그가 괴물에 번개를 내리치자, 괴물은 마른 풀처럼 산산조각이 났다. 터져 나온 물이 사방으로 온 땅에 흘러넘쳤다. 홍수로 이 땅에 생명이 소생하였다. 물은 땅과 숲의 젖줄이 되었고, 생명의 핏줄이 되었다. 괴물이 독차지했던 생기가 주위로 퍼져 나간 것이다. 신들은 땅의 한가운데 있는 산에 다시 모여 사람들을 다스렸다.

인드라는 제일 먼저 용 때문에 폐허가 된 신들의 도시를 다시 건설했다. 하늘의 신들은 모두 인드라를 칭송했다. 성공과 권력에 도취된 그는 예술과 공예의 신인 비슈바카르만Vishvakarman을 소환하여 자기의 영광에 어울리는 왕궁을 짓게 했다.

비슈바카르만은 멋진 궁궐, 정원, 연못, 탑으로 이뤄진 훌륭한 도시를 건설했다. 그러나 도시를 세우는 동안 인드라의 욕심은 점점 커져만 갔다. 그는 비슈바카르만에게 더 많은 건물, 연못, 정원, 과수원을 요구했다. 공예의 신은 결국 절망하여 하늘에 거주하는 창조신 브라흐마에게 호소했다.

불평을 들은 브라흐마는 그에게 이렇게 말했다.

"집으로 돌아가라. 곧 좋은 소식이 있을 것이다."

브라흐마는 자신보다 우월한 존재인 비슈누를 찾아갔다. 비슈누는 비슈바카르만의 요구가 이뤄질 것이라고 대답했다.

다음 날 새벽, 순례자의 지팡이를 든 아이가 인드라의 궁을 찾아왔다. 열 살쯤 돼 보이는 아이는, 나이와 달리 얼굴에서 지혜로운 빛이 감돌았다. 인드라는 아이에게 절을 했고, 아이는 기꺼이 그를 축복했다. 인드라가 말했다.

"여기까지 어쩐 일로 왔는가?"

그러자 잘생긴 아이가 대답했다.

"대단한 왕궁을 짓는다는 소문을 듣고 물어볼 게 있어 왔습니다. 완공까지는 몇 년이 더 걸리겠습니까? 비슈바카르만은 얼마나 더 놀라운 재주를 부려야 하지요? 이전의 그 어떤 인드라도 이러한 왕궁을 세운 예가 없습니다."

인드라는 아이가 이전의 인드라에 대해 아는 척을 하자 귀여워하며 이렇게 말했다.

"인드라를 전에 많이 만나보았느냐?"

아이가 고개를 끄덕였다.

"네, 정말 많이 보았습니다."

아이의 말을 들은 인드라는 점점 간담이 서늘해졌다.

"저는 전하의 아버지도 알고 있습니다. 그는 땅의 모든 생물을 만든 늙은 거북이 인간입니다. 전하의 조부도 압니다. 그는 브라흐마의 아들로 천상의 빛기둥이었지요. 또, 비슈누에게서 나온 브라흐마도 알며, 지존체인 비슈누도 압니다. 신들의 제왕이시여, 저는 우주가 녹아내리는 것도, 모든 것이 반복해서 소멸되는 것도 보았습니다. 끔찍한 시간이 돌아오면, 모든 것이 영원의 물로 녹아내리고, 거기서 모든 것이 소생하지요. 그 누가 이미 지나간 우주를 헤아릴 수 있겠으며, 혼돈의 물속에서 나온 피조물을 셀 수 있겠습니까? 또, 그 누가 지나간 시대를 헤아릴 수 있겠으며, 광활한 공간을 다니면서 각 우주와 그에 속한 브라흐마와 비슈누를 셀 수 있겠습니까? 누가 그 가운데서 왕위에 올랐다가 스러져 간 인드라들을 다 셀 수 있겠습니까?"

아이가 이런 이야기를 하고 있을 때, 마침 개미들이 왕궁 바닥을 기어가고 있었다. 그들은 마치 군대처럼 줄을 지어 행진을 했다. 그 모습을 보고는 아이가 웃음을 터뜨렸다. 그러고는 다시 골똘히 침묵에 잠겼다.

신화로 읽는 심리학

인드라는 목이 잠긴 채로 중얼거렸다.

"왜 웃느냐? 너의 정체가 무엇이냐?"

그러자 아이가 말했다.

"개미 때문에 웃었습니다. 그러나 웃은 이유는 말해 줄 수 없어요. 그 이유는 억겁의 지혜에 숨겨진 비밀로, 성자에게도 알려진 바가 없지요."

인드라가 간절하게 빌었다.

"아이야, 네가 누구인지는 모르겠지만, 어둠을 물리치는 빛의 비밀을 제발 알려다오."

그러자 아이가 대답했다.

"행진하는 개미들은 모두 인드라였습니다. 그들 모두 한때 제왕의 자리에 올랐지요. 그러나 여러 번의 환생을 거쳐 지금은 다들 개미가 되었습니다. 경건하고 고귀한 행동을 한 존재는 영광스러운 천상으로 올라가지만, 악한 행동을 한 자는 고통과 슬픔의 구덩이로 떨어집니다. 각자가 자신의 행동으로 행복이나 고통을 얻고, 주인이나 종이 되지요. 이것이 바로 비밀의 핵심입니다. 윤회의 삶은 꿈과 같습니다. 신, 나무, 돌 모두 환상에 불과합니다. 다만 죽음만이 시간의 법을 관장하고 모든 것을 주관합니다. 선과 악은 거품처럼 덧없습니다. 그래서 현자는 선이나 악에 매달리지 않습니다. 그들은 아무것에도 집착하지 않지요."

아이는 교훈을 들려준 후에 조용히 입을 다물었다. 신들의 제

왕은 모든 영화에도 불구하고 갑자기 자신이 초라하게 느껴졌다. 그때, 또 다른 존재가 인드라의 왕궁으로 들어섰다. 헝클어진 머리에 누더기 옷을 걸친 은자였다. 늙은이의 가슴에는 동그랗게 털이 나 있었다. 그는 인드라와 아이 사이에 쭈그리고 앉아서 바위처럼 꿈쩍도 하지 않았다. 아이가 은자에게 이름과 왜 이곳을 방문하였는지, 그리고 가슴에 난 동그란 털이 무엇인지를 물었다.

그러자 늙은이가 대답했다.

"나는 브라만으로, 이름은 '털'이라고 하네. 인드라를 보기 위해 왔소. 나는 살날이 짧기에 가정도 집도 없고, 결혼도 하지 않소. 그래서 구걸로 연명한다오. 가슴에 동그랗게 난 털이 나에게 지혜를 가르쳐 준다오. 그런데 이 털은 인드라가 죽을 때마다 하나씩 빠집디다. 그래서 동그라미 가운데는 털이 하나도 없소. 현재 브라흐마의 수명이 다하면, 나 역시 죽게 되오. 그러니 아내와 아들과 집이 무슨 소용이겠소. 지존체 비슈누가 눈을 한 번 깜빡할 때마다 브라흐마가 바뀐다오. 그 외의 모든 것은 생겼다가 사라지는 구름과 같소. 모든 기쁨은 꿈처럼 헛되기에 나는 이런저런 구원도 바라지 않고, 아무것도 갈망하지 않는다오. 단지 비슈누의 위대한 위업을 명상하는 데 전념할 뿐이오."

늙은이가 말을 마치자, 갑자기 늙은이와 아이가 사라졌다. 홀로 남은 신들의 왕은 어리둥절했다. '혹시 모든 것이 꿈이었을까?' 하고 말이다. 이후 그는 더 이상 자신의 영광을 드높이는 데 관심

신화로 읽는 심리학

이 없었다. 그는 비슈바카르만에게 많은 선물을 주고 집으로 돌려보냈다.

인드라는 영광 대신 구원을 원했다. 지혜를 얻은 그는 해방과 자유를 갈망했다. 그러고는 아들에게 왕의 짐을 물려주고, 광야에서 은거하기로 굳게 결심했다. 그러나 그의 아내는 슬픔에 빠져 왕의 책사인 브리하스파티Brihaspati에게 왕이 결심을 바꾸도록 설득해달라고 간청했다. 노련한 브리하스파티는 인드라에게 종교적인 삶에 대해 먼저 이야기했다. 그 다음, 세속적인 삶의 미덕에 대해 이야기했으며, 둘 다 중요하고 의미 있다고 강조했다. 인드라는 그의 말에 수긍했고, 왕비는 뛸 듯이 기뻐했다. 그리하여 인드라는 자기에게 맡겨진 삶의 임무를 완수했고, 더 이상 개미들의 행진 또는 수많은 인드라들의 존재에 대해서 두려움이나 분노를 느끼지 않았다.

· · ·

인드라와 개미들의 행진 이야기는 별도의 설명이 필요 없다. 우주의 의미를 이해하려는 인간의 노력과 세상에 족적을 남기려는 몸부림은 세상의 불가사의 앞에서 하잘것없다. 이 이야기의 교훈을 깨닫기 위해서 힌두교를 받아들일 필요는 없다. 조화로운 삶과 심신의 깨달음, 그리고 현실에 만족하는 데에 지혜와 성취가 있다. 크든 작든, 인간이든 개미든 모든 삶의 불꽃은 거대한 생명체의 일부분일 뿐이다. 각 생명체는 질서정연하게 살아가지만, 우리가 그것을 온전히 이해할 수는 없다. 우리는 인간이기에 분투해야 하며, 인드라처럼 궁전을 짓고, 파우스트처럼 지식을 추구하며, 플라톤 이야기의 고귀한 영혼들처럼 인류를 위해 봉사해야 할지도 모른다. 그러나 각자가 바라는 운명이 무엇이든 간에, 미래를 멀리 내다볼 줄 알아야 한다. 개미들의 행진을 기억하라.

신화로 읽는 심리학